本书的出版得到了江西省高校人文社会科学重点研究基地——南昌大学旅游规划与研究中心的资助

# 区域旅游服务供应链联盟研究

STUDY ON
THE SERVICE SUPPLY CHAIN ALLIANCE
OF
REGIONAL TOURISM

陶春峰／著

社会科学文献出版社
SOCIAL SCIENCES ACADEMIC PRESS (CHINA)

# 摘 要

旅游产业已经广泛涉及并渗透到许多领域，形成了一个泛旅游产业群，并延伸出一些新兴业态。随着我国经济发展方式的转变，各要素相互交织形成了紧密的旅游服务供应链和产业链。在现代信息与通信技术支持下，旅游服务供应链向精深方向发展，旅游服务供应链中的不确定因素增多，旅游产业与相关产业的利益协调和分割成为研究的重要问题。

联盟是解决复杂系统问题的有效方法。联盟能激发企业自主创新的动力，带动企业之间的竞争与合作，实现一个区域乃至整个国家的经济增长。

在旅游服务供应链联盟形成的过程中，旅游联盟的形式日益多样，合作内容日益全面，联盟效果也越来越明显。但是现行体制以自身利益最大化为合作意向，这使得合作各方的利益关系始终未得到合理、有效的整合，导致联盟的无效率或低效率。同时，缺乏合理、完善的动态利益分配机制和激励机制，无法保证所有联盟参与者按照起初共同制定的最优准则中的分配方案，沿着最优状态轨迹，每时每刻都不发生偏离，持续合作到博弈结束，这也制约了旅游合作向更深层次推进。

信息化过程中大数据、云计算技术、物联网技术、人工智能技术、移动通信技术在旅游业中的应用，使得动态利益分配机制的设计成为可能。基于此，本书通过微分合作博弈探究区域旅游服务供应链联盟利益协调机制，从理论和实证两个方面展开研究，系统阐述了区域旅游服务供应链联盟的利益相关者、联盟形成的动因、联盟的特点以及联盟形成后的利益分配问题,并通过引入激励机制实现联盟的稳定性,丰富并完善了区域经济中的产业集群理论和供应链联盟理论,希望可以给江西省区域旅游联盟的协调发展提供思路,以促进江西旅游产业的转型和升级,实现建设旅游强省的目标。

# Abstract

Tourism has been widely involved in many areas. A pan-tourism industry group arises, in which tourism extends out some new industry. With the transformation of China's economic development, the elements are intertwined to form a tight tourism service supply chain and industry chain. Under the support of the development of modern information and communication technologies, the supply chain of tourism extends in all directions, which brings uncertainties into it. Thus, cooperation and allocation of the tourism industry and other related industries become an important research issue.

Alliance is a new approach to solve these complex system problems. Alliance can stimulate innovation capability of enterprises, promote competition and cooperation among enterprises, and achieve economic growth of a region and the whole country.

During the process of the formation of tourist service supply chain alliance, the forms of tourism alliance are diverse, the coverage is also increasingly comprehensive, and the effect becomes increasingly evident. However, in the current system, each firm in the alliance maximizes its own interests, thus cooperation has not been reasonable, effectively integrated, resulting in inefficient alliance. Meanwhile, it is absent that a reasonable and perfect dynamic incentive mechanisms of allocation of benefits to ensure that all participants act in accordance with the alliance guidelines for the optimal allocation scheme initially developed jointly under the optimal state trajectory until the end of the game, which restricts the cooperation of tourism firms.

Due to the application of the information process, big data, cloud computing, networking technology, artificial intelligence technology, and mobile communications technology in the tourism industry, it is possible to design a dynamic allocation mechanism of benefits in the tourism industry. Based on this, this book explores the interests coordinating system in the perspective of cooperative differential game from both theoretical and empirical aspects. It systematically expounds the main stakeholder of regional tourism service supply chain alliance, the motivation, characteristics and problems of interest distribution after alliance; we enrich and improve the regional economy theory and supply chain alliance theory of industrial clusters through the introduction of incentives to achieve the stability of alliance; we also hope to help to promote the transformation and upgrading of the tourism industry in Jiangxi Province and realize the province's goal of "strengthening the province by tourism".

# 目 录 Contents

**第一章 绪论** ………………………………………………………… 1
  一 研究背景和意义 ………………………………………………… 1
  二 文献综述 ………………………………………………………… 4
  三 主要内容和技术路线 …………………………………………… 25
  四 研究方法和创新之处 …………………………………………… 27

**第二章 相关基础理论** ……………………………………………… 29
  一 利益相关者理论 ………………………………………………… 29
  二 旅游服务供应链联盟理论 ……………………………………… 36
  三 微分博弈理论 …………………………………………………… 44
  四 委托-代理理论 ………………………………………………… 50
  五 本章小结 ………………………………………………………… 57

**第三章 区域旅游服务供应链联盟的利益相关者分析** …………… 58
  一 利益相关者的层次划分 ………………………………………… 58
  二 核心利益相关者的利益诉求分析 ……………………………… 68
  三 核心利益相关者的利益冲突分析 ……………………………… 74
  四 本章小结 ………………………………………………………… 85

## 第四章 联盟的形成机制探讨 86
- 一 联盟的形成动因和特点 86
- 二 联盟的风险分析 92
- 三 联盟的牛鞭效应问题 94
- 四 联盟的逆向选择问题 110
- 五 本章小结 122

## 第五章 联盟的利益分配机制分析 123
- 一 联盟中核心利益相关者的不协调表现 123
- 二 静态合作博弈理论 125
- 三 联盟的微分合作博弈模型的构建 129
- 四 联盟的微分合作博弈准则 135
- 五 基于动态 Shapley 值的利益分配 139
- 六 多方联盟的时间一致的得偿分配机制 140
- 七 本章小结 143

## 第六章 联盟外部性协调的激励机制设计 144
- 一 联盟的外部性演化分析 144
- 二 协调联盟外部性的激励机制 157
- 三 本章小结 161

## 第七章 联盟的实证分析
——以"大庐山"旅游为例 162
- 一 实际管理问题与模型选择 162
- 二 模型设计与算法 164
- 三 数据收集与处理 168
- 四 计算结果与分析 171
- 五 对策与建议 184
- 六 本章小结 193

**第八章　结论与展望** …… 194
　一　主要结论 …… 194
　二　不足与展望 …… 195

**参考文献** …… 197

**附　录　求解模型的 Matlab 程序** …… 217

**后　记** …… 223

# CONTENTS

**Chapter 1  Introduction** / 1
  1.1  Background and Significance / 1
  1.2  Literature / 4
  1.3  Content and Technical Route / 25
  1.4  Methods and Contributions / 27

**Chapter 2  Basic Theory** / 29
  2.1  Stakeholder Theory / 29
  2.2  Theory of Alliance on Tourism Service Supply Chain / 36
  2.3  Theory of Differential Game / 44
  2.4  Principal-agent Theory / 50
  2.5  Summary / 57

**Chapter 3  Analysis on the Stakeholder of Regional Tourism Service Supply Chain** / 58
  3.1  Hierarchical Division of Stakeholders / 58
  3.2  Interest Demands of Core Stakeholders / 68
  3.3  Conflicts of Interest among Core Stakeholders / 74
  3.4  Summary / 85

## Chapter 4 Discussion on the Formation Mechanism of Alliance　　/ 86

- 4.1　Motivation and Characteristics of Alliance　　/ 86
- 4.2　Risk Analysis of Alliance　　/ 92
- 4.3　The Bullwhip Effect of Alliance　　/ 94
- 4.4　Adverse Selection of Alliance　　/ 110
- 4.5　Summary　　/ 122

## Chapter 5　Analysis on the Interest Distribution Mechanism of Alliance　　/ 123

- 5.1　Uncoordinated Performance of Core Stakeholders in the Alliance　　/ 123
- 5.2　Static Cooperative Game Theory　　/ 125
- 5.3　Construction of the Differential Cooperative Game Model of Alliance　　/ 129
- 5.4　Guidelines of the Differential Cooperative Game of Alliance　　/ 135
- 5.5　Interest Distribution Based on Dynamic Shapley Value　　/ 139
- 5.6　The Time-consistency Allocation Mechanism of Multi-alliance　　/ 140
- 5.7　Summary　　/ 143

## Chapter 6　Incentive Mechanism Design of Alliance Externalities Coordination　　/ 144

- 6.1　An Analysis of the Evolution of Alliance's Externalities　　/ 144
- 6.2　The Incentive Mechanism of Coordination Alliance Externalities　　/ 157
- 6.3　Summary　　/ 161

## Chapter 7　An Empirical Analysis of the Alliance: A Case Study of "Lushan Mountain" Tourism　/ 162
　　7.1　Practical Management Problems and Model Selection　/ 162
　　7.2　Model Design and Algorithm　/ 164
　　7.3　Data Collection and Processing　/ 168
　　7.4　Results and Analysis　/ 171
　　7.5　Countermeasures and Suggestions　/ 184
　　7.6　Summary　/ 193

## Chapter 8　Conclusion and Extensions　/ 194
　　8.1　Conclusions　/ 194
　　8.2　Shortcomings and Extensions　/ 195

## Reference　/ 197

## Appendix: Matlab Codes　/ 217

## Postscript　/ 223

# 第一章　绪论

## 一　研究背景和意义

### （一）研究背景

随着世界旅游业的进一步蓬勃发展，现代旅游业也日趋成熟。一种基于共同服务对象的旅游产业所特有的产业链——旅游服务供应链已经形成。随后，立足于旅游，相应补充其他行业，突出表现一个特定区域的自然与人文旅游吸引物的旅游产业集群也相继出现。尤其是近几年，区域旅游合作方兴未艾。为了提高区域旅游的品牌知名度，提升区域旅游的整体形象，全国各级地方政府都实施了区域旅游合作战略，区域旅游发展格局逐渐形成。以环渤海地区的"港口城市旅游合作组织"、长三角地区的"长三角无障碍旅游区"和珠三角的"大珠三角"旅游圈为代表的无障碍旅游区和跨区域旅游合作模式成为现代旅游业发展的重要方向。同时，古丝绸之路旅游带、云贵高原旅游区、大武陵源区、中部古都旅游区等都出现了旅游企业聚集、合作共赢的现象。旅游产业集群的发展呈现出从原发性向战略性过渡的特征。

区域旅游的兴起给当地经济和社会的发展带来了可观的效益，但景点低水平重复、地方保护主义盛行等问题同时存在。交通、信息等基础设施的建设滞后、资金流通不畅等问题也困扰着区域旅游的进一步发展。

大数据、云计算等现代技术迅速普及，促使区域旅游合作向精深方向发展——形成旅游服务供应链联盟。与此同时，旅游服务供应链联盟系统呈现出一定动态性、复杂性。诸如联盟内供应链上企业竞争的混乱无序、缺乏联盟整体组合与品牌共育意识、创新能力滞后、抗风险能力很低、联盟缺乏有效的产业信息网络体系和平台等等。

2013年10月，江西省做出建设旅游强省的战略决策，旅游发展态势旺盛。精心打造的旅游品牌——"江西风景独好"也已深入人心。庐山是江西名山、世界名山，是全省旅游产业发展的排头兵，同时也是媒体的焦点和社会的关注点。九江市委、市政府高度重视打造"大庐山"旅游品牌，于2014年11月18日召开专题会议，决定成立庐山旅游发展集团，整合庐山周边景区资源，构建"大庐山"旅游格局。2014年11月28日，庐山旅游发展集团正式揭牌，在"行政区划不变、门票价格不变、债权债务不变"的前提下，统一庐山旅游管理，集中资源合力打造"大庐山"旅游品牌。集团实行理事会管理机制，在庐山管理局、星子县、庐山区等地景点分别成立集团子公司，形成"集团理事会统一管理协调、子公司和成员单位共同参与"的管理架构。集团采取市场化运作的方式，强化营销组织、强化协调指导、强化管理监督，逐步以托管、并购、合作经营等模式整合庐山风景区范围内的景区、景点。

在旅游服务供应链联盟形成的过程中，旅游联盟的形式层出不穷，涉及的内容也越来越丰富，联盟效果也日益显著。但是联盟各方的利益关系依然没有进行有效、合理的整合，原因在于现行体制中的联盟基础是自身利益最大化。这导致了联盟的效率很低甚至没有，阻碍了旅游联盟朝更深层次推进。在整条旅游服务供应链上，除了政府的政策激励外，旅游企业之间的激励是不足的，造成这种局面的主要原因在于利益分享机制不够成熟。为了解决旅游服务供应链联盟中的这些问题，除了要建立和完善相应的激励机制以外，还必须协调联盟中各利益相关者间的利益矛盾和冲突，建立和完善利益分配协调机制，尤其是经济利益上的协调机制。因此，旅游服务供应链联盟的利益协调成为其关键性问题。

但通过调研，本书发现，目前更多的研究都集中于讨论静态联盟的利益协调，关于联盟后采用何种分配机制以体现公平、合理，让联盟得以延续至成功的研究却很少。信息化过程中大数据、移动通信、云计算、人工智能、物联网等技术在旅游业中的应用，使得动态利益分配机制的设计成为可能。因此，为了使各种对企业收益的影响都得到平衡，本书引入微分合作博弈理论，通过计算动态 Shapley 值并计算瞬时平衡得偿，确保了最优准则下的收益分配方案持续有效，维持了旅游服务供应链联盟的稳定直至成功。这有利于完善我国区域旅游研究理论，也有利于解决区域旅游联盟中的实际矛盾。

## （二）研究意义

**1. 理论意义**

第一，本书针对区域旅游业的特殊性，将供应链联盟的一般理论与区域旅游产业相结合，分析区域旅游服务供应链联盟产生的背景和条件，探讨区域旅游服务供应链联盟的结构体系，寻找区域旅游服务供应链联盟发展中利益相关者的利益协调机制，这在一定程度上将对进一步细化供应链联盟的理论成果、充实和完善供应链联盟理论体系的研究起到积极的推动作用。

第二，本书通过构建区域旅游服务供应链联盟的微分合作博弈利益协调模型，延伸了微分博弈的应用领域，同时也丰富了区域旅游合作利益分配的方式。

**2. 实践意义**

第一，本书通过引入利益相关者理论，用实际案例和数据对旅游服务供应链联盟的核心利益者及其利益冲突进行分析，得出旅游信息和利益分配是联盟中供需矛盾产生的主要原因，为降低区域旅游合作的交易成本、促进联盟内旅游企业之间的信息流动提供策略选择依据。

第二，本书对区域旅游服务供应链联盟利益分配理论的研究使联盟中各参与企业对其在联盟中所得到的利益有了更明确的了解，从而让联盟得以稳定持续直到成功。利益协调既提升优势旅游企业的核心竞争力，又促进后发旅游企业的跨越式发展。

第三，本书提出的基于微分合作博弈的动态利益分配方法为现实中区域旅游联盟企业的利益分配提供了理论基础和可行方案，同时也对动态利益分配方案的前提基础——智慧旅游平台的搭建提出了实际的需求。

## 二　文献综述

### （一）旅游服务供应链研究现状

旅游服务供应链经历了从早期的物流到供应链、服务供应链、旅游服务供应链的发展过程，众多的专家和学者参与到其中的研究和实践，为该领域的研究与创新积累了大量的、重要的文献资料。

**1. 供应链及其研究综述**

"供应链"的英文为 Supply Chain（SC），最早源于彼得·德鲁克提出的"经济链"（Economic Chain），然后迈克尔·波特将其发展成为"价值链"（Value Chain），慢慢地演变为"供应链"[①]。但目前对于"供应链"尚未形成统一的定义，很多学者和组织对"供应链"进行了不同角度的定义。最初的供应链概念是供应链设计之父 Jay Forrester 在对产业上下游关系进行优化的研究中提出的[②]。从其产生和发展来看，作为一种新型管理理念，供应链不仅能够提高企业的生存能力，而且能够提高企业的竞争能力，引起各国学者和组织的密切关注。关于供应链的研究主要涉及以下五个方面：供应链的定义、供应链管理的策略性、供应链的研究模型、供应链企业间的合作关系和供应链的绩效评价。

（1）供应链的定义

国外有许多学者较早地对供应链进行了定义。其中 Stevens 认为供应链是一种开始于供应的源点，并通过增值过程和分销渠道控制，形成从供应商的供应商到用户的用户的流，然后结束于消费的终点[③]。而 Lee 和

---

① 参见迈克尔·波特《竞争优势》，陈小悦译，华夏出版社，2005。
② Forrester, J. W., "Industrial Dynamics", *Journal of the Operational Research Society*, 48 (10), 1997, pp. 1037 – 1041.
③ Stevens, G. C., "Integrating the Supply Chain", *International Journal of Physical Distribution & Logistics Management*, 19 (8), 1989, pp. 3 – 8.

Billington 认为供应链是企业获取原材料、生产半成品或者最终产品的一个网络，同时通过与之联系的渠道把半成品或最终产品送给消费者[1]。La Londe 和 Master 认为，供应链主要包括物料生产者、产品装配者、批发商、运输企业、零售商以及其他相关成员等一系列传递物料的企业，供应链是企业在制造产品的环节和过程中，与其他企业共同将产品传送至终端消费者手上的价值链条[2]。

我国的《物流术语》将供应链定义为："生产及流通过程中，涉及将产品或服务提供给最终用户活动的上游与下游组织所形成的网链结构。"[3] 我国著名学者马士华等绘制了一个简洁的供应链功能网链结构图[4]（见图 1-1）。

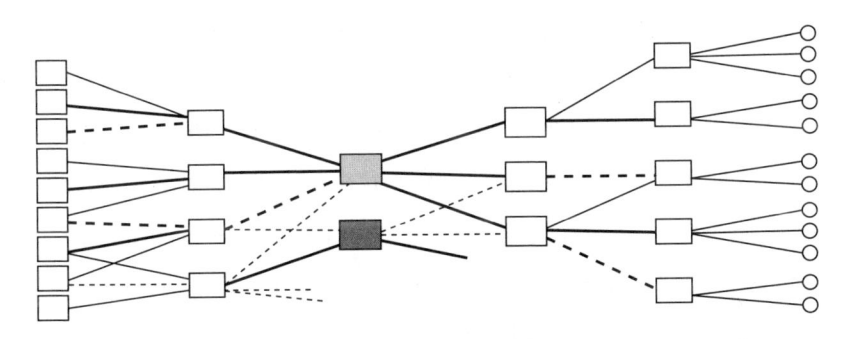

**图 1-1 供应链功能网链结构**

因此可以看出，研究者普遍认可的供应链定义是：通过对资金流、物流、信息流、知识流的控制，从原材料采购（供应商节点）开始，把网络结构中的用户、零售商、分销商、制造商和供应商组成一个有机体，将中间产品或最终产品通过销售网络送给最终用户。本书中提到的供应链也采用这种普遍适用的定义。

---

[1] Lee, H. L., Billington, C., "Managing Supply Chain Inventory: Pitfalls and Opportunities", *Sloan Management Review*, 33 (3), 1992, pp. 65-73.
[2] La Londe, B. J., Master, J. M., "Emerging Logistics Strategies: Blueprints for the Next Century", *International Journal of Physical Distribution and Logistics Management*, 24 (7), 1994, pp. 35-47.
[3] 《物流术语》，中国标准出版社，2007，第 2 页。
[4] 参见马士华、林勇主编《供应链管理》，高等教育出版社，2011。

（2）供应链管理的策略性

关于供应链管理的策略性研究一般包括：准时采购、快速响应、有效顾客响应、IT 在供应链管理中的应用、延迟技术等。

a. 准时采购

准时采购是由日本丰田公司的准时化生产（Just In Time，JIT）管理思想演变而来的。Hahn 等论证了准时采购可以有效地降低库存、减少订货批量、缩短提前期、提高运送水平、提高供货质量、增加客户满意度[1]。Kreng 等开始研究在由上游供应商、运输公司、下游生产商组成的供应链中，如何制定准时采购策略来确定最优的送货批量[2]。Kaynak 撰文说明采用准时采购策略的企业需要在供应链上合作和集成管理库存，以此实现供应链的同步、准时化和快速响应客户需求[3]。

国内学者的相关成果也颇多。石慧娟认为当企业产品项目所需物资为单源供应时可以采取准时采购策略，具体步骤为：建立准时采购管理机构；选择最佳供应商，建立合作伙伴关系；企业和供应商进行实时的信息交互、数据共享；选取某种物资进行试点工作[4]。倪明等认为将 SDN 理念应用于 JIT 采购中的 SDN - JIT 采购模式，相较 SC - JIT 采购具有一定的优越性，诸如采购时间较短，采购成本较低，采购物料的品种丰富、质量可以得到保证等，是企业执行采购计划的一种全新选择[5]。

b. 快速响应

快速响应（Quick Response，QR），原是在美国纺织服装业供应链中诞生的一个管理方法，后来成为制造业中的准时制。它的宗旨是最小化

---

[1] Hahn, C. K., Pinto, P. A., Bragg, D. J., "Just-In-Time Production and Purchasing", *Journal of Purchasing and Materials Management*, 19 (3), 1983, pp. 2 - 10.

[2] Kreng, V. B., Wang, I. C., "Economical Delivery Strategies of Products in a JIT System under a Global Supply Chain", *The International Journal Advanced Manufacturing Technology*, 26 (11 - 12), 2005, pp. 1421 - 1428.

[3] Kaynak, H., "Implementing JIT Purchasing: Does the Level of Technical Complexity in the Production Process Make a Difference?", *Journal of Managerial Issues*, 17 (1), 2005, pp. 76 - 100.

[4] 参见石慧娟《S 企业采购模式的优化研究》，硕士学位论文，上海交通大学，2011。

[5] 倪明、查玉莹：《供应链与供需网理念在 JIT 采购应用中的比较研究》，《北京交通大学学报》（社会科学版）2013 年第 2 期，第 41~47 页。

库存水平,它的策略是明确零售商、批发商和制造商的供应时间。

经过近 30 年发展和应用,国外学者在这个领域的研究主要集中于五个方面:供应链组织业务过程的研究、供应链响应结果的评价指标研究、响应时间和速度的研究、终端客户的满意度研究、核心企业或供应链权利中心的研究。

在关于供应链组织业务过程的研究中,供应链组织快速响应市场需求的业务流程相关绩效指标,主要包括四个方面,即产需率指标、产销率指标、产品质量指标、运营成本指标[1]。供应链响应结果的评价指标主要包括:准时运送率、准时交货率、订单完成率、供应链产销率等[2]。在关于响应时间、速度的研究中,供应链研究权威机构 PRTM 提出的 SCOR(Supply Chain Operations Reference)模型也把供应链响应时间作为度量供应链绩效的 11 项指标之一[3]。基于核心企业或供应链权利中心概念提出的供应链总时间周期可以被认为是由五个基本的构成要素所组成,它们分别是订单处理周期、产品研发和设计周期、采购周期、生产加工周期、产品分销周期[4]。

基于国外学者在此领域内丰硕的研究成果,国内学者也展开了符合我国国情的理论和实践研究。张启文等从专业应用技术的角度提出了基于面向服务架构(SOA)的企业服务总线(ESB)系统集成架构,对 ESB 通过数据适配器完成数据转换、消息驱动服务的执行机制进行了详细介绍,同时在一个供应链快速响应实例中证明了基于 SOA 的 ESB 构建异构系统集成的有效性[5]。尚扬指出影响供应链快速响应的主要因素为:供应链的类

---

[1] 参见盛涛《新编物流企业管理工具箱》,企业管理出版社,2008。
[2] Hole, D., Marsh, J., Hudson, M., "Re-Designing a Complex, Multi-Customer Supply Chain", *Logistics Information Management*, 9 (2), 1996, pp. 31 – 35.
[3] S. Pant, R. Sethi, M. Bhandari, "Making Sense of the E-Supply Chain Landscape: An Implementation Framework", *International Journal of Information Management*, 23 (5), 2003, pp. 20 – 21.
[4] Fawcett, S. E., Stanley, L. L., Smith, S. R., "Developing a Logistics Capability to Improve the Performance of International Operations", *Journal of Business Logistics*, 18 (2), 1997, pp. 101 – 127.
[5] 张启文、徐琪:《基于 SOA 和 ESB 的供应链快速响应系统集成研究》,《计算机应用》2009 年第 9 期,第 2523~2526 页。

型、供应链内企业间的合作伙伴关系、供应链信息系统、供应链的资源状况、产品和供应链系统的柔性等六个方面①。徐海燕从我国服装企业的现状出发,分析其供应链现状和不足,并提出了培育和增强供应链快速响应能力的具体措施②。

c. 有效顾客响应

有效顾客响应（Efficient Consumer Response，ECR）是起源于美国食品业进而逐渐发展起来的供应链管理策略,其目的是给顾客争取更大的价值和收益,其策略是消除供应链系统中不必要的成本和开支③。

郑皓文指出为了实现第三方物流的战略核心——创新,就必须用有效顾客响应准则来衡量价值取向,在思想上达到集体协作的高度④。田志伟指出由于 ECR 在供应链生产运营中可以提升供应链精益能力和敏捷能力,因此其可以通过提升供应链的精益能力和敏捷能力间接创造顾客价值⑤（见图 1-2）。

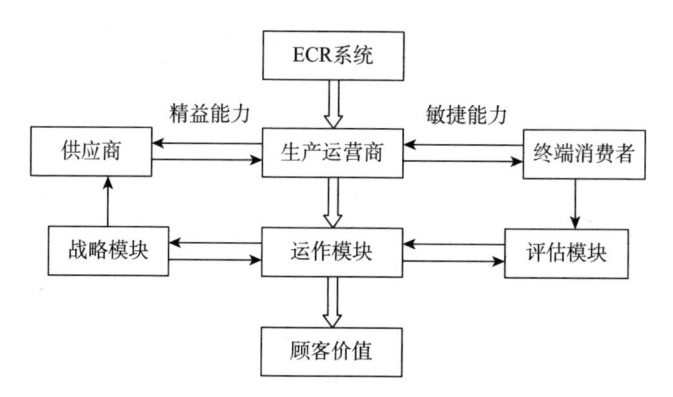

**图 1-2 顾客价值实现的 ECR 模式**

---

① 尚扬:《影响供应链快速响应的因素分析》,《科技信息》2011 年第 5 期,第 681~682 页。
② 徐海艳:《快速响应型服装供应链的实现机制研究》,《中国商贸》2013 年第 7 期,第 173 页。
③ Harris, J. K., Swatman, P. M. C., Kurnia, S., "Efficient Consumer Response (ECR): A Survey of the Australian Grocery Industry", *Supply Chain Management: An International Journal*, 4 (1), 1999, pp. 35-42.
④ 郑皓文:《基于供应链管理的第三方物流战略研究》,《中小企业管理与科技》2013 年第 10 期,第 117~118 页。
⑤ 参见田志伟《面向顾客价值的供应链精敏能力评价研究》,硕士学位论文,兰州理工大学,2011。

d. IT 在供应链管理中的应用

信息技术（Information Technology，IT）包括现代数据采集技术、数据传输技术、资料存储与处理技术。

Levary 指出先进的信息技术是协调各部门工作的一种高效途径，在促成供应链联盟与发展中发挥着重要的核心功能[①]。Chong、Ooi 和 Sohal 的研究表明信任是影响供应链上电子协作工具应用的所有因素中最重要的[②]。

任慧娟等指出条形码技术、数据仓库、企业局域网、电子商务 EDI 和 ERP 都是实现信息共享、提高效率的信息技术[③]。

e. 延迟技术

延迟技术（Postponement Technology，PT）在 1950 年就被提出，并不是一种新型技术。它是指通过产品设计和生产工艺，把制造某种具体产品、使其差异化的决策延迟到开始生产之时。

延迟技术在美国、日本等发达国家的研究越来越深入，应用范围越来越广泛，许多著名企业，如德州仪器、戴尔、贝纳通等公司已采用该技术，并取得了巨大效益。因此，延迟技术作为一种方法已应用于生产管理中，并取得了较大的成功。国内学者也较早地对延迟技术进行了探讨。

刘颉提出了物流管理是基于延迟技术的大规模定制生产模式的，并重点探讨了如何实现基于延迟技术的大规模定制物流管理[④]。蔡小青认为 PT 是实现企业大规模定制的战略技术和重要手段[⑤]。

---

① Levary, R., "Computer Integrated Supply Chain", *International Journal of Materials and Product Technology*, 16 (67), 2001, pp. 463 – 483.
② Alain Yee-Loong Chong, Keng-Boon Ooi, Amrik Sohal, "The Relationship Between Supply Chain Factors and Adoption of E-Collaboration Tools: An Empirical Examination", *International Journal of Production Economics*, 122 (1), 2009, pp. 150 – 160.
③ 任慧娟、刘利华、肖霄、陈永当、刘广梅：《信息技术在供应链管理中的应用》，《信息技术》2012 年第 9 期，第 9～11 页。
④ 刘颉：《基于延迟技术的大规模定制物流管理初探》，《杭州电子工业学院学报》2004 年第 6 期，第 89～92 页。
⑤ 蔡小青：《延迟策略在精敏供应链管理中的应用》，《中国市场》2013 年第 6 期，第 44～45 页。

(3) 供应链的研究模型

回顾供应链建模技术的发展，供应链的研究模型大致可以划分为以下四种类型。

第一，确定型模型。Glover 等建立了最早的集成的供应链确定型模型[1]。而后 Willimas 设计了七种启发式算法[2]并建立了一个动态规划模型[3]。Amtzen 等建立了一个混合整数规划模型，该模型从多产品多阶段出发评价全球供应链，被称为全球性供应链模型[4]。Nozick 和 Turnquist 将库存、运输和选址三者结合起来考虑，建立了模型，可是该模型仍旧是单阶段的而且没有考虑生产能力限制[5]。Verter 结合物料单的概念建立了一个复合模型来解决供应链的整体设计和生产运输计划问题[6]。

第二，随机模型。Midler 较早地建立了一个基于最优控制理论的动态规划模型，用该模型来选择最佳的运输模式、商品流通模式和送货路线[7]。Tapiero 和 Soliman 运用最优控制理论来解决需求不确定情况下多产品运输、生产和库存计划问题，然而他们建立的模型的求解相当困难[8]。Svorons 和 Zipkin 在建模时考虑了多阶段和多种配送形式的供应链系统[9]。

---

[1] Glover, F., Jones, G., Karney, D., et al., "An Integrated Production, Distribution, and Inventory Planning System", *Interfaces*, 9 (5), 1979, pp. 21 – 35.

[2] Williams, J. F., "Heuristic Techniques for Simultaneous Scheduling of Production and Distribution in Multi-Echelon Structures: Theory and Empirical Comparisons", *Management Science*, 27 (3), 1981, pp. 336 – 352.

[3] Williams, J. F., "A Hybrid Algorithm for Simultaneous Scheduling of Production and Distribution in Multi-Echelon Structures", *Management Science*, 29 (1), 1983, pp. 77 – 92.

[4] Amtzen, B. C., Brown, G. G., Harrison, T. P., Trafton, L. L., "Global Supply Chain Management at Digital Equipment Corporation", *Interfaces*, 25 (1), 1995, pp. 69 – 93.

[5] Nozick, L. K., Turnquist, M., "A Inventory, Transportation, Service Quality and the Location of Distribution Centers", *European Journal of Operational Research*, 129 (2), 2001, pp. 362 – 371.

[6] Verter, V., "An Integrated Model for Facility Location and Technology Acquisition", *Computers & Operations Research*, 29 (6), 2002, pp. 583 – 592.

[7] Midler, J. L., "A Stochastic Multiperiod Multimode Transportation Model", *Transportation Science*, 3 (1), 1969, pp. 8 – 29.

[8] Tapiero, C. S., Soliman, M. A., "Multi-Commodities Transportation Schedules Over Time", *Networks*, 2 (4), 1972, pp. 311 – 327.

[9] Svorons, A., Zipkin, P., "Evaluation of One-for-One Replenishment Policies for Multi-Echelon Inventory Systems", *Management Science*, 37 (1), 1991, pp. 68 – 83.

Pyke 和 Cohen 建立了一个集成化供应链数学规划模型[①]。Tzafestas 和 Kapsiotis 采用确定数学规划方法来最优化供应链,并用模拟技术分析了一个案例[②]。Lee 和 Feitzinger 分析了产品组装生产延迟问题[③]。

第三,混合型模型。混合型模型包括模拟模型、经济学模型和模糊数学模型。模拟模型主要指以 Towill 为代表的以系统动力学为主要研究方法和以 Winker 为代表的系统模拟。经济学模型主要是用博弈论来研究供应链问题,Christy 和 Grout 建立了一个博弈论模型用以分析买卖双方关系,该模型以一个供应链二阶关系矩阵为基础分析在不同的流程专业化和产品专业化之间的买卖双方关系[④]。关于模糊数学模型,Petrovic 和 Roy 等采用一个模糊数学模型分析在需求不确定和外部原材料供应不确定情况下库存的再订货点,并将这个结果输入一个模拟模型中求解供应链的补货策略[⑤]。Petrovic 扩展了该模型中的模糊数学部分,考虑了提前期不确定性的情况[⑥]。

第四,IT 驱动模型。这类模型主要运用相关软件和 IT 技术。这类的 IT 技术主要包括 WMS、TMS、CPFR、ERP、MRP、GIS、VMI 等。Gamm 等将一个求解多产品配送中心选址的动态规划模型与 GIS 结合,建立了选址的决策支持系统[⑦]。Min 等结合整数规划和 GIS 建立决策支持系统来

---

[①] Pyke, D. F., Cohen, M. A., "Performance Characteristics of Stochastic Integrated Production-Distribution Systems", *European Journal of Operational Research*, 68 (1), 1993, pp. 23 – 48.

[②] Tzafestas, S., Kapsiotis, G., "Coordinated Control of Manufacturing/Supply Chains Using Multi-Level Techniques", *Computer Integrated Manufacturing Systems*, 7 (3), 1994, pp. 206 – 212.

[③] Lee, H. L., Feitzinger, E., Product Configuration and Postponement for Supply Chain Efficiency (Institute of Industrial Engineers, Fourth Industrial Engineering Research Conference Proceedings, IPTS, April 1995), pp. 43 – 48.

[④] Christy, D. P., Grout, J. R., "Safeguarding Supply Chain Relationships", *International Journal of Production Economics*, 36 (3), 1994, pp. 233 – 242.

[⑤] Petrovic, D., Roy, R., Petrovic, R., "Modelling and Simulation of a Supply Chain in an Uncertain Environment", *European Journal of Operational Research*, 109 (2), 1998, pp. 299 – 309.

[⑥] Petrovic, D., "Simulation of Supply Chain Behavior and Performance in an Uncertain Environment", *International Journal of Production Economics*, 71, 2001, pp. 429 – 438.

[⑦] Gamm, J. D., Chorman, T. E., Dull, F. A., Evans, J. R., Sweeney, D. J., Wegryn, G. W., "Blending OR/MS, Judgement, and GIS: Restructuring P&G's Supply Chain", *Interfaces*, 27 (1), 1997, pp. 128 – 142.

寻求仓库调整的最优策略①。

我国学者在模型构建方面也在进行着孜孜不倦的努力。王法涛等以网上零售服务提供商为核心，构建了包含产品供应商和物流服务提供商的服务供应链结构模型，并在产品供应商、网上零售服务商和物流服务提供商之间设计了新的服务供应链协同机制②。倪明等应用博弈理论，构建闭环供应链模型来分别研究由维修中心和零售商负责回收的废旧电子产品的再制造③。

（4）供应链企业间的合作关系

供应链企业间的合作关系这方面的文献比较常见，主要是由于成功的供应链管理高度重视企业间的合作关系。陈志祥、马士华从四个方面探讨供应链的战略伙伴关系问题④。刘昌贵、但斌指出企业以某种契约方式结成联盟，产生了供应链战略合作伙伴关系⑤。李秀起、赵艳萍分析了影响信任关系的因素⑥。曹永辉选择长三角地区，分别以供应链合作关系的三个维度——信任、合作意愿和未来期许以及供应链运作绩效的三个维度——产品质量、产品成本和客户服务水平，作为变量构建概念模型进行实证分析⑦。

（5）供应链的绩效评价

供应链绩效评价解决的问题包括供应链系统的运行状况如何，还需要如何改进等。Lummus等指出供应链绩效评价的指标主要集中体现在供应、

---

① Min, H., Melachrinoudis, E., *Restructuring a Warehouse Network: Strategies and Models*（Handbook of Industrial Engineering, 2001), pp. 2070 - 2082.
② 王法涛、苑春荟：《网上零售服务供应链模型构建及协同机制》，《中国流通经济》2013年第7期，第14~20页。
③ 倪明、莫露骅：《两种回收模式下废旧电子产品再制造闭环供应链模型比较研究》，《中国软科学》2013年第8期，第170~175页。
④ 陈志祥、马士华：《供应链中的企业合作关系》，《南开管理评论》2001年第2期，第56~59页。
⑤ 刘昌贵、但斌：《供应链战略合作伙伴关系的建立与稳定问题》，《软科学》2006年第3期，第60~63页。
⑥ 李秀起、赵艳萍：《供应链合作伙伴关系中信任行为分析》，《中国物流与采购》2010年第14期，第60~61页。
⑦ 曹永辉：《供应链合作关系对供应链绩效的影响——基于长三角企业的实证研究》，《经济与管理》2013年第2期，第44~50页。

过程管理、交货运送和需求管理四个方面①。为了避免传统绩效评价的问题，Beamon 提出了 ROF 体系，即从资源（Resources）、产出（Output）、柔性（Flexibility）这几个方面构建供应链绩效评价指标，反映供应链的战略目标②。

我国学者韩强等在研究供应链运作参考模型时提到，研究供应链的权威机构 PRTM 和咨询公司 AMR 于 1996 年成立了国际供应链协会（SCC），并于当年提出了适用于不同工业领域的供应链运作参考模型——SCOR（Supply Chain Operation Reference-model）③。赵峰等利用平衡记分法建立了供应链绩效评价指标体系④。王丽杰等认为在实现循环经济这个前提下，实现供应链经济效益最大化，必须把环境绩效最大化也考虑进去，这对于供应链进行绩效评价具有很大的积极作用⑤。

**2. 服务供应链及其研究综述**

服务供应链与产品供应链有较大的不同，二者无论是在组织构架、上下游之间供需的内容、运营的基本组织方式、运作模式方面，还是在管理目标、绩效评价等方面都有较大的区别。

（1）服务供应链的定义

国内外学者从不同角度对服务供应链进行了界定。Edward 等认为服务供应链中订单堆积的解决是间接地通过协调服务能力来实现的⑥。De Waart 等认为服务供应链是产品服务化过程所涉及的服务计划、分配资

---

① Lummus, R. R., Vokurka, R. J., Alber, K. L., "Strategic Supply Chain Planning", *Production and Inventory Management Journal*, 39 (3), 1998, pp. 49 – 58.
② Beamon, B. M., "Measuring Supply Chain Performance", *International Journal of Operation & Production Management*, 19 (3), 1999, pp. 275 – 292.
③ 韩强、夏键明：《供应链运作参考模型（SCOR）与管理应用软件的整合及应用》，《物流技术》2003 年第 4 期，第 8～11 页。
④ 赵峰、俞亦舟、杨光：《基于 SPSS 因子分析法的数据挖掘的供应链绩效评价》，《科技信息》2012 年第 33 期，第 520～521 页。
⑤ 王丽杰、王雪平、刘宇清：《循环经济视角下的供应链运作绩效评价研究》，《东北师大学报》（哲学社会科学版）2013 年第 4 期，第 59～62 页。
⑥ Edward, G. A. J., Douglas, J. M., "A Simulation Game for Teaching Service-Oriented Supply Chain Management: Does Information Sharing Help Managers with Service Capacity Decisions?", *Production and Operations Management*, 9 (1), 2000, pp. 40 – 55.

源、配送和回收、分解、修理恢复等管理活动①。Lisa 等认为服务供应链是从最初的供应商节点到最终的顾客节点的管理②。武勇杰等通过对供应链理论和竞争理论的梳理，明确服务供应链核心竞争力的内涵及形成机理，在耦合客户知识管理、资源整合与匹配和供应链协同的基础上构建了服务供应链核心竞争力"三力"模型并加以验证，为提高服务供应链核心竞争力提供了理论与实践依据③。宋华等在对服务供应链理论和驱动因素进行文献回顾的基础上，提出了服务供应链结构和行为的决定框架④。

（2）服务供应链合作伙伴选择研究

舒亚琴在对供应商选择问题的深入研究中采用分类归纳的方法，分析在不同的采购方案下供应商的评价、供应商对哪类采购模式更有兴趣以及采购模式的优化方案，对各种研究方案的使用范围、优缺点、存在问题进行探讨，并且指出未来对供应商选择研究的方向⑤。李忆等基于交易费用理论、资源依赖理论和风险管理理论，研究了影响合作与专用性投资关系的调节变量⑥。王邦兆等将熵理论引入到企业风险管理中，提出了基于熵的供应链合作伙伴风险评估与选择方法⑦。

（3）服务供应链能力协调研究

张德海等建立了适合物流服务供应链的信息共享体系，并使用修

---

① De Waart, D., Kemper, S., "Five Steps to Service Supply Chain Excellence", *Supply Chain Management Review*, 8 (1), 2004, pp. 28 – 35.
② Lisa, M. E., Wendy, L. T., Corey, B., "Understanding and Managing the Service Supply Chain", *Journal of Supply Chain Management*, 40 (3), 2004, pp. 17 – 32.
③ 武勇杰、赵公民：《服务供应链核心竞争力耦合模型的构建》，《科技管理研究》2013 年第 21 期，第 175～180 页。
④ 宋华、于亢亢、陈金亮：《不同情境下的服务供应链运作模式——资源和环境共同驱动的 B2B 多案例研究》，《管理世界》2013 年第 2 期，第 156～168 页。
⑤ 舒亚琴：《物流服务供应链构建中的供应商选择研究》，《现代营销》（学苑版）2012 年第 7 期，第 63 页。
⑥ 李忆、张俊岳、刘小平：《供应链合作关系调节效应研究——基于成熟企业与新创企业的对比》，《科技进步与对策》2013 年第 8 期，第 95～101 页。
⑦ 王邦兆、梁卡丽：《基于熵的供应链合作伙伴风险评估与选择方法》，《技术经济与管理研究》2013 年第 7 期，第 27～31 页。

正的格罗夫斯机制设计信息共享的激励机制,以便物流服务供应链全面提高物流客户的满意度和忠诚度①。周康博在集中决策和联合决策模式下建立物流服务供应链的利润模型,从而实现服务供应链协调②。李新明等针对 ASP 与网络服务提供商之间行为和利益提出了一种新的协调的方法③。俞海宏等提出了基于数量柔性契约的交易环境,建立了服务供应链激励模型和协调模型,分析了其内在机制④。李伟珍应用服务供应链协调理论从十年攻关新医改、供应链各方的利益协同、雅安模式的孕育三个方面对雅安项目做了介绍与探讨⑤。

(4) 服务供应链质量控制研究

Perrault 和 Russ 提出了 7Rs 理论⑥。Bienstock、Mentzer 和 Bird 提出了实体配送服务质量(PDSQ)的概念⑦。Mentzer 和 Flint 设计出物流顾客感知质量量表(Logistics Service Quality Scale,LSQ)⑧。刘伟华等探讨了物流服务供应链两级合作的质量监督与协调问题⑨。白世贞等提出考虑一个物流服务提供商和集成商的供应链结构,在对称信息下质量监督基本模型的基础上,建立了不对称信息下的 Bayes – Nash 均衡模型并给出了均衡解,模型进一步考虑了物流服务集成商本身受到惩罚因素及与

---

① 张德海、刘德文:《物流服务供应链的信息共享激励机制研究》,《科技管理研究》2008 年第 6 期,第 214~216 页。
② 周康博:《基于联合决策的物流服务供应链协调》,《商业文化》(学术版)2010 年第 1 期,第 101 页。
③ 李新明、廖貅武、陈刚:《基于 ASP 模式的应用服务供应链协调分析》,《系统工程理论与实践》2011 年第 8 期,第 1489~1496 页。
④ 俞海宏、刘南:《数量柔性契约下引入激励的服务供应链协调性研究》,《浙江大学学报》(理学版)2012 年第 3 期,第 352~360 页。
⑤ 李伟珍:《南京医药雅安项目之药事服务供应链各方的利益协同》,《健康管理》2013 年第 10 期,第 46~47 页。
⑥ Perrault, W. D., Russ, F. A., "Physical Distribution Service: A Neglected Aspect of Marketing Management", *MSU Business Topics*, 22 (3), 1974, pp. 37 – 45.
⑦ Bienstock, C. C., Mentzer, J. T., Bird, M. M., "Measuring Physical Distribution Service Quality", *Journal of the Academy of Marketing Science*, 25 (1), 2006, pp. 31 – 44.
⑧ Mentzer, J. T., Flint, D. J., "Logistics Service Quality as a Segment-Customized Process", *Journal of Marketing*, 65 (4), 2001, pp. 82 – 104.
⑨ 刘伟华、季建华、顾巧论:《物流服务供应链两级合作的质量监控与协调》,《工业工程与管理》2007 年第 3 期,第 47~52 页。

提供商之间竞争因素对质量监督的影响，分别得出了新的 Bayes – Nash 均衡解[1]。张智勇等研究由养老服务集成商与服务提供商组成的养老服务供应链，在给定养老服务提供商服务质量的基础上，重点讨论不同的需求规模下养老服务集成商的最优质量决策及其与服务提供商质量决策之间的相互影响[2]。

（5）服务供应链绩效评价研究

针对庞大的物流服务供应链绩效评价指标体系，郭梅等设计了一种简化指标的方法[3]。陈虎提出针对动态变化的物流服务供应链，设计改进型 QFD 模型，利用模糊评估法对不同历史时期物流服务供应链绩效进行评价[4]。张婷等为提高服务供应链的运营效率，利用可拓理论的思想方法建立了服务供应链绩效评价的物元模型，并提出基于关联函数的可拓优度评价方法，对服务供应链绩效进行定性与定量相结合的综合评价[5]。黄祖庆等运用利益相关者理论，结合数据可获得性原则构建了包括微观层面（功能性物流服务提供商、集成商和物流服务消费者）和宏观层面（政府、社区及其居民）的物流服务供应链绩效评价体系，并详细阐述了各指标的计量方法[6]。

**3. 旅游服务供应链及其研究综述**

服务供应链理论在旅游业中的应用，衍生出了旅游服务供应链。关于旅游服务供应链的研究起步不久，主要集中在它的定义和结构方面。

---

① 白世贞、张琳：《不对称信息下的物流服务供应链质量监督》，《商业研究》2010 年第 10 期，第 199～207 页。
② 张智勇、赵俊、石园：《需求规模下养老服务供应链质量决策分析》，《预测》2013 年第 4 期，第 46～51 页。
③ 郭梅、朱金福：《基于模糊粗糙集的物流服务供应链绩效评价》，《系统工程》2007 年第 7 期，第 48～52 页。
④ 陈虎：《物流服务供应链绩效动态评价研究》，《计算机应用研究》2012 年第 4 期，第 1241～1244 页。
⑤ 张婷、赵宁：《服务供应链绩效的可拓评价研究》，《科技管理研究》2013 年第 6 期，第 50～54 页。
⑥ 黄祖庆、蔡文婷、张宝友：《利益相关者理论视角下物流服务供应链绩效评价——以传化物流为主导的物流服务供应链的实证》，《西安电子科技大学学报》（社会科学版）2013 年第 5 期，第 1～10 页。

(1) 旅游服务供应链的定义

国外比较典型的定义是由 Tapper 和 Font 等人提出的，国内也有很多学者在这方面进行了研究。毛遂和王明宪、夏爽、吴春尚等在借鉴国内外学者观点的基础上，分别从不同角度对旅游服务供应链进行了界定。

Tapper 和 Font 认为旅游服务供应链包括所有用来满足旅游者需求的旅游产品供应体系中的商品和服务的供应者，并认为旅游服务供应链具体包括住宿、交通、吸引物、酒吧、餐馆、纪念品和手工艺品、食品生产、垃圾处理系统以及对旅游业的发展起支持作用的目的地基础设施等[1]。毛遂、王明宪认为，旅游业供应链是基于旅游活动中的食、住、行、游、购、娱等活动展开的，整个旅游行业包括旅游饭店业、旅游交通运输业、旅行社业、游览娱乐业（旅游资源开发经营业）、旅游购物品经营业（旅游商业）等多个行业[2]。夏爽在借鉴国内外学者观点的基础上，认为旅游服务供应链是指为了更好地提供旅游服务，在旅游者、旅游景点、旅行社、交通运输、酒店等部门之间形成的一条以服务传递为主要内容，包括旅游产品设计、生产、组合、销售，支持旅游者来到旅游目的地并进行各种旅游消费行为的供应链[3]。吴春尚等认为旅游服务供应链是旅游经营企业为了更好地提供旅游服务，由旅游者、旅游景点、旅行社、交通运输部门、酒店等部门协调运作形成的一条以服务传递为主要内容，包括旅游产品设计、生产、组合、销售，支持旅游者来到旅游目的地并进行各种旅游消费行为的供应链[4]。

(2) 旅游服务供应链结构研究

国外学者 Andersen 和 Henriksen、Smith 和 Xiao、Veronneau 和 Roy、Font 等分别从不同角度探讨了旅游服务供应链结构、模型及其影响因素。

---

[1] 参见 Tapper, R., Font, X., *Tourism Supply Chains: Report of a Desk Research Project for the Travel Foundation* (UK: Environment Business & Development Group, 2004).

[2] 毛遂、王明宪:《基于现代物流理念的旅游业供应链》,《市场论坛》2006 年第 2 期, 第 43~44 页。

[3] 参见夏爽《旅游服务供应链的委托代理机制研究》, 硕士学位论文, 南昌大学, 2008。

[4] 吴春尚、邓文博、刘艳:《旅游服务供应链企业协作问题研究》,《旅游市场》2009 年第 5 期, 第 72~73 页。

国内较早开展这方面研究的是黄小军、甘筱青。

Andersen 和 Henriksen 分析了 E Tourism 对旅游服务供应链中旅游行业和业务流程管理的影响[1]。Smith 和 Xiao 分析了农民市场供应链、节日供应链和餐馆供应链的结构[2]。Veronneau 和 Roy 以大型的弗罗里达全球邮轮公司为案例，从战略、战术和操作三个层面提出邮轮供应链计划的框架模型[3]。Font 等为旅行社提出了一个可持续供应链管理的实施框架，并对旅游服务供应链中的关键环节进行了分析[4]。黄小军、甘筱青分析了研究旅游服务供应链的重要性以及进一步的研究方向等[5]。

### （二）供应链协调机制研究现状

供应链的协调程度关系着供应链管理的成功与否。由于供应链的构成存在多样性，有时各节点的目标最优与供应链整体目标最优存在冲突。而且供应链管理实践存在许多不确定因素，从而体现出一定的动态性。所以，近年来有关供应链协调机制的研究吸引了众多学者的眼球。

国外学者中，Shin 指出供应链协调可以帮助降低交易成本，提高各节点企业之间的运营效率，以及提高供应链的整体竞争力[6]。Sahin 和 Robinson 认为供应链协调包括从订单接收到订单跟进过程中的材料、人力、资本、设备的协调[7]。Fawcett 和 Magnan 认为，在供应链管理一体化

---

[1] 参见 Andersen, K. V., Henriksen, H. Z., *Impact Analysis of E Tourism in Bhutan*（Working Paper, 2006）。

[2] Smith, S. L. J., Xiao, H., "Culinary Tourism Supply Chains: A Preliminary Examination", *Journal of Travel Search*, 46 (3), 2008, pp. 289 – 299.

[3] Veronneau, S., Roy, J., "Global Service Supply Chains: An Empirical Study of Current Practices and Challenges of a Cruise Line Corporation", *Tourism Management*, 30 (1), 2009, pp. 128 – 139.

[4] Font, X., Tapper, R., Schwartz, K., Kornilaki, M., "Sustainable Supply Chain Management in Tourism", *Business Strategy and the Environment*, 17 (4), 2008, pp. 260 – 271.

[5] 黄小军、甘筱青：《旅游服务供应链管理初探》，《商业时代》2006 年第 25 期, 第 91～93 页。

[6] Shin, N., "Does Information Technology Improve Coordination? An Empirical Analysis", *Logistics Information Management*, 12 (1/2), 1999, pp. 138 – 144.

[7] Sahin, F., Robinson, J. E. P., "Information Sharing and Coordination in Make-to-Order Supply Chains", *Journal of Operations Management*, 23 (6), 2005, pp. 579 – 598.

的过程中,一旦外部企业泄露企业的核心信息,企业的协调就难以实现。因此,有效整合供应链管理,形成最优的供应链信息共享和协调机制、建立供应链上成员间的信任、加强伙伴关系显得尤为重要。港口供应链上成员众多,上下游的不同企业的规模形态和性质各异,各成员间利益相互冲突的可能性很大①。Kwon 和 Suh 指出,协调可分为信任与承诺,信任是供应链伙伴之间能够取得供应链上的绩效并实现融合的核心因素。如果在港口作业中缺乏伙伴之间的信任,就会降低港口的效率,导致工作生产的低效率,增加不必要的程序,比如在伙伴之间的交易上确认或试验、增加验收程序等等②。Morris 和 Carter 提出,供应链协调关系由信任、承诺以及长期关系组成。信任与承诺有助于维持可持续的长期伙伴关系,对处理潜在危险的活动以及坚定伙伴的信念有很大的作用。信任与承诺的作用如下:第一,分享港口的资源、机会及利益;第二,维持高的港口价值,其价值与伙伴分享;第三,分享有意义的信息,如市场信息等;第四,不做危害伙伴的行为③。Xu 和 Beamon 指出,协调机制是"一套用于管理组织之间相互依存关系的方法。根据定义,会有许多不一样的人、实体和过程,在相互作用的过程中执行供应链的目标,协调机制会有效地为管理这些相互作用提供工具"。各节点企业通过供应链协调组成网络式联合体,在这一协调网络中,供应商、制造商、分销商和客户可动态地共享信息,紧密协调,向着共同的目标努力。要实现供应链协调,节点企业必须基于信息技术,在信任关系、承诺关系的基础上进行合作④。

国内学者中,庄品和王宁生是较早界定和研究供应链协调的,他们

---

① Fawcett, S. E., Magnan, G. M., "The Rhetoric and Reality of Supply Chain Integration", *International Journal of Physical Distribution & Logistics Management*, 32 (5), 2002, pp. 339 – 361.

② Kwon, I. W. G., Suh, T., "Factors Affecting the Level of Trust and Commitment in Supply Chain Relationships", *Journal of Supply Chain Management*, 40 (1), 2004, pp. 4 – 14.

③ Morris, M., Carter, C. R., "Relationship Marketing and Supplier Logistics Performance: An Extension of the Key Mediating Variables Model", *The Journal of Supply Chain Management*, 41 (4), 2005, pp. 32 – 43.

④ Xu, L., Beamon, B. M., "Supply Chain Coordination and Cooperation Mechanisms: An Attribute-Based Approach", *Journal of Supply Chain Management*, 42 (1), 2006, pp. 4 – 12.

认为供应链协调应"基于供应链成员的物流、信息流以及资金流等要素，构建适当的协调激励机制，有效地控制系统的整体，使之从无序转换为有序，形成有效协调状态，从而在供应链成员之间建立战略性合作关系，共同分担风险，合理分配利润，降低总成本，最终实现系统的整体效益大于各部分系统的效益之和"[①]。贡文伟等针对一个制造商和两个零售商组成的逆向供应链，运用信号甄别和委托－代理理论，基于再制品市场需求与零售商成本均为不完全信息的前提，分别在政府不引导零售商和政府对零售商实施缺货惩罚两种情形下探讨了逆向供应链的协调策略[②]。陈志明等研究 OEM 供应链时发现供需两端的随机性带来了经济损失的风险，随机需求源于品牌企业无法准确预测产品销量，随机供应来自 OEM 供应商的产能约束等，针对上述随机的特点，他们建立了分散决策下的多个 OEM 供应商和单个品牌企业的 Stackelberg 博弈模型，求解出均衡生产订货批量，并引入结合收益分享的额外收购契约，其研究结论表明品牌企业通过收购 OEM 供应商的富余产品和分享外包产品的销售收入，可以有效提高各方收益，实现 OEM 供应链的协调[③]。

### （三）旅游服务供应链利益协调研究现状

国外学者 Caccomo 和 Solonandrasana[④]，Bastakis、Buhalis 和 Butler，Garcia 和 Tugores，Wachsman，Pintassilgo 和 Silva，Candela 和 Cellini 先后使用价格竞争模型、讨价还价模型、两阶段博弈模型、纳什博弈模型和微分博弈对旅游服务供应链的利益协调问题展开了深入的研究。

Bastakis、Buhalis 和 Butler 使用非对称信息的讨价还价模型来描述大

---

① 庄品、王宁生：《供应链协调机制研究现状及发展趋势》，《机械科学与技术》2003 年第 11 期，第 204~206 页。
② 贡文伟、段雯雯、李虎、汪国映：《考虑双方信息不完全的逆向供应链协调机制探讨》，《统计与决策》2013 年第 23 期，第 37~41 页。
③ 陈志明、陈志祥：《多供应商的 OEM 供应链在供应与需求随机条件下的协调决策》，《管理学报》2013 年第 12 期，第 1839~1846 页。
④ Caccomo, J., Solonandrasana, B., Tourism Activities and Price Differences: Imperfect Information and Asymmetric Competion (The 28th Annual Conference of the European Association for Research in Industrial Economics, Dublin, Ireland, January 2001), pp. 1–14.

型旅行社和中小酒店之间的竞争关系,结果表明,大型旅行社在与中小酒店讨价还价时,能够影响甚至控制中小酒店的经营运作[①]。

Garcia 和 Tugores 使用两阶段博弈模型分析一个高服务质量和一个低服务质量的酒店之间的价格和质量竞争决策。两个酒店首先同时确定自身的服务质量,随后确定价格水平。此外,研究还分析了在中心决策者和外部成本情况下系统的最优解。结果表明,高服务质量和低服务质量的酒店可以共存,但是前者的扩张并不一定带来社会福利的增加[②]。Wachsman 使用纳什博弈模型分析了旅游目的地酒店和航空公司之间的价格战略,结果表明,两者之间的合作能够降低价格,从而使游客受益,但多个目的地酒店和航空公司合作则会出现囚徒困境[③]。Pintassilgo 和 Silva 研究了住宿业和环境质量之间的交互关系,通过构建酒店之间的纳什博弈模型,他们发现酒店的扩张导致了经济和环境过度开发的"公共地悲剧"[④]。

Candela 和 Cellini 使用微分博弈研究了旅游产品间的竞争,结果表明,均衡开环战略的实现取决于旅游产品的差异化是外生的还是内生的[⑤]。

国内学者也积极开展了这方面的研究。官志华通过对不同供应链管理模式下核心企业演变过程的总结,认为随着供应链管理模式的不断发展,其核心企业将由传统的居于供应链中间部位的企业向距离消费者最近或较近的企业演变[⑥]。张文喜从市场、产品、财务和品牌风险

---

① Bastakis, C., Buhalis, D., Butler, R., "The Perception of Small and Medium Sized Tourism Accommodation Providers on the Impacts of the Tour Operators' Power in the Eastern Mediterranean", *Tourism Management*, 25 (2), 2004, pp. 151 – 170.
② Garcia, D., Tugores, M., "Optimal Choice of Quality in Hotel Services", *Annuals of Tourism Research*, 33 (2), 2006, pp. 456 – 469.
③ Wachsman, Y., "Strategic Interactions among Firms in Tourist Destinations", *Tourism Economics*, 12 (4), 2006, pp. 531 – 541.
④ Pintassilgo, P., Silva, J. A., "Tragedy of the Commons' in the Tourism Accommodation Industry", *Tourism Economics*, 13 (2), 2007, pp. 209 – 224.
⑤ Candela, G., Cellini, R., "Investment in Tourism Market: A Dynamic Model of Differentiated Oligopoly", *Environmental & Resource Economics*, 35 (1), 2006, pp. 41 – 58.
⑥ 参见官志华《关于供应链中核心企业的定位及其演变趋势的研究》,硕士学位论文,汕头大学,2004。

等四个方面，对旅游企业合作营销的风险及其防范策略进行了探索①。路科分析了以旅行社为核心的旅游供应链模式存在的一系列环境问题、效益问题和社会问题，在此基础上构建了一种以景区（点）为核心的新的旅游服务供应链模式②。麻新华等在分析旅游淡旺季形成原因的基础上，定性地提出协调旅游淡旺季分布的策略③。李佳认为传统的以旅行社为核心的旅游业供应链模式存在诸多问题，旅行社作为旅游业供应链核心具有一定的不合理性。由于旅游服务供应链的出发点和归宿都是顾客，以顾客的需求为核心是旅游服务供应链模式的发展趋势。因此，按她的理解，在新一代旅游服务供应链中，作为旅游服务提供商的一方会成为整个旅游网络的核心④。梁学成等从企业价值链生成和群体进化的角度对企业进行合作的内生机理进行了分析，构建了企业进行动态合作的协调模型，并从政府、企业和市场三个层次给出了相关的建议⑤。

夏爽、甘筱青、谌贻庆利用委托－代理模型分析了旅游服务供应链的委托－代理现象，指出在设计旅游业委托－代理机制时应注意的问题，为旅游业的契约设计提供了一些可行的建议⑥。杨树以主题公园为例，建立了主题公园与旅行社间的 Stackelberg 博弈模型，并分析了在不同协调机制下博弈方的最优价格策略和最优服务质量策略⑦。张晓明等研究了旅行社与旅游服务提供商间的协调问题，利用经典的报童模型，建立了旅行社与航空公司的机票折扣模型，模型表明，航空公司对机票折扣

---

① 张文喜：《旅游企业合作营销的风险及规避》，《华东经济管理》2006 年第 3 期，第 152 ~ 153 页。
② 路科：《旅游业供应链新模式初探》，《旅游学刊》2006 年第 3 期，第 30 ~ 33 页。
③ 麻新华、舒小林：《旅游淡旺季形成及协调机制研究》，《云南地理环境研究》2007 年第 4 期，第 49 ~ 52 页。
④ 参见李佳《基于散客旅游信息需求的旅游供应链管理研究——以"携程旅行网"为例》，硕士学位论文，四川大学，2007。
⑤ 梁学成、李树民、万迪昉：《对旅游企业间动态合作的协调机制研究》，《旅游学刊》2007 年第 9 期，第 58 ~ 63 页。
⑥ 夏爽、甘筱青、谌贻庆：《旅游服务供应链的委托代理机制研究》，《科技广场》2008 年第 1 期，第 18 ~ 19 页。
⑦ 参见杨树《旅游供应链竞争与协调》，博士学位论文，中国科学技术大学，2008。

价格的调整，能够使旅行社和航空公司的收益得到改善①。

吴春尚等利用委托－代理模型分析了旅游服务供应链中企业的协作问题，并给出了旅游服务供应链成员企业间有效协作的条件②。杨丽等利用博弈理论，分别对分散定价和联合定价条件下组团社和地接社的定价策略和利润进行了研究，结果表明，组团社与地接社合作定价时，利润较大，他们还用 Shapley 值法对合作带来的收益进行了协调③。王兰兰从旅行社与景区之间的协调、旅行社与交通企业之间的协调、旅行社与旅游者之间的协调方面研究了旅游服务供应链的协调问题，并给出了相应的协调策略④。杨晶在分析旅游服务供应链运营问题的基础上，结合旅游服务供应链的结构关系和特点，将旅游行为与政府的行为综合考虑，构建了以旅行社为微观协调主体、以政府为宏观协调主体的旅游服务供应链协调机制⑤。

陈扬乐、杨葵、黄克己认为旅游服务供应链分为以散客为核心和以旅行社为核心的服务供应链，其本质是整合服务，关键是协同度，目的是为旅游者提供满足其需求的服务，使之产生幸福感；他们还构建了旅游服务供应链模型，探索了旅游服务供应链运营机制⑥。

左小明针对旅游服务供应链及其特点，分析了旅游服务供应链各成员企业协作关系的演变过程，并在此基础上对该协作关系治理框架进行了探讨⑦。潘晓东、鄢章华、滕春贤对旅游服务供应链信任均衡进行了研究，指出旅游服务供应链中的业务关系是基于彼此间的信任而形成的，

---

① 张晓明、张辉、毛接炳：《旅游服务供应链中若干环节的协调》，《城市发展研究》2008年第5期，第139~143页。
② 吴春尚、邓文博、刘艳：《旅游服务供应链企业协作问题研究》，《旅游市场》2009年第5期，第72~73页。
③ 杨丽、李帮义、兰卫国：《基于旅游产品定价的旅游供应链利润分配协调研究》，《生态经济》2009年第2期，第106~108、124页。
④ 参见王兰兰《旅游服务供应链的协调问题研究》，硕士学位论文，暨南大学，2009。
⑤ 参见杨晶《基于多元结构的旅游供应链协调机制研究》，硕士学位论文，厦门大学，2009。
⑥ 陈扬乐、杨葵、黄克己：《旅游服务供应链构建及运营机制探究》，《商场现代化》2010年第6期，第34~35页。
⑦ 左小明：《旅游服务供应链协作关系治理研究》，《现代管理科学》2011年第4期，第54~56页。

建立良好的信任氛围对提升旅游服务供应链的绩效具有重要作用,他们还对传统信任度的取值进行拓展,指出供应链信任均衡的稳定性主要受关键关系的影响①。

陶春峰、谌贻庆、徐志从牛鞭效应存在的普遍性出发,分析了旅游服务供应链上牛鞭效应产生的六个主要原因②。

林红梅构建了旅游服务供应链风险评价指标体系,应用模糊综合评判模型对旅游服务供应链运作总体风险进行模糊量化分析,得出了各种风险危害程度的概率分布,为服务链上核心企业提供事前参考,帮助它们减少损失,提高运作效率③。牛文举等以导游的服务能力和努力水平两种私有信息不被旅行社观测到,但其服务业绩可以被观测到为基础,利用博弈论与信息经济学等理论和方法设计了导游的服务能力为连续类型前提下的激励机制,运用最优化原理得出了最优激励机制参数④。张巍巍以实现旅游服务供应链各环节协调运转为目标,在掌握旅游服务供应链结构的基础上,针对旅游服务供应链管理这一问题,从旅游服务供应链的组成要素、基本特点以及各环节相互关系等多个角度出发,论述旅游服务供应链的管理要点,并运用得益模型、最佳数据选取模型对供应链运作时各成员协调问题进行分析,同时提出实现旅游服务供应链协调运转的有效措施⑤。

## (四) 研究现状述评

综上所述,虽然有关供应链管理的研究方法和工具在逐渐发展和

---

① 潘晓东、鄢章华、滕春贤:《旅游服务供应链信任均衡研究》,《科技与管理》2011年第4期,第31~34页。

② 陶春峰、谌贻庆、徐志:《旅游产业的牛鞭效应及解决方案》,《江西社会科学》2012年第12期,第56~60页。

③ 林红梅:《旅游服务供应链运作风险分析及其量化》,《企业经济》2013年第7期,第118~121页。

④ 牛文举、罗定提、鲁芳:《双重非对称信息下旅游服务供应链中的激励机制设计》,《运筹与管理》2013年第3期,第222~229页。

⑤ 张巍巍:《旅游服务供应链运作中成员环节关系的协调研究》,《物流技术》2013年第7期,第391~393、460页。

完善，但更多的研究集中于传统制造业供应链，对服务供应链乃至旅游服务供应链方面的研究略显薄弱。目前国内研究中的问题主要是以下几点。

第一，对旅游的研究尚处于初级阶段。在我国，旅游是一个在改革开放后国家和政府大力扶持的朝阳产业，但相关研究仅偏向于探讨旅游业的可持续发展问题。

第二，旅游服务供应链协调方面的研究有很多空白。目前众多学者更认同的是以旅行社为核心的旅游服务模式，并对此展开了各种角度的探讨，针对出现的各种问题提出了不同的解决方案。但站在旅游服务供应链的角度，则是另外一种情况——以旅游者为核心，而且相关供应链协调理论与旅游服务业相结合的应用研究刚刚起步，还有很多空白。

第三，对旅游服务供应链联盟利益的研究较少。传统的供应链研究更注重供应链之间的竞争，而供应链之间的跨链合作、实现供应链网络联盟利益最大化方面的研究较为欠缺。

第四，对旅游服务供应链联盟动态协调的研究基本处于空白。供应链联盟的利益协调机制研究也是近几年才兴起，而且大都是采用静态合作博弈理论对旅游服务供应链及其联盟进行研究。采用微分博弈动态合作理论、关注联盟形成后应如何对利益进行动态协调方面的研究基本处于空白。

## 三　主要内容和技术路线

### （一）主要内容

①首先，在对国内外有关旅游利益相关者的研究进行梳理的基础上，结合旅游开发涉及人类组织因素（政府、开发商、居民等）和非人类因素（资源、环境等）的特点，从广义上根据旅游开发涉及的行业领域、影响程度和方式等，将旅游开发利益相关者划分为核心层、支持层和边

缘层三个层次；其次，对区域旅游服务供应链核心利益相关者进行了分类，并阐述各核心利益相关者的诉求；最后，对他们之间的主要利益冲突利用案例和数据做介绍并进行原因分析，最终将原因划归为旅游信息和利益分配两方面引起的供需矛盾。

②为了探讨区域旅游服务供应链联盟的形成机制，首先，在供应链上下游企业关系界定的基础上，对企业联盟形成的动因进行分析，并阐述联盟的特点；其次，探讨联盟形成时会遭遇到的五类风险；最后，在联盟形成后，针对需求信号处理不当、短缺博弈和价格波动等因素造成的旅游服务供应链上的牛鞭效应，建立牛鞭效应模型，揭示牛鞭效应在旅游服务供应链上产生的影响，对由于委托－代理关系处理不当引起的信息传递机制问题带来的逆向选择及其产生原因做分析，并利用委托－代理模型进行实证分析。

③针对区域旅游服务供应链联盟核心利益相关者的不协调表现，将微分博弈引入区域旅游服务供应链联盟中，构建基于多人微分合作博弈理论的动态 Shapley 值联盟利益分配模型；再引入多人合作的瞬时平衡得偿来保证联盟支付的整体理性、个体理性和时间一致性，确保最优准则下的收益分配方案的持续有效，使得区域旅游服务供应链联盟得以维持，直至合作旅游经营活动取得成功。

④建立了旅游服务供应链联盟的外部性演化模型，通过该模型分别讨论了共同销售和独占交易两种情况下的旅游服务供应链联盟，揭示了旅游服务供应链联盟中营销创新外部性的上升对旅游服务供应链联盟总利润的两种相反效应——合谋效应和外部效应，然后有针对性地给出协调联盟外部性的激励机制。

⑤以"大庐山"旅游联盟为背景，通过数据收集和模型选择，对二元联盟的动态 Shapley 值利益分配进行实证分析，并在此基础上给出相应的策略和建议。指出要稳定发展区域旅游，除了科学合理地进行收益分配外，还必须从强化区域旅游服务供应链联盟及其核心利益圈的管理、加快联盟信息化建设两个方面入手。

## (二) 技术路线

本书的技术路线如图1-3所示。

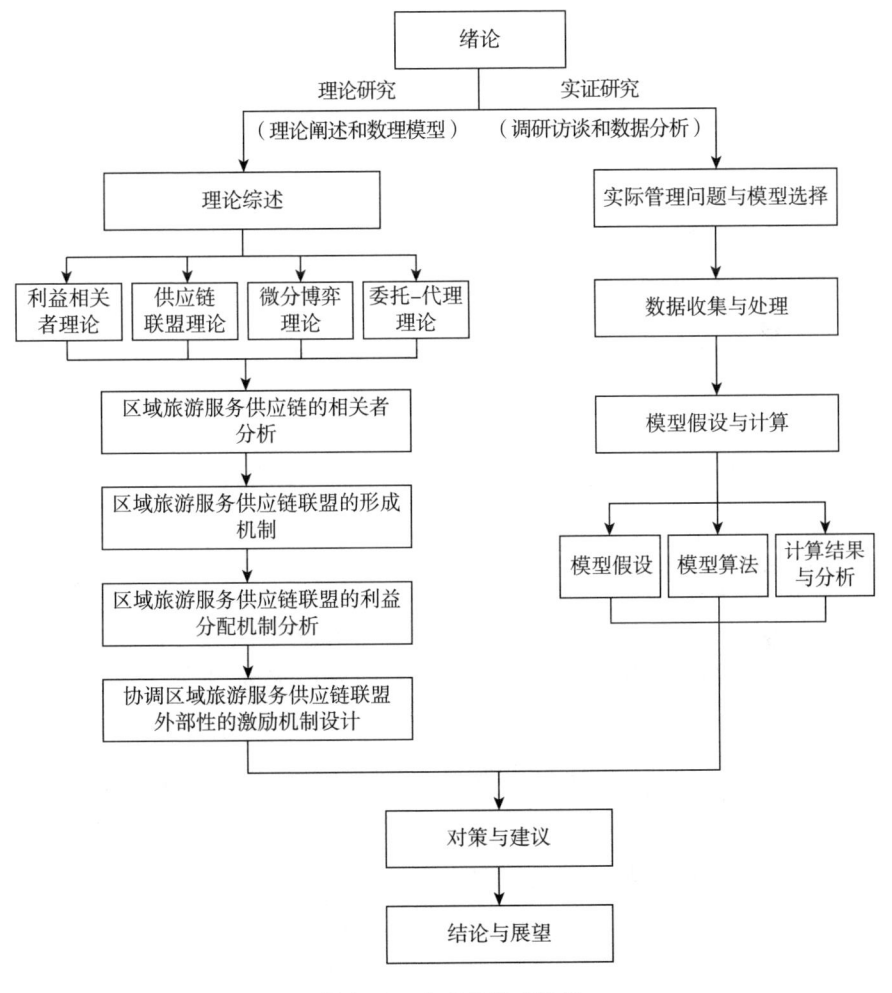

图1-3 本书的技术路线

## 四 研究方法和创新之处

### (一) 研究方法

第一,采用比较分析方法,总结并借鉴旅游业发达地区的服务供应链联盟的成功经验，阐述具有特色的联盟中各相关者的利益协调机制可以促进现代旅游业可持续发展。

第二，采用数理经济学、计量经济模型、短缺博弈模型和委托-代理模型分析区域旅游服务供应链联盟中的牛鞭效应和逆向选择问题。

第三，采用微分合作博弈模型，分析联盟中各相关者的动态利益协调问题，并根据模型结果提出旅游服务供应链联盟中各相关者的利益协调机制。

第四，利用智猪纳什博弈模型和委托-代理理论研究区域旅游服务供应链联盟中的激励机制问题。

### （二）创新之处

第一，本书为从供应链联盟视角来分析和研究我国迅猛发展的现代旅游业所遇到的利益相关者、联盟形成的动因和特点、联盟的利益分配等系统性问题，提供了一套整体、系统的解决思路和方案，深化了旅游服务供应链联盟的研究领域。

第二，本书从广义的角度将区域旅游服务供应链中利益相关者分为核心层、支持层和边缘层，并对核心层的利益诉求进行深入分析，为区域旅游中利益冲突及其成因的探讨提供了更为清晰的研究思路。

第三，本书分别从需求信号处理、短缺博弈和价格波动三个方面建立理论模型分析区域旅游服务供应链联盟中的牛鞭效应，采用分布函数的参数化方法建立委托-代理模型并实证分析区域旅游服务供应链联盟中的逆向选择问题，为探求联盟形成机制提供了新的视角。

第四，本书运用决定性微分合作博弈理论构建符合整体理性、个体理性和时间一致性的区域旅游服务供应链联盟利益分配动态模型，并结合实证分析，为"大庐山"集团保障联盟的稳定性以及形成利益分配长效机制提供新的理论和方法支撑。

# 第二章 相关基础理论

区域旅游服务供应链联盟经历了从物流发展到供应链、从供应链发展到服务供应链、从服务供应链发展到旅游服务供应链，再从旅游服务供应链发展到旅游服务供应链联盟的过程，众多的专家和学者参与其中的研究和实践。本章将对本书研究的基础理论进行阐述，为后面篇章的研究做好理论铺垫。

## 一 利益相关者理论

### （一）利益相关者理论产生的背景

1708年，管理学中的一个重要概念——"利益相关者"（Stakeholder）诞生了。它表示"人们在某一项活动或某企业中'下注'（Have a Stake），在活动进行或企业运营的过程中抽头或赔本"。而潘罗斯在1959年出版的一本书——《企业成长理论》，是真正构建利益相关者理论的"知识基础"。在书中他认为"企业是人力资产和人际关系的集合"。

1963年，美国斯坦福研究院的一些学者根据"股东"（Shareholder），创造出了"利益相关者"（Stakeholder）这个名词。Ansoff是最早正式使用"利益相关者"一词的经济学家，他认为要制定理想的企业目标，必须综合平衡考虑企业的诸多利益相关者之间相互冲突的索取权，这些利益相关者可能包括管理人员、工人、股东、供应商以及顾客①。

经济学家 Dill 认为利益相关者理论正从"影响"转向"参与"②。美国的沃顿学院（Wharton School）为了推广利益相关者的概念特意在 1977 年开设了相关课程，旨在将利益相关者的概念应用于企业战略管理，利益相关者逐步形成了一个较为完善的分析框架。

20 世纪 80 年代，学者的研究认为早期的利益相关者的定义存在一定的局限性。于是美国经济学家 Freeman 提出了一个利益相关者的广义定义，他认为利益相关者是那些能够影响企业目标实现，或者能够受企业实现目标的过程影响的任何个人和群体③。该定义不仅将影响企业目标实现的个人和群体视为利益相关者，而且还将受企业目标实现过程中所采取的行动影响的个人和群体看作利益相关者，正式将当地社区、政府部门、环境保护主义者等实体纳入利益相关者管理的研究范畴，大大扩展了利益相关者的内涵。

Freeman 的这个定义得到了其他经济学家的认同，后来一直被学术界作为一个标准范式。

### （二）利益相关者的界定

由于关于利益相关者的研究众多，学者观点也有所不同。许多学者从不同的角度给出了各自对于利益相关者的定义。西方学者的研究界定的各种利益相关者包括：股东、管理人员、雇员、银行、政府部门、行业协会、教育机构、媒体、政治团体、宗教团体、工会、竞争对手、供应商、分销商、客户、非人物种、人类下一代、环保组织、社区、公众……Mitchell、Agle 和 Wood 曾经详细研究利益相关者理论产生和发展的历史，总结了自 1963 年斯坦福研究院涉足利益相关者问题开始，一直到 20 世纪 90 年代中期为止前后共 30 多年时间里，西方学者所给出的 27 种有代表

---

① 参见 Ansoff, H. I., *Corporate Strategy* (New York: McGraw-Hill Education, 1965).
② 贾生华、陈宏辉:《利益相关者的界定方法述评》,《外国经济与管理》2002 年第 5 期，第 13～18 页。
③ 参见 Freeman, R. E., *Strategic Management: A Stakeholder Approach* (Boston: Pitman, 1984).

性的利益相关者定义①。本书特意将 50 多年来西方学者所给出的 35 种利益相关者的代表性定义按时间顺序进行了罗列（见表 2-1）。

表 2-1 利益相关者的 35 种代表性定义

| 时间 | 提出者 | 定义 |
| --- | --- | --- |
| 1963 年 | 斯坦福大学研究院 | 利益相关者是这样一些团体：没有其支持，组织就不可能生存 |
| 1964 年 | Rhenman | 利益相关者依靠企业来实现其个人目标，而企业也依靠他们来维持生存 |
| 1971 年 | Ahlstedt 和 Jahnukainen | 利益相关者是一个企业的参与者，他们被自己的利益和目标所驱动，因此必须依靠企业；而企业也需要依赖他们的"赌注" |
| 1983 年 | Freeman 和 Reed | 广义的：利益相关者能够影响一个组织目标的实现，或者他们自身受到一个组织实现其目标过程的影响。狭义的：利益相关者是那些组织为了实现其目标必须依赖的人 |
| 1984 年 | Freeman | 利益相关者是能够影响一个组织目标的实现，或者受到一个组织实现其目标过程影响的人 |
| 1987 年 | Freeman 和 Gilbert | 利益相关者是能够影响一个企业，或者受到一个企业影响的人 |
| 1987 年 | Cornell 和 Shapiro | 利益相关者是那些与企业有契约关系的要求权人（Claimants） |
| 1988 年 | Evan 和 Freernan | 利益相关者是在企业中"下了一笔赌注"（Have a Stake），或者对企业有要求权（Have Claim）的人 |
| 1988 年 | Evan 和 Freernan | 利益相关者是这样一些人：他们因公司活动而受益或受损；他们的权利因公司活动而受到侵犯或受到尊重 |
| 1988 年 | Bowie | 没有利益相关者的支持，组织将无法生存 |
| 1989 年 | Alkhafaji | 利益相关者是那些公司对其负有责任的人 |
| 1989 年 | Carroll | 利益相关者是在公司中下了一种或多种"赌注"的人。他们能够以所有权或法律的名义对公司资产或财产行使收益和（法律和道德上的）权利 |
| 1990 年 | Freeman 和 Evan | 利益相关者是与企业有契约关系的人 |
| 1991 年 | Thompson、Wartick 和 Smith | 利益相关者是与某个组织有关系的人 |
| 1991 年 | Savage、Nix、Whitehead 和 Blair | 利益相关者的利益受组织活动的影响，并且他们有能力影响组织的活动 |

---

① Mitchell, R. K., Agle, B. R., Wood, D. J., "Toward a Theory of Stakeholder Identification and Salience: Defining the Principle of Who and What Really Counts", *Academy of Management Review*, 22 (4), 1997, pp. 853-886.

续表

| 时间 | 提出者 | 定义 |
|---|---|---|
| 1992 年 | Hill 和 Jones | 利益相关者是那些对企业有合法要求权的团体，他们通过一个交换关系与企业建立起联系；他们向企业提供关键性资源，以换取个人利益目标的满足 |
| 1993 年 | Brenner | 利益相关者与某个组织有着一些合法的、不平凡的关系（No-trivial Relationship），如交易关系、行为影响及道德责任 |
| 1993 年 | Carroll | 利益相关者在企业中投入一种或多种的"赌注"，他们也许影响企业的活动，或受到企业活动的影响 |
| 1994 年 | Freeman | 利益相关者是联合价值创造的人为过程的参与者 |
| 1994 年 | Wicks、Gilbert 和 Freman | 利益相关者与公司相关联，并赋予公司一定的含义 |
| 1994 年 | Langtry | 利益相关者对企业拥有道德的或法律的要求权，企业对利益相关者的福利承担明显的责任 |
| 1994 年 | Starik | 利益相关者可能或正在向企业投入真实的"赌注"，他们会受到企业活动明显或潜在的影响，也可以明显或潜在地影响企业活动 |
| 1994 年 | Clarkson | 利益相关者在企业中投入了一些实物资本、人力资本、财务资本或一些有价值的东西，并由此而承担了某些形式的风险；或者说，他们因企业活动而承担风险 |
| 1995 年 | Clarkson | 利益相关者是对一个企业及其活动拥有索取权、所有权和利益要求的人 |
| 1995 年 | Nasi | 利益相关者是与企业有联系的人，他们使企业运营成为可能 |
| 1995 年 | Brenner | 利益相关者能够影响企业，又受企业活动影响 |
| 1995 年 | Donaldson 和 Preston | 利益相关者是那些在公司活动的过程中有合法利益的人和团体 |
| 1997 年 | Mitchell | 对公司有合法性和紧迫性的要求，或者其权力足以影响公司 |
| 1998 年 | Frederic | 社会群落中每一个与公司有利害干系的人 |
| 2000 年 | Gibson | 与组织有互动关系或是有相互依赖关系的人们，以及任何影响公司行为、政策、决策或者被公司行为、政策、决策影响的人们 |
| 2001 年 | Hendry | 合乎道德规范的参与者，其关系不仅仅是契约或经济关系，还包括相互依赖的社会关系等 |
| 2002 年 | Reed | 存在基本的利害关系，可能是假想的经济机会，或是真实的利益，或者是政治上的平等性 |
| 2003 年 | Phillips | 规范性利益相关者是指其利益同公司运营直接关联；派生性利益相关者是指其对组织或规范性利益相关者具有潜在的影响 |
| 2003 年 | Newcombe | 项目利益相关者是那些拥有项目利益或是预期利益，包括用户、投资人、承包人、分包商、供应方、管理团队、设计方、社区等等 |

续表

| 时间 | 提出者 | 定义 |
|---|---|---|
| 2005 年 | Bourne | 拥有实在的项目利益或是某方面的权益，能够对项目提供支持或做出知识技能方面的贡献，影响项目或是受其影响 |

资料来源：作者整理。

## （三）利益相关者的分类

与利益相关者的概念一样，学者们也对利益相关者从不同角度进行了分类，而且分类方法不尽相同，从而在利益相关者的分类上形成了不同的流派（见表 2-2）。

表 2-2 利益相关者分类的国内外研究现状汇总

| 时间 | 研究人 | 分类标准 | 利益相关者分类 |
|---|---|---|---|
| 1984 年 | Freeman | 所有权、经济依赖性、社会利益 | 对企业拥有所有权的利益相关者；与企业在经济上有依赖关系的利益相关者；与企业在社会利益上有关系的利益相关者 |
| 1988 年 | Frederick | 是否与企业发生市场交易关系 | 直接利益相关者；间接利益相关者 |
| 1991 年 | Grant、Timothy、Carlton、John | 对企业具有的威胁性与合作性 | 支持型利益相关者；边缘型利益相关者；反对型利益相关者；混合型利益相关者 |
| 1992 年 | Charkham | 是否存在交易性合同 | 契约型利益相关者；公众性利益相关者 |
| 1994 年 | Clarkson | 在公司经营活动中承担的风险种类 | 自愿利益相关者；非自愿利益相关者 |
| 1995 年 | Clarkson | 与企业联系的紧密性 | 首要利益相关者；次要利益相关者 |
| 1997 年 | Mitchell | 权力性、合法性、紧急性 | 确定型利益相关者；预期型利益相关者；潜伏型利益相关者 |
| 1998 年 | Wheeler | 与企业发生联系的社会性与紧密性 | 首要的社会利益相关者；次要的社会利益相关者；首要的非社会利益相关者；次要的非社会利益相关者 |

续表

| 时间 | 研究人 | 分类标准 | 利益相关者分类 |
|---|---|---|---|
| 1998年 | 万建华 | 是否与企业有正式的、官方的契约 | 一级利益相关者；二级利益相关者 |
| 1999年 | Johnson、Scholes | 利益和权力 | 关键的社会利益相关者；随时了解的社会利益相关者；保持满意的社会利益相关者；最小努力的社会利益相关者； |
| 2000年 | 杨瑞龙、周业安 | 公司治理结构和企业内外标准 | 内部利益相关者；外部利益相关者 |
| 2001年 | 李心合 | 合作潜在性或威胁潜在性 | 支持型利益相关者；边缘型利益相关者；不支持型利益相关者；混合型利益相关者 |
| 2002年 | Walker、Marrr | 对企业承诺的不同层次、态度和行为的忠诚度高低 | 完全忠诚型利益相关者；易受影响型利益相关者；可保有型利益相关者；高风险型利益相关者 |
| 2003年 | 陈宏辉 | 主动性、重要性、紧急性 | 核心利益相关者；蛰伏利益相关者；边缘利益相关者 |
| 2005年 | 吴玲、贺红梅 | 企业生命周期特征、企业各阶段面临的危机和关键利益相关者的特征 | 关键利益相关者；非关键利益相关者；边缘利益相关者 |
| 2005年 | 顿曰霞 | 资产专用性 | 专用性投资利益相关者；通用性投资利益相关者；交易契约型利益相关者；公共契约型利益相关者 |
| 2006年 | 吴玲 | 资源基础理论、资源依赖理论 | 关键利益相关者；重要利益相关者；一般利益相关者；边缘利益相关者 |
| 2006年 | 喻建良、戴塔根 | 权力性、合法性、紧急性 | 隐匿型、纯权型、要求型、支配型、危险型、依赖型、权威型和非利益相关者 |
| 2006年 | 徐金发、常盛、谢宏 | 在公司治理中的地位 | 主导型利益相关者；接受型利益相关者；间接型利益相关者 |

续表

| 时间 | 研究人 | 分类标准 | 利益相关者分类 |
|---|---|---|---|
| 2007年 | 郝桂敏 | 企业实力、企业需求 | 重要利益相关者；次要利益相关者；一般利益相关者 |
| 2008年 | 李超玲、钟洪 | 重要性、紧急性、主动性 | 关键利益相关者；一般利益相关者；边缘利益相关者 |
| 2008年 | 温素彬、方苑 | 向企业投入资本的形态 | 货币资本利益相关者；人力资本利益相关者；社会资本利益相关者；生态资本利益相关者 |
| 2009年 | 王进、许玉洁 | 紧迫性、影响性、主动性 | 核心型利益相关者；战略型利益相关者；边缘型利益相关者 |
| 2009年 | 白利 | 利益和权力 | 关键利益相关者；非关键利益相关者 |
| 2010年 | 王兴河、刘艳 | 信息需求深度的不同 | 强信息需求的利益相关者；弱信息需求的利益相关者 |
| 2010年 | 张玉静、陈建成 | 权力性（影响力）、合法性、紧急性、主动性 | 核心利益相关者；蛰伏利益相关者；边缘利益相关者 |
| 2010年 | 黄浩 | 治理结构和治理方式 | 单方主导型；全体参与型；多方共享型 |
| 2011年 | 吴仲兵、姚兵、刘伊生 | 是否存在契约关系 | 内部利益相关者；外部利益相关者 |
| 2011年 | 朱莲、夏明 | 合法性、权力性、紧急性 | 核心利益相关者；重要利益相关者；边缘利益相关者 |
| 2012年 | 贺军 | 可扩展商业报告语言（XBRL） | 分类标准制定方；XBRL财务报告形成方；XBRL信息使用方 |
| 2013年 | 郝琦 | 影响力、被影响度 | 决定型利益相关者；监管型利益相关者；关注型利益相关者；潜在型利益相关者 |

续表

| 时间 | 研究人 | 分类标准 | 利益相关者分类 |
|---|---|---|---|
| 2013年 | 刘伶、李延喜 | 各利益相关者对盈余管理的影响 | 激励型；约束型；综合型 |
| 2013年 | 吕萍、胡欢欢、郭淑苹 | 主动性、影响力、利益性 | 核心利益相关者；一般利益相关者；边缘利益相关者 |

资料来源：作者整理。

从表2-1和表2-2可以看出，众多学者提出了多种定义和多种分类标准，研究成果非常丰富。但早期的成果仅仅是停留在理论探讨上，与实践活动联系较少，缺乏普遍的可用性。在1997年，Mitchell提出了一种可供实际操作的分类标准，很快被许多学者和企业认同并加以应用。本书研究中所涉及的利益相关者的定义和分类方法，就是采用Freeman的广义定义和Mitchell的分类标准。

## 二 旅游服务供应链联盟理论

### （一）旅游服务供应链联盟的定义

本书认为，所谓旅游服务供应链上的企业联盟是指为实现一致的战略目标，旅游服务供应链上 $i(i \geq 2 \text{ 且 } i \in N)$ 个节点的企业组织，以签订协议或结成联营等方式组成联合体，联合体包括固定的供应商和分销商、松散的合作网络、许可协议、战略联盟等。

这种组织结构介于旅游服务供应链节点企业组织和旅游市场之间，而且随着国内外旅游业的高速发展而越来越广泛。

从广义上讲，旅游服务供应链节点企业间的非正式联合也属于旅游服务供应链联盟。事实上，无论是旅游服务供应链节点企业间的非正式联合，还是旅游服务供应链节点企业间的正式联合，无论是处于旅游服务供应链上下游节点企业间的合作伙伴关系，还是旅游服务供应链节点企业间的战略联盟，均能够利用市场和企业网络的作用，协同促进旅游服务供应链的发展，能够降低市场的交易成本，集约化旅游服务供应链上的内部生产活动，能够利用旅游服务供应链节点企业之间的合作与分工，避免节点企业间的恶性竞争，从而提高旅游服务供应链的整体效率。

### （二）旅游服务供应链联盟的研究方法

（1）合作博弈与非合作博弈

合作博弈与非合作博弈是博弈论的两大分支。合作博弈研究的是联盟以及参与人组建不同的联盟所能带来的支付，非合作博弈研究的是联盟的具体形成过程。但在具体的实践和研究中，二者往往被放在一起来探讨。这是因为非合作博弈的均衡解可能是合作博弈的一个部分解。

Shapley 提出了合作博弈中 Shapley 值的解的概念并对其进行公理化刻画，极大地促进了合作博弈在理论研究中的突破以及合作博弈后来的发展[1]。核（Core）最早由 Gililes[2] 于 20 世纪 50 年代早期引进作为研究稳定集合的一个工具，Shapley 和 Martin 把它发展为一个解的概念。Bondareva 指出并证明了合作博弈核非空的充要条件[3]。Littlechild 和 Owen 通过 Shapley 值的计算，给出了机场博弈中不同机型分摊起降费的一种方法[4]。但过于强调严谨和数理化，制约了合作博弈在实践和研究中的发展。

国内博弈论领域的研究尚处于初级阶段，基于国外学者的基础理论研究，国内学者侧重于应用研究。徐向阳、安景文和王银和将博弈论应用于矿井水处理场建设费用分摊的问题上[5]；胡朝阳、甘德强、韩祯祥

---

[1] Shapley, L. S., "A Value for N-Person Games", *Annals of Mathematics Studies*, 28, 1953, pp. 307 – 317.
[2] Gililes, D. B., Some Theorems on N-Person Games (Ph. D. diss, Princeton University, 1953).
[3] Bondareva, O. N., "Some Applications of Linear Programming Methods to the Theory of Cooperative Games", *Problemy Kibernetiki*, 10, 1962, pp. 119 – 139.
[4] Littlechild, S. C., Owen, G., "A Simple Expression for the Shapley Value in a Special Case", *Management Science*, 3, 1973, pp. 370 – 372.
[5] 徐向阳、安景文、王银和：《多人合作费用分摊的有效解法及其应用》，《系统工程理论与实践》2000 年第 3 期，第 116~119 页。

等将博弈论应用于分摊机组启动成本的问题上[①]。

董保民、王运通等在书中认为合作博弈与非合作博弈的主要区别在于：当人们的行为相互作用时，参与人之间能否达成一个具有约束力的合作协议。与非合作博弈不同的是，合作博弈分析单位是联盟，考虑的是参与人之间如何组建不同的联盟以实现协议的目标。以核的概念为例，核只是为稳定性提供了一个检验标准，而并没有描述联盟的形成过程。而非合作博弈恰恰是研究这个问题。因此，纳什就提出合作博弈应该被还原为非合作博弈来研究。他认为，所谓合作博弈是存在无限的博弈前信息交流的，而且是博弈开始之前就存在有约束力的合约的。而合作博弈前的这种交流和承诺没有严格的模型，但它们也应该被看作博弈的一部分，并用与规范博弈一样的原则进行分析。这就是所谓的纳什规划，即把合作理论中的非规范部分明确化，从而将合作博弈简化为非合作博弈的过程[②]。

值得注意的是，国外学者在合作博弈领域中的理论与应用研究虽然起步较早，但这些研究没有进入学术主流。国内学者在合作博弈领域中的研究虽然成果不少，但研究都集中在应用方面，理论方面的深层次研究很少。而且不论是国外还是国内，对合作博弈的研究都明显少于非合作博弈。而本书则是选择合作博弈作为旅游服务供应链联盟的研究方法之一。

（2）演化博弈

Fisher、Hamilton、Tfive 等对动植物冲突与合作行为的博弈分析开创了演化博弈理论的先河，他们研究发现动植物演化结果在多数情况下都可以在不依赖任何理性假设的前提下用博弈论方法来解释。但演化博弈理论的真正诞生要归功于 Smith 和 Price 提出的演化稳定策略（Evolutionary Stable Strategy，ESS）。而且后来演化博弈的理论发展证明了其主要研究内容恰恰就是 ESS 的拓展和动态化。生态学家 Taylor 和 Jonker 在考察生态演

---

[①] 胡朝阳、甘德强、韩祯祥、Deb Chattopadhay：《市场机制下机组启动费用的分摊研究》，《电力系统自动化》2004年第28期，第1~6页。
[②] 参见董保民、王运通、郭桂霞编《合作博弈论：解与成本的分摊》，中国市场出版社，2008。

化现象时首次提出了演化博弈理论的基本动态概念——模仿者动态（Replicator Dynamic，RD），这是演化博弈理论的又一次突破性发展[1]。模仿者动态与演化稳定策略（RD & ESS）成了演化博弈理论最核心的一对基本概念，它们分别代表演化博弈的稳定状态和向这种稳定状态动态收敛的过程，ESS 概念的拓展和动态化构成了演化博弈论发展的主要内容。

Smith 和 Price 的工作把人们的注意力从博弈论的理性陷阱中解脱出来，从另一个角度为博弈理论的研究寻找到可能的突破口。自此以后，演化博弈论迅速发展起来。20 世纪 80 年代，演化博弈理论被引入经济学领域，研究方向也开始由对称博弈渐渐转向非对称博弈。20 世纪 90 年代以后，演化博弈理论得到快速发展。Weibull 比较系统、完整地总结了演化博弈理论，其研究中包含了一些最新的理论研究成果[2]。其他的一些理论成果包括 Cressman[3] 以及 Samuelson[4] 的著作。与此同时，演化博弈理论在经济学中的应用研究也飞速发展。Friedman 认为演化博弈在经济领域有着极大的应用前景，并对一些具体应用前景的动态系统进行了探讨[5]。Basu 研究了公民规范和演化之间的关系，认为规范的长期存活依赖于演化过程和自然选择[6]。Friedman、Fung 以日本和美国的企业组织模式为背景，用演化博弈分析了在无贸易和有贸易情形下企业组织模式的演化[7]。Bester、Güth 用演化博弈理论研究人类在经济活动中利他行为的存在性及其演化稳定性[8]。

---

[1] Taylor, P. D., Jonker, L. B., "Evolutionarily Stable Strategies and Game Dynamics", *Mathematical Biosciences*, 40 (1 – 2), 1978, pp. 145 – 156.

[2] 参见 Weibull, J. W., *Evolutionary Game Theory* (Cambridge：The MIT Press, 1995)。

[3] 参见 Cressman, R., *The Stability Concept of Evolutionary Game Theory：A Dynamic Approach* (Berlin Heidelberg：Springer-Verlag, 1992)。

[4] 参见 Samuelson, L., *Evolutionary Game Theory and Equilibrium Selection* (Cambridge：The MIT Press, 1997)。

[5] Friedman, D., "Evolutionary Games in Economics", *Econometrica*, 59 (3), 1991, pp. 637 – 666.

[6] Basu, K., "Civil Institutions and Evolution：Concepts, Critique and Models", *Journal of Development Economics*, 46 (1), 1995, pp. 19 – 33.

[7] Friedman, D., Fung, K. C., "International Trade and the Internal Organization of Firms：An Evolutionary Approach", *Journal of International Economics*, 41 (1 – 2), 1996, pp. 113 – 137.

[8] Bester, H., Güth, W., "Is Altruism Evolutionarily Stable？", *Journal of Economic Behavior & Organization*, 34 (97), 1998, pp. 193 – 209.

Dufwenberg、Guth 在双寡头垄断竞争的情形下比较了两种解释经济制度的方法,即间接演化方法和策略代理方法,他们研究了在什么样的市场环境中这两种方法会导致相似的市场结果[1]。Guttman 用演化博弈理论研究了互惠主义在有机会主义存在的群体中是否能够存活的问题[2]。青木昌彦从认知的角度提出了一个关于演化博弈的主观博弈模型[3]。Haruvy、Prasad 运用演化博弈的方法研究在具有网络外部性的条件下免费软件的最优价格和质量[4]。Kosfeld 建立了德国超市购物时间反常的演化博弈模型[5]。Nyborg、Rege 用演化博弈理论研究了顾及别人感受的吸烟行为的社会规范的形成[6]。Jasmina、John 研究了三种不同的学习规则在公共物品博弈中仿制人类行为时谁表现得更好的问题[7]。Daniel、Arce 和 Todd 研究了四种不同类型的囚徒困境博弈,指出这四种囚徒困境要达成合作所需的演化和信息要求[8]。

国内学者从 21 世纪开始,也逐步开始了演化博弈理论的研究工作,并取得了丰硕的成果。谢识予[9]、张良桥[10]、盛昭瀚和蒋德鹏[11]介绍了演

---

[1] Dufwenberg, M., Guth, W., "Indirect Evolution VS. Strategic Delegation: A Comparison of Two Approaches to Explaining Economic Institution", *European Journal of Political Economy*, 15 (2), 1999, pp. 281 - 295.

[2] Guttman, J. M., "On the Evolutionary Stability of Preferences for Reciprocity", *European Journal of Political Economy*, 16 (1), 2000, pp. 31 - 50.

[3] 参见青木昌彦《比较制度分析》,周黎安译,上海远东出版社,2001。

[4] Haruvy, E., Prasad, A., "Optimal Freeware Quality in the Presence of Network Externalities: An Evolutionary Game Theoretical Approach", *Journal of Evolutionary Economic*, 11 (2), 2001, pp. 231 - 248.

[5] Kosfeld, M., "Why Shops Close Again: An Evolutionary Perspective on the Deregulation of Shopping Hours", *European Economic Review*, 46 (1), 2002, pp. 51 - 72.

[6] Nyborg, K., Rege, M., "On Social Norms: The Evolution of Considerate Smoking Behavior", *Journal of Economic Behavior & Organization*, 52 (3), 2003, pp. 323 - 340.

[7] Jasmina, A., John, L., "Scaling up Learning Models in Public Good Games", *Journal of Public Economic Theory*, 6 (2), 2004, pp. 203 - 238.

[8] Daniel, G., Arce, M., Todd, S., "The Dilemma of the Prisoners' Dilemmas", *Kyklos*, 58 (1), 2005, pp. 3 - 24.

[9] 谢识予:《有限理性条件下的进化博弈理论》,《上海财经大学学报》(社会科学版) 2001 年第 5 期,第 3~9 页。

[10] 张良桥:《进化稳定均衡与纳什均衡——兼谈进化博弈理论的发展》,《经济科学》2001 年第 3 期,第 103~111 页。

[11] 参见盛昭瀚、蒋德鹏《演化经济学》,上海三联书店,2002。

化博弈理论的一些基本概念和相关内容；崔浩、陈晓剑和张道武用演化博弈理论的方法分析了有限理性的利益相关者在共同治理结构下参与企业所有权配置并达到纳什均衡的演化博弈过程①；胡支军和黄登仕给出证券组合选择的一个演化博弈方法②；高洁和盛昭瀚研究了发电侧电力市场竞价的演化稳定策略③；周峰和徐翔运用演化博弈理论探讨了农村税费改革问题④；刘振彪和陈晓红创建了从单阶段创新投资决策到多阶段创新投资决策的演化博弈均衡模型来研究企业家创新投资决策问题⑤；石岿然和肖条军在一个三阶段 Hotelling 博弈模型的基础上研究双寡头零售市场价格策略的演化稳定性问题⑥；易余胤等运用演化博弈方法研究了信贷市场⑦、双寡头市场⑧、自主创新行为⑨、合作研发中的机会主义行为⑩等一系列问题。

和合作博弈的研究一样，虽然有许多国内学者研究并应用演化博弈论探讨了很多经济学领域中的问题，但对其基本概念和理论的研究不够深入，处理实际问题时都只能运用一些非常简单的演化博弈模型或者单纯套用某些演化博弈理论，使得某些实际问题中理论与方法的运用给人

---

① 崔浩、陈晓剑、张道武：《共同治理结构下企业所有权配置的进化博弈分析》，《运筹与管理》2004 年第 6 期，第 61~65 页。
② 胡支军、黄登仕：《证券组合投资分析的进化博弈方法》，《系统工程》2004 年第 7 期，第 44~49 页。
③ 高洁、盛昭瀚：《发电侧电力市场竞价策略的演化博弈分析》，《管理工程学报》2004 年第 3 期，第 91~95 页。
④ 周峰、徐翔：《农村税费改革：基于双层次互动进化博弈模型的分析》，《南京农业大学学报》（社会科学版）2005 年第 1 期，第 24~28 页。
⑤ 刘振彪、陈晓红：《企业家创新投资决策的进化博弈分析》，《管理工程学报》2005 年第 1 期，第 56~59 页。
⑥ 石岿然、肖条军：《双寡头零售市场的演化稳定策略》，《系统工程理论与实践》2004 年第 12 期，第 24~28 页。
⑦ 易余胤、肖条军：《我国信贷市场的进化与调控》，《东南大学学报》2003 年第 4 期，第 483~486 页。
⑧ 易余胤、盛昭瀚、肖条军：《具溢出效应的有限理性双寡头博弈的动态演化》，《系统工程学报》2004 年第 3 期，第 244~250 页。
⑨ 易余胤、盛昭瀚、肖条军：《企业自主创新、模仿创新行为与市场结构的演化研究》，《管理工程学报》2005 年第 1 期，第 14~18 页。
⑩ 易余胤、肖条军、盛昭瀚：《合作研发中机会主义行为的演化博弈分析》，《管理科学学报》2005 年第 4 期，第 80~87 页。

牵强附会的感觉。

（3）Shapley 值

在合作博弈中，经常用 Shapley 值来解决多人协商问题。Shapley 在给出 Shapley 值的解的概念的同时，还验证了 Shapley 值的公理体系，即 Shapley 值具有虚拟性、可加性、有效性和匿名性，并证明了 Shapley 值的解的唯一性[①]。

假设 $(I,v)$ 为 $n$ 人联盟博弈，其中 $v$ 表示联盟博弈的特征函数，$I$ 表示联盟者集合，$x_i$ 则表示 $I$ 中联盟者 $i$ 在联盟的总收益 $v(I)$ 中获得的一个分配。如果 $x = (x_1, x_2, \cdots, x_n)$ 满足下列条件：

$$\sum_{i=1}^{n} x_i = v(I)$$
$$x_i \geq v(\{i\}), i = 1, 2, \cdots, n \tag{2-1}$$

其中，$x_i \geq v(\{i\})$ 表示结盟后的总利润大于各自独干时的利润之和，此时称 $x = (x_1, x_2, \cdots, x_n)$ 是联盟总收益的一个分配方案。联盟收益的分配集是指同时符合整体理性和个体理性的分配方案 $x$ 的集合。公式（2-1）中的第一式表示整体理性，即全部联盟者获得的分配或者联盟所得收益总和与全部联盟者参与联盟时所能达到的总收益相等。公式（2-1）中的第二式表示个体理性，即对于每个联盟者而言联盟最后获得的收益应该大于或等于该联盟者或者联盟独自行动时的收益。

由于 Shapley 值是由 $v$ 确定的，于是将联盟者 $i$ 在联盟博弈 $(S,v)$ 下所得的分配记做 $\varphi_i(v)$，如果：

$$\varphi_i(v) = \sum_{s \subseteq I} \frac{(n-|s|)!(|s|-1)!}{n!} [v(s) - v(s \setminus i)], \quad i = 1, 2, \cdots, n \tag{2-2}$$

则称 $\Phi(v) = [\varphi_1(v), \varphi_2(v), \cdots, \varphi_i(v)]$ 为联盟博弈 $(S,v)$ 的 Shapley 值。公式（2-2）中 $|s|$ 表示联盟者的个数，$[v(s) - v(s \setminus i)]$ 表示联盟者 $i$ 对联盟 $S$ 的贡献，$v(s \setminus i)$ 表示联盟 $S$ 中除去联盟者 $i$ 后的收益。

---

① Shapley, L. S., "A Value for N-Person Games", *Annals of Mathematics Studies*, 28, 1953, pp. 307–317.

(4) 简化的 MCRs

在简化的 MCRs（Minimum Costs-Remaining Savings）[①] 中，首先要考虑的是利益分配向量上下界 $Y_{\min}$ 与 $Y_{\max}$ 的确定，其中，

$$Y_{\min} = \min(I_1, I_2, \cdots, I_n)$$
$$Y_{\max} = \max(I_1, I_2, \cdots, I_n) \quad (2-3)$$

本书做如下假设：

$$Y_{\max} = v(s) - v(s\backslash i)$$
$$Y_{\min} = u \quad (2-4)$$

公式（2-4）中第一式表示每个联盟者 $i$ 的理想收益是他最高的收益分配量。公式（2-4）中第二式表示每个联盟者 $i$ 的单独行动收益是他最低的收益分配量。

然后，将点 $Y_{\min}$ 与 $Y_{\max}$ 的连线与超平面 $\sum_{i=1}^{n} Y_i = v(N)$ 的交点 $X^*$ 作为解，即：

$$\begin{cases} Y = Y_{\min} + \lambda \cdot (Y_{\max} - Y_{\min}) \\ \sum_{i=1}^{n} Y_i = v(N) \end{cases} \quad (2-5)$$

公式（2-5）中 $v(N)$ 为联盟的总体收益。

(5) 不对称的纳什协商模型

一般地，为了解决旅游服务供应链联盟中联盟企业的利益分配问题，除了上述方法，还可以采用相互协商或谈判的办法，也就是采用不对称的纳什协商模型。于是在求解纳什协商模型的唯一理性解时，每个联盟者要满足一定的"合理性"假设。即满足：$u_i \in N$（在可行集内），$p_i x - c(a_i) = p_i x_i - \frac{1}{2} b a_i^2$（不次于现状点），且使 $(u_1 - u_1^*) \times (u_2 - u_2^*)$ 最大。

---

[①] Harris, J. K., Swatman, P. M. C., Kurnia, S., "Efficient Consumer Response (ECR): A Survey of the Australian Grocery Industry", *Supply Chain Management: An International Journal*, 4 (1), 1999, pp. 35–42.

假设 $U = u_i(i = 1,2,\cdots,n)$ 表示旅游服务供应链联盟中联盟企业的利益分配向量,第 $i$ 个联盟企业谈判后的收益分配用 $u_i$ 表示,第 $i$ 个企业不与任何企业联盟时的收益用 $v_i$ 表示。于是满足下面规划问题的最优解就是纳什协商模型的唯一理性解。

$$\begin{cases} \max = \prod_{i=1}^{n}(u_i - v_i) \\ \text{s. t.} \quad \sum_{i=1}^{n} u_i = v(N), u_i \geq 0 \end{cases} \quad (2-6)$$

公式(2-6)中的 $v(N)$ 表示联盟企业的总收益。

上述方法中的后三种方法都是可以用来求解联盟利润分配方案的,但只是在各自的假设中成立。若假设相同,三种方法中的 Shapley 值法由于侧重考虑联盟中每个联盟者的贡献,更具有合理性,被广泛采用。所以本书的研究也会运用 Shapley 值法。

## 三 微分博弈理论

研究经济数学理论时会发现一个普遍的规律,那就是先简单后复杂、先个别后一般、先具体后抽象、先有限后无限。通过对博弈论的基础概念和纳什均衡及纳什定理的了解,每个博弈参与者拥有的纯策略数量以及博弈参与者的数量是有限的,所以它们都是有限博弈。而在实际问题的研究中本书发现,每个博弈参与者拥有的纯策略数量往往可能是无限的,因此无限博弈更具有一般性。而微分博弈属于无限博弈,所以必须将无限博弈的前提假设融入微分博弈及其均衡解法存在性的讨论中。

### (一) 微分博弈的概念解析

在探讨微分博弈之前先介绍动态博弈的概念。动态博弈是指在博弈中某个博弈者在某个时刻的策略是其前面策略的函数。微分博弈是指时间具有连续性的无限动态博弈。

微分博弈 $\Gamma(x_0, T - t_0)$ 中的参与者 $i = 1,\cdots,n$ 的目标函数(支付函

数）记做：

$$\max_{u_i} \int_{t_0}^{T} g^i[s,x(s),u_i(s)]\mathrm{d}s + Q^i[x(T)] \qquad (2-7)$$

其中，博弈的初始状态用 $x_0$ 表示，博弈持续的时间用 $T-t_0$ 表示，这里的 $g^i(\cdot) \geq 0, Q^i(\cdot) \geq 0$。

目标函数（2-7）受制于确定性的动态系统：

$$\dot{x}_i(s) = f[s,x(s),u_i(s)], x(t_0) = x_0 \qquad (2-8)$$

当 $i=(1,\cdots,n), s\in[t_0,T], f[s,x(s),u_i(s)]$、$g^i(\cdot)$ 和 $Q^i(\cdot)$ 都具有可微性。

由于微分博弈是动态博弈，所以其基本元素在经济领域中所表示的意义是不同于静态博弈的。

相对于静态博弈，对于微分博弈中所特有的状态变量或状态，本书用公式（2-8）中的 $x(s) \in X \subset R^m$ 表示。在经济领域，可以用状态表示某个企业的科技水平、员工素质、产品收益、固定资产总量、流动成本、工程进度或就业率等。因此，经济领域中的很多问题可以用微分博弈模型来阐述和解决。

参与者 $i$ 的控制集合用 $U^i$ 表示，参与者 $i$ 的控制变量用 $u_i \in U^i$ 表示。在经济领域，可以用控制变量表示企业的资本结构、政府税率、流动资本的速度、产品的销量、创新能力、利息等。

博弈的起始时间和终止时间分别用 $t_0$ 和 $T$ 表示。博弈的时间点用 $s \in [t_0,T]$ 表示。在经济领域，可以用博弈的时间点表示企业经营或项目研发周期的起点、终点。

由公式（2-8）可知，函数 $f[s,x_i(s),u_i(s)]$ 可以决定状态在时间点 $s$ 的变化进展 $\dot{x}_i(s)$。此函数又取决于当前时间的状态及所有参与者在当前的控制 $u_i(s)$。

博弈中参与者 $i$ 的瞬时支付用 $g^i(\cdot)$ 表示。博弈的终点支付用 $Q^i(\cdot)$ 表示。在经济领域，$g^i(\cdot)$ 可以用来表示某一时间段内资源开采中的产品收益或证券投资中的股息、红利等；$Q^i(\cdot)$ 可以用来表示某一时间段后得到的激励性奖金等额外回报。

需要注意的是，微分博弈中各个博弈方的控制可以是同时的也可以是有先后的。所以，在研究微分博弈时，要更多地考虑博弈时间的连续性和博弈策略的无限性，而博弈方行动的先后顺序不需要太多关注。

### （二）微分博弈的纳什均衡解法

在探讨了微分博弈基本概念和基本元素的经济解析后，本书要探讨微分博弈的均衡解法。

假设所有的博弈参与者都是理性的。当所有的博弈参与者使用其自身认为的最优策略时，系统会实现纳什均衡，此时的策略集 $\{\varphi(s)_1^*, \cdots, \varphi(s)_n^*\}$ 便是一个非合作纳什均衡解。这个时候，没有一个博弈参与者会偏离他的最优策略选择。又假设除去某个博弈参与者 $i \in N$ 之外其他博弈参与者的策略集为 $\varphi(s)_{-i}^* = [\varphi(s)_1^*, \cdots, \varphi(s)_{i-1}^*, \varphi(s)_{i+1}^*, \cdots, \varphi(s)_n^*]$，这时，$\forall v_i \in U^i, i \in N$，下列不等式成立：

$$\int_{t_0}^{T} g^i[s, x^*(s), v_i^*(s), v_{-i}^*(s)] \mathrm{d}s + Q^i[x^*(T)]$$
$$\geq \int_{t_0}^{T} g^i[s, x^{(i)}(s), v_i(s), v_{-i}^*(s)] \mathrm{d}s + Q^i[x^{(i)}(T)] \quad (2-9)$$

$$\forall t \in [t_0, T], i = 1, \cdots, n$$

而且：

$$\dot{x}^*(s) = f[s, x^*(s), v_1^*(s), \cdots, v_n^*(s)]$$
$$x^*(t_0) = x_0 \quad (2-10)$$

或者：

$$\dot{x}^{(i)}(s) = f[s, x^{(i)}(s), u_i(s), v_{-i}^*(s)]$$
$$x^{(i)}(t_0) = x_0 \quad (2-11)$$
$$i = 1, \cdots, n$$

开环、闭环和反馈纳什均衡是微分博弈中纳什均衡的三种解法。

**1. 开环纳什均衡**

假设对于满足公式（2-7）和公式（2-8）的微分博弈，$\{x^*(s), t_0 \leq s \leq T\}$ 为其对应的状态轨迹，当存在 $m$ 个共态函数 $\lambda^i(s):[t_0,T] \to R^m$ 时，对于 $i \in N$，下列公式均得以满足：

$$\xi_i^*(s,x_0) = u_i^*(s)$$
$$= \underset{u_i \in U^i}{\arg\max} \{g^i[s,x^*(s),u_1^*(s),\cdots,u_{i-1}^*(s),u_i(s),u_{i+1}^*(s),\cdots,u_n^*(s)] +$$
$$\lambda^i(s)f[s,x^*(s),u_1^*(s),\cdots,u_{i-1}^*(s),u_i(s),u_{i+1}^*(s),\cdots,u_n^*(s)]\}$$
$$(2-12)$$

$$\dot{x}^*(s) = f[s,x^*(s),v_1^*(s),\cdots v_n^*(s)]$$
$$x^*(t_0) = x_0 \tag{2-13}$$

$$\dot{\lambda}^i(s) = -\frac{\partial}{\partial x^*}\{g^i[s,x^*(s),u_1^*(s),\cdots,u_n^*(s)] +$$
$$\lambda^i(s)f[s,x^*(s),u_1^*(s),\cdots,u_n^*(s)]\} \tag{2-14}$$

$$\lambda^i(T) = \frac{\partial}{\partial x^*}Q^i[x^*(T)], \forall i \in N \tag{2-15}$$

则策略集合 $u_i^*(s) = \zeta_i^*(s,x_0)$，对于 $i \in N$，构成一个开环纳什均衡。

考虑第 $i$ 个等式，其中，$v_i^*(s) = u_i^*(s) = \zeta_i^*(s,x_0)$，对于 $v_i(s) \in U^i$，最大化目标为：

$$\int_{t_0}^{T} g^i[s,x^*(s),u_1^*(s),\cdots,u_{i-1}^*(s),u_i(s),u_{i+1}^*(s),\cdots,u_n^*(s)]\mathrm{d}s + Q^i[x(T)]$$
$$(2-16)$$

公式（2-16）受制于动态系统：

$$\dot{x}(s) = f[s,x^*(s),u_1^*(s),\cdots,u_{i-1}^*(s),u_i(s),u_{i+1}^*(s),\cdots,u_n^*(s)]$$
$$x(t_0) = x_0 \tag{2-17}$$
$$\forall i \in N$$

此为博弈参与者 $i$ 的标准最优控制问题，也是开环纳什均衡的必要条件，可以通过庞氏最大值原理求得。

根据上面的分析可得以下结论。

其一，假定博弈参与者都选择各自的最优策略，则每个博弈参与者在每个时间点 $s$ 都要最大化以下两项之和：一是其当前的瞬时支付，二是状态在当前时间点的变化进展与其当前的共态函数的积。亦即，博弈参与者选择最优策略时，不仅要考虑其自身的瞬时支付，同样要考虑状态的变化进展对其自身在未来所牵涉的所有支付的影响。其二，最优状态在当前的变化进展取决于所有博弈参与者的最优策略以及当前时间和状态，而在开始时间的最优状态则与博弈的初始状态一致。其三，假定所有博弈参与者都采用自身的最优策略，而这些最优策略只依赖于当前时间和初始状态，则每个博弈参与者 $i \in N$ 的共态函数的变化进展取决于其在当前的瞬时支付、状态在当前的变化进展和其当前的共态函数等。而博弈参与者 $i \in N$ 的共态函数在博弈终点的值，等于最优状态对其终点支付的边际影响。因此，博弈参与者 $i \in N$ 的共态函数反映了最优状态的变化进展对其在未来所涉及的所有支付的影响。

**2. 闭环纳什均衡**

假设满足公式（2-7）和公式（2-8）的微分博弈，也同样满足开环纳什均衡的假设，则对于 $i \in N$，下列公式均得以满足：

$$\vartheta_i^*(s, x_*, x_0)$$
$$= u_i^*(s)$$
$$= \underset{u_i \in U^i}{\mathrm{argmax}} \{ g^i[s, x^*(s), u_1^*(s), \cdots, u_{i-1}^*(s), u_i(s), u_{i+1}^*(s), \cdots, u_n^*(s)] +$$
$$\lambda^i(s) f[s, x^*(s), u_1^*(s), \cdots, u_{i-1}^*(s), u_i(s), u_{i+1}^*(s), \cdots, u_n^*(s)] \} \quad (2-18)$$

$$\dot{x}^*(s) = f[s, x^*(s), u_1^*(s), \cdots, u_n^*(s)], x^*(t_0) = x_0 \quad (2-19)$$

$$\dot{\lambda}^i(s) = -\frac{\partial}{\partial x^*} \{ g^i[s, x^*(s), \vartheta_1^*(s, x^*, x_0), \cdots, \vartheta_{i-1}^*(s, x^*, x_0),$$
$$u_i^*(s), \vartheta_{i+1}^*(s, x^*, x_0), \cdots, \vartheta_n^*(s, x^*, x_0)] +$$
$$\lambda^i(s) f[s, x^*(s), \vartheta_1^*(s, x^*, x_0), \cdots, \vartheta_{i-1}^*(s, x^*, x_0),$$
$$u_i^*(s), \vartheta_{i+1}^*(s, x^*, x_0), \cdots, \vartheta_n^*(s, x^*, x_0)] \} \quad (2-20)$$

$$\lambda^i(T) = \frac{\partial}{\partial x^*} Q^i[x^*(T)]; \forall i \in N \quad (2-21)$$

则策略集合 $\{u_i(s) = \vartheta_i(s, x, x_0), i \in N\}$ 是一个闭环纳什均衡解。

博弈参与者 $i$ 的最优控制问题是用第 $i$ 个等式表示的。它同样也是闭环纳什均衡的必要条件，可以通过庞氏最大值原理求得。

根据闭环纳什均衡的必要条件，也可以得出以下三点。

其一，假定博弈参与者都选择各自的最优策略，则每个博弈参与者在每个时间点 $s$ 都要最大化以下两项之和：一为其在当前的瞬时支付，二为状态在当前时间点的变化进展与其当前的共态函数的积。其二，最优状态在当前的变化进展取决于所有博弈参与者的最优策略以及当前时间和状态，而在开始时间的最优状态则与博弈的初始状态一致。其三，假定博弈所有参与者都采用自身的最优策略，而这些最优策略只依赖于当前时间、当前状态和初始状态，则每个博弈参与者 $i \in N$ 的共态函数的变化进展取决于其在当前的瞬时支付、状态在当前的变化进展和其当前的共态函数等。而博弈参与者 $i \in N$ 的共态函数在博弈终点的值，等于最优状态对其终点支付的边际影响。注意到，共态方程对最优状态的偏导数依赖于其他所有参与者的策略。

**3. 反馈纳什均衡**

在纳什均衡的推导过程中，反馈纳什均衡能够处理信息的非唯一性。

假设对于满足公式（2-7）和公式（2-8）的微分博弈，函数 $V^i(s):[t_0,T] \times R^m \rightarrow R$ 存在且连续可微，当 $\forall i \in N$，下列公式都能成立：

$$-V_t^i(t,x)$$
$$= \arg\max_{u_i} \{ g^i[t,x,\varphi_1^*(t,x),\cdots,\varphi_{i-1}^*(t,x),u_i(t,x),\varphi_{i+1}^*(t,x),\cdots,\varphi_n^*(t,x)] +$$
$$V_x^i(t,x)f[t,x,\varphi_1^*(t,x),\cdots,\varphi_{i-1}^*(t,x),u_i(t,x),\varphi_{i+1}^*(t,x),\cdots,\varphi_n^*(t,x)]\}$$
$$= \{g^i[t,x,\varphi_1^*(t,x),\cdots,\varphi_n^*(t,x)] + V_x^i(t,x)f[t,x,\varphi_1^*(t,x),\cdots,\varphi_n^*(t,x)]\}$$

(2-22)

$$V^i(T,x) = Q^i(x), \forall i \in N \qquad (2-23)$$

则策略集合 $\{u_i^*(t) = \varphi_i^*(t,x) \in U^i, i \in N\}$ 给出了一个反馈纳什均衡解。

此时与博弈参与者 $i \in N$ 的最优控制问题相关联的价值函数 $V^i(t,x)$ 可以通过动态规划技术求得。

根据反馈纳什均衡的必要条件，同样有两点需要说明。

其一，当所有博弈参与者都采用根据当前时间和当前状态确定的策略时，每个博弈参与者的价值函数都随着时间而变化，在每一个瞬间的转变的反向等于其瞬时支付及状态最优变化为价值函数带来的转变之和。其二，每个博弈参与者在最后的时间点的支付都等于其在博弈终点的支付。

## 四　委托－代理理论

委托－代理理论是经济学的一个重要组成部分。

20 世纪 30 年代，"所有权和控制权分离"命题的提出、"交易费用学说"的创立和"交易费用经济学"的发展，标志着委托－代理理论进入萌芽时期。

20 世纪 70 年代，"现代企业理论"得到迅猛发展，"微观经济学"在基础理论领域得到突破性发展，这些都为委托－代理理论的提出和发展奠定了基础。

### （一）委托－代理的概念

委托－代理建立在非对称信息博弈论的基础之上，属于产权经济学的范畴。其主要内容包括委托人聘用代理人完成某项工作时的委托－代理关系以及代理人为了委托人的利益而采取的行动。如果委托人委托他人处理某项事务与自己亲自处理相比可以获得更多的经济利益，同时代理人也能通过接受委托取得更多的收益，委托－代理关系就会产生。

关系是伴随着市场专业化程度的提升而出现的。委托－代理关系便是建立在专业化带来的相对优势基础之上的。

罗斯说道："如果当事人双方，其中代理人一方代表委托人一方的利益行使某些决策权，则代理关系就随之产生。"这个概念是最早提出的，也是具有现代意义的委托－代理的定义。

委托－代理理论在分析组织间的委托－代理关系时采取与传统微观

经济学不同的角度。实践证明其在管理学领域比传统微观经济学更具有优越性。所以，委托-代理理论成为现代公司治理的逻辑起点。

委托-代理理论的完美假设是：代理人的行为绝对不会违背委托人的利益。而这一假设在现实中是不会存在的。原因有两方面：信息不对称和利益不对称。所以代理人的行为就有可能会违背委托人的利益，从而产生两种现象：逆向选择和道德风险。这两种现象的机会成本组成了委托成本。

为了防止代理人的行为违背委托人的利益，必须增加代理成本。而委托-代理理论认为这个成本是由监督和激励成本两部分组成。其与前文的委托成本并称为委托-代理成本。

对于委托人来讲，他的愿景就是以较低的委托-代理成本来降低代理人违约带来的损失。这就是委托-代理理论研究的根本问题。

### （二）委托-代理理论的产生与发展

在19世纪中期以前，由于企业的所有权和经营权是一体的，所以不存在委托-代理关系。而后社会分工及专业化的日益凸显，为企业所有者无须具备专业技能和管理才能提供了可能，这就是代理人出现的背景。随着企业所有权和经营权、管理权的逐步分离，委托-代理关系便产生了。

20世纪70年代，Ross提出了委托-代理契约，这是由信息经济学的一个分支——非对称条件下的经济分析发展起来的。它主要研究委托人如何设计一个契约（一个补偿系统）来驱动代理人为委托人的利益而努力[1]。Jensen和Mechling认为，委托-代理关系主要指一个人或一些人（委托人）委托其他人（代理人）根据委托人利益从事某些活动，并相应地授予代理人某些决策权的契约关系[2]。可见，委托-代理关系就是委托人授予代理人一定权利，要求代理人按照合同约定，为委托人的利益服务。随后，Mirrlees用"分布函数的参数化法"和著名的"一阶化"

---

[1] Ross, S. A., "The Economic Theory of Agency: The Principal's Problem", *American Economic Review*, 63 (2), 1973, pp. 134-139.

[2] Jensen, M. C., Mechling, W. H., "Theory of the Firm: Managerial Behavior Agency Cost and Ownership Structure", *Journal of Financial Economics*, 3 (4), 1976, pp. 305-360.

方法建立了标准的委托－代理模型。标准的委托－代理模型抓住委托人与代理人之间存在信息不对称这一基本前提，指出委托人不能直接观测到代理人的行动，而只能观测到其行动的结果，但结果受到行动和其他因素的共同影响[①]。

20世纪80年代，Fama提出了市场－声誉模型，认为若是委托人根据代理人过去的业绩判断代理人的工作能力，将会使显性激励机制显得多余[②]。Radner用动态博弈理论证明了多阶段的委托－代理模型[③]。

国内学者也在这个领域里开展了大量的研究。张维迎在研究公司经营的委托－代理关系时主张，公司治理要解决好两个问题：一是经营者的选择问题；二是激励问题[④]。魏刚分析了高级管理层激励与上市公司经营业绩的关系，研究结果表明上市公司高级管理人员年度货币收入偏低，报酬结构不合理，收入水平存在明显的行业差异[⑤]。

关于委托－代理理论行业应用的研究有以下这些。陈志广研究了沪市上市公司高级管理人员的报酬情况，研究表明高级管理人员的年度报酬与企业业绩、企业规模等显著正相关[⑥]。潘淑清对高新技术企业经营者股权激励机制设计问题进行了研究[⑦]。陈利华、王业军对委托－代理机制的供应链的协调模型进行了研究，构建了包括一个制造商、一个分销商的模型结构，从委托人得到的效用最大化出发，由制造商设计契约，在此基础上选择激励系数以实现整个供应链系统最优的局势，并在假设分销商的销售量为努力程度的对数函数的基础上，从信息对称和非对称

---

[①] Mirrlees, J. A., "The Optimal Structure of Authority and Incentives within an Organization", *The Bell Journal of Economics*, 7 (1), 1976, pp. 105 – 131.

[②] Fama, E., "Agency Problems and the Theory of the Firm", *Journal of Political Economy*, 88 (2), 1980, pp. 288 – 307.

[③] Radner, R., "Monitoring Cooperative Agreements in a Repeated Principal-Agent Relationship", *Econometrica: Journal of the Econometric Society*, 49 (5), 1981, pp. 1127 – 1148.

[④] 张维迎：《所有制、治理结构及委托－代理关系——兼评崔之元和周其仁的一些观点》，《经济研究》1996年第9期，第58~70页。

[⑤] 魏刚：《高级管理层激励与上市公司经营绩效》，《经济研究》2000年第3期，第32~39页。

[⑥] 陈志广：《高级管理人员报酬的实证研究》，《当代经济科学》2002年第5期，第58~63、70页。

[⑦] 潘淑清：《高新技术企业经营者股权激励机制设计》，《江西财经大学学报》2007年第1期，第14~17页。

两个角度构建了供应链的激励机制模型,他们还结合分销商的努力程度、风险厌恶程度、努力成本系数以及市场随机因素,通过设计合理的激励系数,在分销商和制造商之间进行协调,使得各成员在保证自身利益最大化的同时,实现了供应链整体利益最优①。

宫大庆等利用委托-代理的原理和方法,对供应链的委托-代理问题进行分析,构建了信息不对称情况下激励契约模型,并进行了求解、分析②。何芳等应用博弈论建立了供应链中利益协调的博弈模型——一个两阶段的委托-代理模型,以此来分析我国农村土地间接流转模式运作中存在的双重委托-代理风险问题,指出可采取各种措施和手段促进供应链中的信息沟通与行为协调③。

### (三) 委托-代理模型的研究

供应链中产生委托-代理问题的原因是供应商和采购商占有的信息不对称。所以研究委托-代理关系是处理供应链协同问题的关键。根据迈克尔·波特的竞争战略理论,企业与其供应商和采购商为了获得谈判的优势,往往会保留私有信息,这必然会导致逆向选择问题和道德风险问题。近年来,委托-代理理论的模型方法发展迅速。

(1) 状态空间化方法

在国外,Wilson④、Spence 和 Zeckhauser⑤ 以及 Ross⑥ 是最早采用状态空间化方法研究委托-代理问题的。我国学者胡华利用状态空间化方

---

① 陈利华、王业军:《基于委托代理机制的供应链协调模型研究》,《物流工程与管理》2011年第7期,第60~62页。
② 宫大庆、刘世峰、王跃平:《物流资源整合环境下供应链激励机制委托代理研究》,《软科学》2013年第5期,第51~56页。
③ 何芳、温修春:《我国农村土地间接流转供应链的利益协调机制研究——基于委托代理模型》,《运筹与管理》2013年第4期,第60~67页。
④ 参见 Wilson, R. B., *The Structure of Incentives for Decentralization under Uncertainty* (Graduate School of Business, Stanford University, 1967)。
⑤ Spence, M., Zeckhauser, R., "Insurance, Information, and Individual Action", *American Economic Review: Papers and Proceedings*, 61 (2), 1971, pp. 380 – 387.
⑥ Ross, S. A., "The Economic Theory of Agency: The Principal's Problem", *American Economic Association*, 63 (2), 1973, pp. 134 – 139.

法提出了扭转农村公共产品供求错位局面的政策建议[①]。

状态空间化方法能够直观地展现各种技术之间的关系,具有很好的优越性,但不能求得具有经济意义的信息解,这也是很遗憾的。

(2) 分布函数的参数化方法

分布函数的参数化方法是 Mirrlees[②][③]、Hölmstrom[④] 基于"状态空间模型化方法"创造的一种简化的方法,被广泛认可。

(3) 一般分布方法

该方法比分布函数的参数化方法更为简洁,但相对来说也更为抽象。这种方法去掉了关于行动和成本的解释,同时也模糊了对代理人的行动及发生的成本的解释。

(4) 重复博弈的委托-代理模型

重复博弈是一种动态博弈,它将委托人和代理人的基本博弈从一次扩展为多次,并且代理人不知道博弈的次数(假设代理人知道最终博弈结束的时间,那么最后一次博弈会与一次博弈的情况相同)。最早研究委托-代理动态模型的是 Radner[⑤] 和 Rubinstein[⑥]。他们在研究中使用重复博弈模型证明,如果委托人和代理人保持长期的关系,双方有足够的信心(贴现因子足够大),则帕累托一阶最优风险分担和激励可以实现。因为在长期的关系中,根据大数定理,外生不确定可以剔除,委托人可以相对准确地从观测到的变量中推断代理人的努力水平,代理人不可能用偷懒的办法提高自己的福利。同时,采用通过长期合同向代理人提供

---

[①] 胡华:《农村公共产品供求错位问题研究——基于委托代理理论》,《求索》2009年第2期,第79~80、154页。

[②] Mirrlees, J. A., "Notes on Welfare Economics, Information and Uncertainty", *Essays on Economic Behavior under Uncertainty*, 1974, pp. 243–261.

[③] Mirrlees, J. A., "The Optimal Structure of Authority and Incentives within an Organization", *The Bell Journal of Economics*, 7 (1), 1976, pp. 105–131.

[④] Hölmstrom, B., "Moral Hazard and Observability", *The Bell Journal of Economics*, 10 (1), 1979, pp. 74–91.

[⑤] Radner, R., "Monitoring Cooperative Agreements in a Repeated Principal-Agent Relationship", *Econometrica: Journal of the Econometric Society*, 49 (5), 1981, pp. 1127–1148.

[⑥] Rubinstein, A., "Equilibrium in Supergames with the Overtaking Criterion", *Journal of Economic Theory*, 21 (1), 1979, pp. 1–9.

保险的方法，委托人可以免除代理人的风险。Fudenberg 等证明，如果代理人可以在与委托人同样的利率条件下进入资本市场，一系列短期合同的效果与长期合同相当①。

（5）代理人市场–声誉模型

代理人市场–声誉模型能够解释和处理长期委托–代理关系。

在国外，Fama 指出激励问题在委托–代理文献中被夸大了，并提出在现实中，"时间"可以解决问题。他强调代理人市场对代理人行为的约束作用，并认为在竞争的经理市场上，经理的市场价值取决于其过去的经营业绩，从长期来看，经理必须对自己的行为负责。因此，即使没有显性的激励合同，经理也会积极努力工作，因为这样做可以改进自己在经理市场上的声誉，从而提高未来的收入②。Kreps 和 Wilson 提出了 KMRW 声誉模型，认为良好的职业声誉和前景增加了经理人在市场上讨价还价的博弈能力，对经理人行为具有积极的激励作用③。Holmström 指出，声誉机制发挥作用的前提是完备市场机制假设，否则，仅靠声誉无法给代理人提供足够的激励④。

在国内，蒲勇健和赵国强应用市场–声誉模型研究了内部经理人市场激励问题，强调了内在动机对外在激励的替代作用⑤。王昌林强调了授权激励与物质激励要相互配合才能够发挥最优激励作用⑥。闫景园和黄安仲在假设不存在外部经理人市场的前提下，研究了内部经理人市场对经理人产生激励的方式和影响因素，认为内部经理人市场的考核晋升

---

① Fudenberg, D., Holmstrom, B., Milgrom P., "Short-Term Contracts and Long-Term Agency Relationships", *Journal of Economic Theory*, 51 (1), 1990, pp. 1 – 31.
② Fama, E., "Agency Problems and the Theory of the Firm", *Journal of Political Economy*, 88 (2), 1980, pp. 288 – 307.
③ Kreps, D. M., Wilson, R., "Reputation and Imperfect Information", *Journal of Economic Theory*, 27 (2), 1982, pp. 253 – 279.
④ Holmström, B., "Managerial Incentive Problems: A Dynamic Perspective", *The Review of Economic Studies*, 66 (1), 1999, pp. 169 – 182.
⑤ 蒲勇健、赵国强：《内在动机与外在激励》，《中国管理科学》2003 年第 5 期，第 95~100 页。
⑥ 王昌林：《企业授权激励与物质激励》，《重庆工商大学学报》（社会科学版）2006 年第 2 期，第 68~71 页。

机制和不同职位的隐性收益对经理人的行为有重要影响①。胡凯等应用市场-声誉模型对品牌食品制造商的行为选择进行分析②。

(6) 多任务委托-代理模型

简单的委托-代理模型很难在现实中找到合适的具体案例，因此，多任务委托-代理模型便诞生了。

Holmstrom 和 Milgrom 首次强调了在委托-代理问题的研究中引入多维任务的重要性，并且证明，当代理人从事多项工作时，从简单的委托-代理模型得出的结论可能是不适用的。他们的研究表明：当一个代理人从事多项工作时，对任何给定工作的激励不仅取决于该工作本身的可观测性，而且取决于其他工作的可观测性；由于不同任务的绩效测度精确性存在差异，刺激代理人在某一任务上多花心思可能会导致其在其他任务上敷衍了事，因而低效能的激励方案是最优安排③。Dewatripont 和 Tirole 引入了多维任务之间的相互冲突性，深入探讨了工作任务设计问题，提出在工作任务设计时应避免将相互冲突的任务交给同一代理人负责④。

Holmström 引入了隐性激励因素，考察了职业关注对多维任务情形下代理人行为的影响。研究表明，委托人应该根据代理人的才能禀赋将其任务专业化，这样有利于激励代理人努力工作⑤。

Goldman 从股票市场信息生产的角度考察了外部资本市场对企业内部资源配置的影响，指出企业内部各个子部门之间的投资存在相互依存性⑥。Aghion 和 Stein 构建了一个多维任务模型，考察了企业价值评估机制和企

---

① 闫景园、黄安仲：《代理人市场-声誉模型在内部经理人市场中的拓展应用》，《华东经济管理》2008年第1期，第150~152页。
② 胡凯、马士华：《具有众多小型供应商的品牌供应链中的食品安全问题研究》，《系统科学与数学》2013年第8期，第892~904页。
③ Holmstrom, B., Milgrom, P., "Multitask Principal-Agent Analyses: Incentive Contracts, Asset Ownership, and Job Design", *Journal of Law Economics & Organization*, 7 (7), 2015, pp. 24-52.
④ Dewatripont, M., Tirole, J., "Advocates", *Journal of Political Economy*, 107 (1), 1999, pp. 1-39.
⑤ Holmström, B., "Managerial Incentive Problems: A Dynamic Perspective", *The Review of Economic Studies*, 66 (1), 1999, pp. 169-182.
⑥ Goldman, E., "The Impact of Stock Market Information Production on Internal Resource Allocation", *Journal of Financial Economics*, 71 (1), 2004, pp. 143-167.

业经营策略选择的相互作用,为考察企业内部激励问题提供了一个很好的分析框架[①]。

傅新春将组织成员拥有的知识、采取的行为看成一个分享与隐匿同时存在的组合,然后借鉴多任务委托-代理模型对收益分享机制下成员的这一行为组合进行了研究,探讨了如何设计最优的收益分享系数来激励成员的知识分享行为,并抑制其机会主义行为[②]。

委托-代理理论十分重视信息和风险问题,主张建立完善的信息收集、获取、传递和处理系统,有效限制代理人的机会主义行为,从而减少代理成本。同时,委托-代理理论还十分重视研究组织中的激励问题,主张在组织内部建立完善的激励约束机制。委托-代理理论对研究供应链企业间的合作很有帮助。供应链合作关系是有相互关系的供应链成员企业之间长期互惠的商务关系,是在一定时期内的共享信息、共担风险、共同获利的一种包含成功交互作用机制的协议关系。这样一种战略合作关系可以形成于供应链中各级成员企业之间。供应链上的合作关系涉及逆向选择、道德风险等问题,这都可以通过委托-代理理论加以研究。但是,作为一门新兴的理论,委托-代理理论还存在一些亟待解决的问题,如委托人和代理人利益不一致的问题、模型的技术处理问题、激励约束的实效性问题等。

## 五 本章小结

本章主要介绍了与本书有关的基础理论,包括利益相关者基本概念的界定,利益相关者的分类,旅游服务供应链联盟的定义,旅游服务供应链联盟的研究方法,微分博弈的概念和相关定理,委托-代理的概念、基本理论,委托-代理理论的相关研究模型。

---

[①] Aghion, P., Stein J. C., "Growth Versus. Margins: Destabilizing Consequences of Giving the Stock Market What It Wants", *The Journal of Finance*, 63 (3), 2008, pp. 1025 – 1058.
[②] 参见傅新春《考虑监控信号的组织成员知识分享行为激励机制研究》,硕士学位论文,重庆大学,2013。

# 第三章 区域旅游服务供应链联盟的利益相关者分析

由于旅游业涉及"食、住、行、游、购、娱"等诸多行业和领域,行业内必然产生复杂的利益关系。为了协调好各方关系,必然要厘清区域旅游服务供应链上的各利益相关者及其之间的关系。为此,本章将对区域旅游服务供应链上的利益相关者进行层次划分,找出其中的核心利益相关者,然后针对各核心利益相关者的诉求,分析它们之间的主要利益冲突。

## 一 利益相关者的层次划分

### (一) 国内外研究现状

**1. 国外研究现状**

随着1972年6月联合国人类环境会议在瑞典首都斯德哥尔摩的召开,旅游业发展带来的环境、资源等各种问题逐渐受到广泛的社会关注,旅游研究者也正式开始着手对利益相关者进行有效管理的相关研究。从该会议召开到20世纪80年代,利益相关者理论被更多的研究者引入"旅游合作(协作)"、"社区旅游"和"可持续发展"等旅游研究中。而"利益相关者"一词开始出现在一些旅游文献中是在20世纪80年代中后期,有关"利益相关者"的文献综述也是在该时期最早明确出现的,甚至由此衍生出"旅游利益相关者"这一专业术语[①]。研究者就目

---

① 夏赞才:《旅游伦理概念及理论架构引论》,《旅游学刊》2003年第2期,第30~34页。

的地旅游流和社区参与等旅游规划中常见的问题展开了探讨。而旅游研究者于 20 世纪 90 年代中后期才开始对利益相关者理论展开深入的分析、研究和思考。

（1）利益相关者概念的界定

在对旅游利益相关者的概念进行界定时，一些学者引用了管理学中利益相关者的定义。Jane Robson 等分别以旅游经营商和旅游市场营销者为中心列举了 12 个和 18 个不同的利益相关者[1]。"旅游利益相关者"这个概念被官方正式认可的标志是："利益相关者"一词在 1999 年 10 月 1 日召开的第十三届世界旅游组织大会通过的《全球旅游伦理规范》中得到了明确的使用。

根据 Freeman 的利益相关者图谱，Sautter 等勾勒出一幅由 8 个利益相关者组成的图谱，该图谱的中心是旅游规划者[2]（见图 3-1），这幅图谱被国内学者大量引用。针对在旅游开发经营活动过程中旅游经营者可能涉及的利益相关者，Ryan 给出了总共包括 12 类利益相关者的基本图谱[3]。Burns 等在对野生动物旅游进行研究时，从动物的角度出发以澳洲野狗为中心列举了 10 个利益相关者[4]。Sheehan 等使用实证研究法，以景区管理机构（DMO）与利益相关者的合作或冲突发生的概率大小为出发点，划分出多达 13 种的 DMO 利益获得主体[5]。

（2）旅游规划和管理决策中的利益相关者实证调查研究

学者对旅游利益相关者在其旅游规划和管理决策中的相关问题进行

---

[1] Jane Robson, Ian Robason, "From Shareholders to Stakeholders: Critical Issues for Tourism Marketers", *Tourism Management*, 17 (7), 1996, pp. 533–540.

[2] Sautter, E. T., Leisen, B., "Managing Stakeholders: A Tourism Planning Model", *Annals of Tourism Research*, 26 (2), 1999, pp. 312–328.

[3] Ryan, C., "Equity, Management, Power Sharing and Sustain Ability of 'New Tourism'", *Tourism Management*, 23 (1), 2002, pp. 17–26.

[4] Burns, G. L., Howard, P., "When Wildlife Tourism goes Wrong: A Case Study of Stakeholder and Management Issues Regarding Dingoes on Fraser Island, Australia", *Tourism Management*, 24 (6), 2003, pp. 699–712.

[5] Sheehan, L. R., Ritchie, J. R., "Destination Stakeholders: Exploring Identity and Salience", *Annals of Tourism Research*, 32 (3), 2005, pp. 711–734.

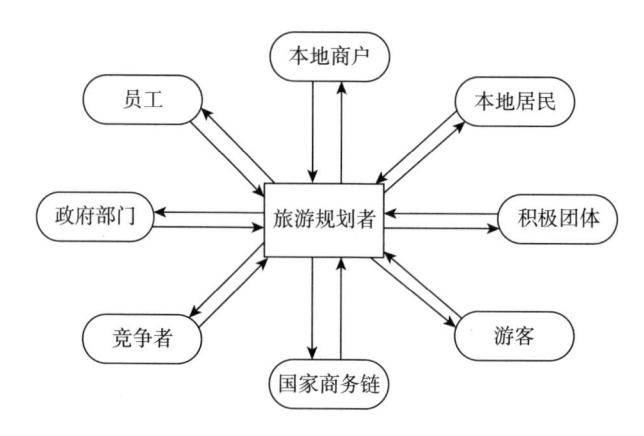

```
                    本地商户
        员工                    本地居民
 政府部门         旅游规划者        积极团体
        竞争者                    游客
                  国家商务链
```

**图 3–1　旅游利益相关者**

研究是主要趋势。开发商或者景区能否满足各利益相关者的基本要求以及能否推动各利益相关者的积极参与关系到其能否顺利发展，甚至能否获得最后的成功，这是学者们在大量的相关研究面前达成的共识。

Murphy 是加拿大的旅游专家，他在 1985 年出版了《旅游：一种社区规划方法》一书。Murphy 在该书中强调，规划方法要以旅游利益相关者的利益为出发点，充分体现利益相关者的利益，且以追求社会、经济和文化等之间的平衡为核心，开发目标的确定、相关规划的制定以及整个景区的发展进程都应该在这些利益相关者的掌控下完成。Marwick 通过研究马耳他地区高尔夫球场附近的项目建设情况发现，该地区水土资源十分有限且人口稠密，这些问题给项目建设带来了很大的挑战和困难，该地区也因此出现了建设项目的反对者与支持者分别组成的同盟，Marwick 对两种同盟都进行了调查[1]。De Araujo 和 Bramwell 对利益相关者在区域旅游合作中的参与情况展开了探讨，并提出了区域旅游发展中合作关系进程（Processes Involved in a Tourism Development Partnership）的分析架构[2]。Hudson 等以旅游市场中的企业或公司为研究主体，重点研究了它

---

[1] Marwick, M. C., "Golf Tourism Development, Stakeholders, Differing Discourse and Alternative Agendas: The Case of Malta", *Tourism Management*, 21 (5), 2000, pp. 515–524.

[2] De Araujo, L. M., Bramwell, B., "Partnership and Regional Tourism in Brazil", *Annals of Tourism Research*, 29 (4), 2002, pp. 1138–1164.

们之间的合作、联盟情况①。学者在旅游规划和管理决策中对利益相关者进行实证调查研究的结果都表明：不同利益群体，在旅游规划和管理决策中的意见和建议有所不同，而这些意见或建议在实际运用中都取得了比较不错的成果。

(3) 旅游环境伦理和可持续发展研究

关于环境与可持续发展的相关研究从20世纪90年代开始逐渐被研究者所关注。所谓环境与可持续发展，是指不能为满足当前旅游者旅游需要和当地居民的利益需求而损害环境。而"旅游利益相关者"这一概念可以很好地运用到对旅游环境与可持续发展的研究中。

洪都拉斯海湾岛（The Bay Islands, Honduras）位于洪都拉斯北岸近海区，近年来，该岛旅游业的发展十分迅速。但随着海岛旅游业的快速发展，问题也随之而来，海岛上本就十分稀缺的土地、淡水等资源遭到了不同程度的损害，甚至相对丰富的海洋资源也同样遭到很大程度的破坏，由此带来的后果也对各利益相关者起到了巨大的反作用。Stonich 在研究这些问题时运用政治生态学理论作为理论基础，发现海岛上的海洋、土地和淡水等多种资源因海岛旅游业的迅猛发展而遭到了严重破坏。虽然这些生态环境问题产生的主要原因是当地政府和国际性机构的决策失误，但是当地居民成了这些生态环境恶化后果的直接承担人②。Ryan 认为旅游可持续发展的关键是能够处理好利益相关者之间的关系，这不仅需要做到公平地分配资源，而且需要分享权力，因此他认为应该在更加广泛的利益相关者理论框架内应用"可持续"这一概念③。Holden 基于环境伦理的背景，就旅游利益相关者对自然界的态度进行评价，研究发现：以人类为中心的环境思想是目前大部分利益相关者的环境保护伦理

---

① Hudson, S., Miller, G. A., "The Responsible Marketing of Tourism: The Case of Canadian Mountain Holidays", *Tourism Management*, 26 (2), 2005, pp. 133 – 142.

② Stonich, S. C., "Political Ecology of Tourism", *Annals of Tourism Research*, 25 (1), 1998, pp. 25 – 51.

③ Ryan, C., "Equity, Management, Power Sharing and Sustain Ability of 'New Tourism'", *Tourism Management*, 23 (1), 2002, pp. 17 – 26.

观，它们认为环境只是人类实现自身利益的一种工具，而持有以非人类为中心的环境伦理观的利益相关者非常稀少①。Hudson 等提出旅游开发者应以一种"负责任的营销观念"对山岳型旅游资源进行开发，要以保护环境为大前提。为协助旅游地持续获取竞争上的有利地位，旅游地环境政策的确定与落实、废弃物的处理等对环境有益的行动应该在与利益相关者进行有效沟通的前提下开展②。

（4）利益相关者之间的冲突与协作研究

随着旅游业的不断发展，社区的重要性日益凸显，关于社区旅游的相关研究自20世纪70年代以来逐渐增多，而且逐步深入。引入利益相关者的理论对处理好社区旅游背景下利益相关者之间的冲突与矛盾、实现利益相关者之间的协作与共赢等多个方面有着积极的作用。

Jamal 等在旅游目的地研究中引入协作理论结构，分析在旅游目的地发展过程中各个组织之间的合作情况③。Bramwell 等进一步分析了在当地利益相关者参与的情况下，旅游政策制定过程中的合作问题、利益相关者参与问题与制定决策的流程④。Araujo 等的研究表明，在发展中国家，即便很多利益相关者力图参与到旅游规划中，但实际上非政府组织、商业和私营部门以及当地社区居民的参与程度都十分有限，最后真正的有效参与者往往只有各级政府及政府各相关部门⑤。Douglas 等将定性与定量研究方法相结合，探讨了南非旅游背景下所有利益相关者各自的利益追求目标和它们自身所具有的价值，且在深入分析各利益者可能存在的利益冲突后提出了一个有助于对各旅游利益相关者进行有效管理与协调的 "Soft Value

---

① Holden, A., "In Need of New Environmental Ethics for Tourism?", *Annals of Tourism Research*, 30 (1), 2003, pp. 94 – 108.
② Hudson, S., Miller, G. A., "The Responsible Marketing of Tourism: The Case of Canadian Mountain Holidays", *Tourism Management*, 26 (2), 2005, pp. 133 – 142.
③ Jamal, T. B., Getz, D., "Collaboration Theory and Community Tourism Planning", *Annals of Tourism Research*, 22 (1), 1995, pp. 186 – 204.
④ Bramwell, B., Sharman, A., "Collaboration in Local Tourism Policymaking", *Annals of Tourism Research*, 26 (2), 1999, pp. 392 – 415.
⑤ Araujo, L. M. D., Bramwell, B., "Partnership and Regional Tourism in Brazil", *Annals of Tourism Research*, 29 (4), 2002, pp. 1138 – 1164.

Management Model"①。

综上所述,从研究内容来看,对于旅游利益相关者的相关研究,国外主要集中于以下四个方面:旅游利益相关者概念的研究;旅游利益相关者在规划管理中的问题研究;旅游利益相关者在环境与可持续发展问题上的研究;旅游利益相关者之间的冲突与协作的研究。从国外研究者使用的研究方法来看,他们大部分应用理论与实证相结合的研究方法,往往选取具体的实例作为研究背景进行针对性、具体化的分析,最后秉承谨慎、科学的态度提出自己的研究观点或结论。不过,总体来看,国外关于旅游利益相关者的研究到目前为止还没有形成一个比较完善的理论体系和研究框架,但不可否认,他们的研究加强了经济学、社会学等多个学科的交叉,研究的成果仍然十分丰硕②。

**2. 国内研究现状**

在利益相关者问题的研究方面,国内研究状况明显落后于国外,《全球旅游伦理规范》这一全球性质的规范性文件直到2000年才被张广瑞等学者引入中国的旅游研究领域。此外,由桂林市旅游局、中山大学旅游发展与规划研究中心撰写的《桂林市旅游发展总体规划(2001~2020)》随后出版③,有关旅游利益相关者的问题直到此时才逐渐受到国内学者的关注。由于国内对该问题的研究起步相对较晚,且国外的相关研究已经取得一定的成果,所以国内大多数学者基于国外相关研究,结合旅游利益相关者研究中各利益相关者关系杂乱、数量庞大等特点,融合多个学科的不同理论和方法,从不同的角度、方向和层面进行了大量研究。但终究国内对旅游利益相关者这一概念的研究还很浅,迄今仍处于初步尝试阶段,研究的内容也呈现杂乱无序的状态,在对基本概念的定义、辨析等多个问题上

---

① Annelid Douglas, Bernadine Anna Bubble, "Identifying Value Conflicts between Stakeholders in Corporate Travel Management by Applying the Soft Value Management Model: A Survey in South Africa", *Tourism Management*, 27 (6), 2006, pp. 1130 – 1140.
② 郭华:《国外旅游利益相关者研究综述与启示》,《人文地理》2008年第2期,第100~105页。
③ 桂林市旅游局、中山大学旅游发展与规划研究中心:《桂林市旅游发展总体规划(2001~2020)》,中国旅游出版社,2002。

都缺乏统一的见解。其研究的内容，大致可以分为以下几个方面。

（1）旅游规划与管理实践中的利益相关者研究

桂林市旅游局、中山大学旅游发展与规划研究中心撰写的《桂林市旅游发展总体规划（2001~2020）》是国内最早研究利益相关者的专著。他们在研究中首先将当地政府、旅游者、当地居民、景点开发商和商业部门等确认为区域旅游发展的核心利益相关者，然后结合系统反馈理解并分析这几个主要利益相关者对当地旅游业发展做出的贡献，同时对旅游业发展的约束机制及内部结构进行了分析研究，从而进一步确定了未来桂林市旅游业的发展方向。张伟和吴必虎认为各旅游利益相关者的彼此协作可以为区域旅游业的可持续发展提供保障，他们在四川省乐山市旅游发展规划中引入了利益相关者理论，对不同的核心利益相关者进行研究[①]。马晓京以湖北省长阳土家族自治县旅游业为实例，提出了民族旅游发展存在以下四个内在矛盾：独特的文化和现代性；国家控制与自治；发展经济与保护文化；原真性和商品化。在民族旅游存在的内部矛盾难以彻底解决的情况下，需要基于理性认识对民族旅游进行科学合理的规划与管理，以期取得更大的发展[②]。

（2）旅游研究中利益相关者的定义及分类

黄昆的研究不仅从概念上对景区中的利益相关者进行了分析、明确，而且分析了在几个主要利益相关者的环境管理模式下区域旅游业的发展情况，得出各主要利益相关者共同参与的环境管理模型。除此之外，他还注意到该模型施行时可能会出现的问题，并给出了一些处理办法[③]。郑耀星研究的重点是乡村旅游中的主要利益相关者，他运用利益相关者理论进行分析，并对各利益相关者在旅游开发过程中所处的地位进行界定和划分[④]。

---

① 张伟、吴必虎：《利益主体 Stakeholder 理论在区域规划中的应用——以四川省乐山市为例》，《旅游学刊》2002 年第 4 期，第 12~15 页。
② 马晓京：《民族旅游内在矛盾与民族旅游规划管理研究——以湖北省长阳土家族自治县旅游业为例》，《中南民族大学学报》（人文社会科学版）2011 年第 2 期，第 34~39 页。
③ 黄昆：《利益相关者共同参与的景区环境管理模式研究》，《湖北社会科学》2003 年第 9 期，第 81~82 页。
④ 郑耀星：《旅游资源学》，中国林业出版社，2009 年。

(3) 旅游利益相关者与可持续发展研究

肖琼的研究着眼于民族旅游城镇中利益相关者的行为,该研究以云南丽江束河古镇的旅游与经济发展为对象,探讨了有助于加快少数民族地区城镇化建设进程、促进其可持续发展的各利益相关者关系协调机制①。李慧新关注的焦点是黑色旅游中各利益相关者的利益分配情况,其将旅游伦理理论和社区参与这两个不同方面作为切入点,提出在利益分配中政府应主导分配过程,使黑色旅游的利益分配模式趋向合理,要秉承旅游伦理理论,提高社区在旅游活动中的参与程度,从黑色旅游可持续发展的角度出发增强其教育性和公益性②。

(4) 旅游目的地利益冲突与协调研究

为实现景区各利益相关者的协调发展与互惠共赢,目前越来越多的国内学者开始将研究的重点放在如何解决旅游利益相关者间的矛盾上,并提出了一些解决措施。郑智、万义平首先就旅游服务供应链中核心利益相关者之间存在的利益共同点展开了分析,并对它们之间的矛盾和冲突进行了研究,最后提出了缓解这些矛盾和冲突的策略③。章晴结合社区参与与利益相关者理论,从社区居民的角度分析了乡村旅游发展过程中的主要利益相关者,研究了利益相关者间的利益冲突现象,并总结冲突产生的原因,最后为和谐社区的建立提供了一系列措施④。王飞亚应用定量与定性分析相结合的方法,重点研究了城际旅游合作过程中的利益冲突问题,并提出了一系列协调冲突的对策⑤。郝晓兰分析了草原旅游业发展过程中主要利益相关者的地位及其对利益的不同诉求,建立了以政府为主导的草原旅游开发模式、分工合作的运营模式及共同参与模式,

---

① 肖琼:《基于利益相关者的民族旅游城镇可持续发展研究》,《城市发展研究》2009年第10期,第102~105页。
② 李慧新:《黑色旅游利益相关者探析》,《现代经济信息》2011年第12期,第213~214页。
③ 郑智、万义平:《基于旅游产业链的景区利益冲突及协调机制研究》,《商业时代》2009年第31期,第112~113页。
④ 章晴:《乡村旅游开发的利益冲突与和谐社区建设——基于社区居民视角》,《湖北经济学院学报》(人文社会科学版)2009年第3期,第15~16页。
⑤ 王飞亚:《我国城际旅游合作利益冲突与协调策略研究——以厦漳泉城市旅游联盟为例》,硕士学位论文,厦门大学,2006年。

并找到了协调主要利益相关者之间的冲突及矛盾、推动草原旅游业可持续发展的对策①。童国强研究了我国自然保护区旅游开发过程中的主体利益相关者的利益关系分类，并对其中出现的问题提出了针对性的解决方案②。张强等从当地居民的角度出发，讨论了当地居民因自然保护区的旅游开发而获得的利益及受到的损害，然后论证了当地居民的权利项，最后提出了解决当地居民的个人利益和自然保护区环境问题之间矛盾的四项原则③。刘轶重点研究了旅行社在产品经营过程中所出现的问题，并以利益相关者作为研究的切入点，认为提升产品的质量才是旅行社发展的长远之道④。王晓华等的研究认为灾害旅游中各利益相关者"利己"与"利他"的对立统一性是实现灾害旅游中伦理均衡的动力⑤。严栋的研究主要是为旅游资源发展中各利益相关者之间的利益协调做了理论准备，他首先界定了旅游资源发展中的利益相关者，并进一步对利益相关者之间的冲突表现及其成因进行了分析和探讨⑥。黎森对利益冲突中各冲突方之间的关系进行两两对应的分析，得到他们在冲突中的关系矩阵，然后利用分析矩阵和关系图的方法，深入分析了利益相关者的利益冲突，为建立生态博物馆利益相关者之间和谐的利益关系提供参考⑦。王兆峰等以西南民族地区为例，结合利益相关者、文化整合及社区增权等相关理论对社区旅游利益相关者的利益冲突及其成因进行了分析，并提出了

---

① 郝晓兰：《基于利益相关者理论的草原旅游发展研究——以锡林郭勒盟为例》，《内蒙古大学学报》（哲学社会科学版）2010年第2期，第86~90页。
② 童国强：《浅析自然保护区旅游开发利益冲突与协调》，《旅游纵览》（行业版）2011年第2期，第197~198页。
③ 张强、赵乐静：《自然保护区与当地居民的权益问题探讨——以云南大山包黑颈鹤自然保护区为例》，《林业经济问题》2011年第3期，第218~222页。
④ 刘轶：《旅行社产品核心利益相关者利益协调策略探析》，《旅游纵览》（行业版）2011年第7期，第71~72页。
⑤ 王晓华、白凯、马耀峰、李天顺：《灾害旅游发展中的伦理冲突与均衡：利益相关者视角》，《资源开发与市场》2011年第2期，第173~177页。
⑥ 严栋：《旅游资源开发中利益相关者的利益冲突及成因分析》，《教育教学论坛》2011年第33期，第122~123页。
⑦ 黎森：《生态博物馆利益相关者利益冲突分析——以三江侗族生态博物馆为例》，《中国农学通报》2012年第2期，第139~145页。

促进西南民族地区旅游业可持续发展的冲突协调策略[①]。

### (二) 利益相关者的构成

在管理学中，Freeman 认为利益相关者是指那些和企业目标的实现能够互相影响的个人和群体。企业活动对各利益相关者的影响是直接的，各利益相关者的行为对企业的影响既有可能是显性的，也有可能是隐性的。而旅游开发活动涉及的利益相关者更多，彼此间的关系也更为复杂，部分学者只将旅游专业人员、媒体和社会公众界定为旅游开发的三个利益相关者[②]，这明显存在很大的局限性。另外一些学者认为当地政府、旅游规划者、旅游经营者是旅游利益相关者群体的三个核心因素，这种划分虽然简单明确，但是比较片面。因为主导旅游开发的利益相关者频繁发生变化，他们之间往往呈现一种网状的利益关系，牵一发而动全身，由此可见旅游开发中各利益相关者之间关系的复杂性。

在广义层面上，旅游开发涉及的因素有两类，分别是旅游开发方（政府、开发商、居民等）和被开发方（资源、环境等）。所以应从更广泛的层面考虑利益相关者的概念。根据旅游开发所涉及的行业领域、影响程度和方式等不同方面，可将旅游开发利益相关者划分为如下三个层次。

第一，核心层：核心层的利益相关者主要包括政府（中央政府、地方政府）、开发商（代理商、供应商、投资商）、当地居民和旅游者。他们直接参与并影响旅游开发的进程，同时享有最直接的社会和经济利益，因此他们在旅游开发中占据最核心的地位。而在他们当中，当地居民和旅游者的利益最为核心，这是因为提升当地居民的生活水平并带给旅游者更为愉悦的旅游体验是旅游开发的根本目的。

第二，支持层：支持层的利益相关者主要包括民众、合作参与各方、

---

[①] 王兆峰、腾飞：《西部民族地区旅游利益相关者冲突及协调机制研究》，《江西社会科学》2012 年第 1 期，第 197~201 页。

[②] 参见世界旅游组织《圣地亚哥会议纪要》，世界旅游组织第 13 届全体大会会议论文，智利，圣地亚哥，1999。

竞争对手等。这些利益相关者对景区开发进程的影响是间接的，主要体现在信誉、公众影响力等方面。在某些时期，他们既有可能为该地区旅游行业带来新的发展机会，又有可能因为利益分配等原因成为旅游开发过程中冲突与矛盾的导火索。

第三，边缘层：边缘层包括政治经济环境、社会力量、文化技术、自然环境、非人类等众多利益相关者。虽然边缘层利益相关者与支持层利益相关者一样都不对景区的开发进程产生直接影响，但它们对旅游开发进程的影响比支持层更具有潜在性和深远性。这是因为旅游开发需要对资源进行调配，甚至会造成自然环境的改变，这些行为不仅影响到当代人，而且有可能对人类的后辈、生态环境、自然资源等也产生深远的影响，有些影响甚至是难以挽回的。需要特别注意的是，边缘层利益相关者以其非人为的、潜在的特定方式贯穿于旅游开发的整个进程，虽然它们不会直接影响旅游开发进程，但这并不等同于说它们就是不重要的，往往随着时间的流逝它们逐渐显现出自身超强的影响力。

## 二　核心利益相关者的利益诉求分析

### （一）核心利益相关者的分类

旅游利益相关者，是旅游系统中的基本要素，彼此之间形成一种的互动关系。从纵向的视角来看，社会公众和政府构成旅游活动和旅游业发展的支持系统，在政策、环境、科技等方面对旅游活动的进行和旅游业的发展提供保障和支撑。从横向的视角来看，旅游者从客源地出发到目的地，再从目的地返回客源地的这个过程不仅在时间上，而且在空间上完成了转移和变化[①]。旅游系统是一个包含多个子系统且各子系统相互联系、相互影响的复杂整体系统，其主体是客源地系统，核心是旅游目的地系统，同时以旅游支持系统为保障，以旅游通道系统为连接，任

---

① 杜书翰、马万铭、赵新颖：《旅游系统思想在旅游规划中的应用》，《内蒙古科技与经济》2006年第9期，第15页。

何系统要素发生变化都可能会引发整个旅游系统的变化。

因此，根据上面的阐述，本书从系统的角度分析，认为具备"人类利益"且具有能动作用的旅游服务供应链联盟中核心利益相关者主要包括四个方面，即：政府、开发商、旅游者和当地居民。

(1) 政府

这里所谓的政府包括地方政府、景区管理部门（如庐山风景名胜区管理局）和保护区管委会等。政府作为重要的国家权力部门，代表的是包括稳定社会秩序、发展经济、提升居民的生活质量与道德水平、保护环境在内的社会整体利益，其目标是促进社会效益、经济效益及环境效益的共同发展与实现，为当地群众谋求利益。所以，在旅游开发过程中，政府扮演着两个完全不同的角色，一方面它作为获得直接利益的旅游开发主导者、参与者或经营者，而另一方面它要确保景区开发的整个过程有一个合乎规范的程序，监督经济社会的发展是否受到不利影响以及景区开发是否损害到一些组织或群众的权益，还要制定相关政策保障旅游开发项目的建设以及旅游业的健康可持续发展。一些西方国家的政府在旅游开发中所扮演的角色被归入了边缘层或支持层，这是因为西方政府对市场经济发展一般不会进行干预，政府很难在旅游开发的过程中成为主导者，它更多的是以非核心的角色参与到整个旅游开发的过程中。但各国国情不同，我国政府被纳入旅游开发的核心层，是因为在我国很多的旅游开发都是由政府主导或促成的。在旅游开发的过程中，政府需要承担制定相关法规、提供政策支持、完善当地基础设施建设、协调利益相关者利益、把控景区开发经营全过程等众多职责，因此我国政府在旅游开发过程中发挥着难以替代的巨大作用。但这并不是说政府就是万能的，管理体制权限限制、权责划分不清、信息不对称等多种因素可能会造成旅游开发的成本增加。

(2) 开发商

这里所谓的开发商包括旅游项目的投资商和开发商、旅游产品和服务的供应商、旅游中介公司等代理商。在旅游开发过程中最关心市场、投资和经济的利益相关者是开发商。开发商凭借其技术或资金优势参与到旅游开发的过程中并参与旅游收益的分配。开发商参与旅游开发的目的十分简单明了，它的目的是投入技术或资金并在一定时期内收回投入、获得收益，因此这就决定了开发商与其他各利益相关者存在不同程度的利益关系。显然在旅游开发过程中开发商最关心的问题是如何获得更高的投资回报率，但开发商应该首先考虑旅游地的文化、经济生活方式和环境保护等问题。在现实生活中就出现了很多开发商因受到利益的诱惑而铤而走险的现象，例如侵蚀国有资产、圈地现象、寻租行为及破坏生态环境等，从而给旅游地的社会、经济、文化和生态环境以及当地居民的生活环境都带来了巨大的伤害，不利于旅游开发和旅游业的长远发展。此外，开发商为旅游地提供有形或无形的旅游产品或服务，有的甚至直接对景区进行管理，而现实中又缺乏有效制约机制或合同关系用以维系开发商和当地居民之间的关系，这使得有些开发商放纵自身行为或过分追求自身经济利益最大化，进而对其与游客以及当地居民之间的关系产生一系列的负面影响。开发商积极参与旅游开发时应努力树立自己的良好形象，充分尊重当地的风土人情，同时为旅游者提供优质的旅游产品和满意的服务，实现与各利益相关者的协作共赢。

（3）旅游者

旅游者的需求是旅游开发的源头所在，因此，旅游者是整个旅游开发过程中最重要的驱动因素。对于旅游者来说，旅游的本质是一种体验，旅游者的核心利益显然不是经济利益，而是好奇心的满足程度、旅游经历的质量满意程度和消费权益的维护。无论何种类型、何种目的的旅游，高质量的感官体验，获得身心放松、审美以及文化等各方面的知识或经历一直是旅游者所热衷和追求的。旅游者渴望欣赏到未经人工污染和破坏的、真正如开发商所宣传的优美自然环境，并且希望开发商能够提供符合承诺的优质、安全的旅游产品和服务。需要注意的是，旅游过程中旅游者的生活方式、风俗文化和宗教信仰等都应受到应有的尊重，与直接的经济利益相比，这一点对于旅游者来说往往更为重要。

随着我国旅游业的迅速发展以及旅游文化的盛行，旅游者对旅游体验有了更高、更全面的要求，旅游地的社会环境也开始被越来越多的旅游者所关注。一些旅游地为旅游者提供的旅游商品质量低、旅游服务水平低，当地居民对待旅游者的态度不友好，旅游地卫生条件差等现象会使旅游者对旅游地产生极大的抵触情绪。因此，旅游地要开发科学的且能突出旅游地独特的社会文化底蕴的旅游产品，提供更加周到、优质的旅游服务，改善当地居民对旅游者的态度以及当地的生态卫生条件，从而使旅游者认可旅游地的社会环境并从中获得更独特的旅游体验和心理满足感。

（4）当地居民

在旅游地品牌及形象的树立过程中，当地居民扮演着十分重要的角色，他们希望旅游开发可以改善当地的基础设施条件，使他们的生活质量得到提升，并获得更多的收益，但他们同样渴望自己的地域风俗文化传统和正常生活秩序不因旅游开发而受到严重的影响。同时在众多旅游利益相关者中，当地居民的地位也十分关键，他们与其他各利益相关者之间存在着千丝万缕的利益关系。对政府而言，政府需要从当地居民的手里征用土地进行旅游开发，这与当地居民的切身利益直接相关。对开发商来说，如何分配旅游经营所得收益对当地居民参与旅游开发的积极性有直接影响。而对旅游者来说，他们直接面对当地居民，旅游者对旅游地的整体印象以及旅行感受都会受到当地居民行为及态度的影响。因此，想要使旅游开发顺利完成、旅游业健康可持续发展就必须把握好当地居民这一关键因素，充分调动他们的参与积极性。

### （二）核心利益相关者的诉求

旅游服务供应链联盟中核心利益相关者包括政府、开发商、当地居民和旅游者。他们在旅游发展中的重要作用意味着旅游业的健康稳定发展需要他们积极地参与相关决策。然而，在旅游开发过程中存在着很多无序的利益竞争现象，这些竞争最后甚至演变成严重的利益冲突，这是因为各个核心利益相关者所提出的利益诉求都是以自身利益作为出发点，彼此间的利益诉求难免会出现不一致或矛盾。所以，要有效地平衡各利益相关者的利益，实现旅游业健康稳定发展的前提是要全面了解他们之间存在的利益冲突，深入分析这些冲突的成因。

本书中的"利益诉求"是指旅游业各个核心利益相关者在法定的范围内所应该享受的正当权益以及道德支撑下应该被满足的利益诉求。通过调查核心利益相关者的利益诉求，发现不同的利益相关者存在不同的利益诉求。

（1）政府的利益诉求

旅游资源属于国有资源，其所有权、资产的收益权和处置权应由政府代表广大人民行使。但实际情况是，旅游业的规划、开发以及监管等职能是由旅游管理局等代理政府职能的部门在直接行使，它们制定促进旅游业快速发展的政策，协调各利益相关者之间的利益，推动旅游业的健康可持续发展。调查结果显示了政府最主要的利益诉求有以下几点：一是协调好政府、开发商、旅游者和当地居民间的关系；二是通过加强旅游法制化建设来提升当地居民的生活质量；三是力求促进旅游业健康、平稳及可持续发展。

（2）开发商的利益诉求

旅游开发商通过旅游业的发展来获取经济效益，它们参与各种旅游开发与经营管理活动，旅游者在旅游活动中享受到的饮食、住宿、出行、购物及娱乐等各种服务都与旅游开发商直接相关。对旅游开发商来说，它们最主要的利益诉求也是最根本的目的是追求经济利益的最大化，但在这个过程中环境容易遭到严重损害，有些损害甚至是难以挽回的。作为旅游开发商必须在追求经济利益的同时加强对自然环境和旅游资源的保护，找到获得高额回报与长久生存发展的均衡点，这样旅游开发商才能在将来的旅游开发中很好地协调与其他三个利益相关者之间的关系。

（3）旅游者的利益诉求

旅游者是旅游活动的基础与参与主体，是旅游开发与经营的源泉。他们对旅游产品的满意程度以及旅游活动的参与程度，决定了旅游开发活动能否取得成功、旅游经营活动能否持续开展。回到利益层面，旅游者的消费规模及满意程度对旅游开发的经济效益最终能否实现发挥着举足轻重的作用。但旅游者与其他的利益相关者相比，他们在旅游活动中的利益诉求明显不同。虽然旅游产品的价格也在他们重点关注的范围之内，但他们的核心利益仍是旅游活动中的体验与满足感。除此之外，要求人身和财产安全得到保障、在旅游过程中获得更多的文化知识与生活知识、放心且有保障的购物环境以及丰富的晚间娱乐活动也是在调查中发现的旅游者的主要利益诉求。

(4) 当地居民的利益诉求

当地居民在旅游活动中所处地位的重要性不言而喻，一方面他们本身就作为一种重要资源出现在旅游地社会环境与人文旅游中；另一方面，在旅游资源的开发、经营管理及保护过程中，能否调动当地居民的参与性与配合的积极性关乎旅游活动能否正常开展和长远发展。作为旅游的核心利益相关者，当地居民也有着他们独特的利益诉求：一是当地物价的稳定，旅游业的发展在带动旅游地经济发展的同时也刺激了当地物价的上涨，这无疑增加了那些收入较低的当地居民的生活压力；二是就业环境的改善，随着旅游业发展，旅游地吸引了大量外来人员前来务工，使得缺乏独特技能和文化水平较低的当地居民的就业形势愈发不乐观；三是加强旅游地社会治安管理和社会道德建设，这是因为旅游地因大量外来旅游者的涌入而成了鱼龙混杂、社会混乱的地区；四是加强旅游资源和生态环境的保护，旅游业发展应着眼于旅游地的长远发展、达到人与自然的和谐相处，但从调查数据来看，一些当地居民还是缺乏长远发展的眼光，例如当地居民对旅游区限制旅游者数量存在很大的意见，他们认为旅游者越多越好，因眼前利益而忽视了长远利益；五是强烈的文化利益诉求，越来越多的当地居民随着旅游业的发展认识到文化的重要性，他们渴望提升自己的文化水平、加强与外界的联系，从而提高自己的生活质量和生活水平。

本书通过对旅游服务供应链联盟核心利益相关者中政府、开发商、旅游者和当地居民的利益诉求进行剖析，在表 3-1 中归纳了他们各自特别关注的利益诉求。

表 3-1　核心利益相关者的利益诉求

| 核心利益相关者 | 利益诉求 |
| --- | --- |
| 政府 | 协调好政府、开发商、旅游者和当地居民彼此间的关系；通过加强旅游法制化建设来提升当地居民的生活质量；力求促进旅游业的健康、平稳及可持续发展 |
| 开发商 | 高额的利润；长期稳定的发展环境；优惠的政策；当地居民的支持；更为规范的行业竞争秩序 |
| 旅游者 | 优质的旅游体验及满足感；人身和财产安全得到保障；获得更多的文化知识与生活知识；放心且有保障的购物环境；丰富的晚间娱乐活动 |
| 当地居民 | 当地物价的稳定；就业环境的改善；加强旅游地社会治安管理和社会道德建设；加强旅游资源和生态环境的保护；当地居民强烈的文化利益诉求 |

资料来源：作者整理。

## 三　核心利益相关者的利益冲突分析

我国《旅游法》于 2013 年 10 月 1 日起正式实施。该法实施的一个重要意义在于旅游者的合法权益有了明确的法律保障，该法明确限制了之前令旅游者怨声载道的强迫购物等旅游 "潜规则"，保护了旅游者的合法权益不被侵害；同时，该法实施恰逢 "十一" 黄金周，国庆节期间全国实行门票价格优惠的景区多达 1400 家，同时高速公路也实行免费通行政策[1]，与 2012 年同期相比，各地景区门票与旅游者接待收入大幅度提升。我国旅游业经过改革开放 30 多年的迅速发展，行业运作日益规范有序，旅游消费总额在世界上处于前列。国家旅游局在 2015 年的全国旅游工作会议上就提出 "今后三年，我国旅游业发展要紧紧围绕 '文明、有序、安全、便利、富民强国' 5 大目标，推出旅游 10 大行动，开展 52 项举措，推进旅游业转型升级、提质增效，加快旅游业现代化、信息化、国际化进程"[2]。在海南省海口市召开的 2016 年全国旅游工作会议指出，"十三五" 期间，我国旅游业将继续处于黄金发展期，同时也处于结构

---

[1]《国庆全国约 1400 家景区降价　盘点最该降价景区》，http://travel.163.com/13/0927/14/99PMGB2B00063KE8.html。

[2]《2015 年全国旅游工作会议在南昌召开》，http://www.cnta.gov.cn/html/2015-1/2015-1-15-%7B@hur%7D-31-07389.html。

调整期、游客文明素质逐步提升期、旅游市场秩序逐渐规范期和各类矛盾凸显期等"五期叠加"时期①。也就是说,现阶段我国旅游业寻求转型升级的突破点要落实在发展模式、发展方式和发展形态的转变上。因此,当前的研究热点是区域旅游服务供应链联盟中核心利益相关者由利益冲突引发的矛盾和问题,要剖析其成因,建立和健全各利益相关者的利益协调机制,加快我国旅游相关产业的转型升级,促进旅游业可持续发展。

### (一) 主要表现

从 21 世纪初开始,快速发展的世界旅游业的一种主要潮流就是区域旅游合作。近年来,我国区域服务业和区域旅游业在区域经济发展的带动下逐渐兴起并得到了迅速发展,尤其是我国区域旅游业紧跟着全球旅游业快速发展的脚步向区域竞争时代迈进。首先,旅游需求量不断增加,现阶段我国区域旅游业呈现产业化发展的新特征。以江西省为例,2015 年"十一"黄金周江西全省共接待游客 3937.01 万人次,同比增长 21.81%;旅游收入为 203.66 亿元,同比增长 27.03%;全省 36 个重点监测景区黄金周期间共接待游客 765.06 万人,同比增长 26.74%;旅游收入为 4.39 亿元,同比增长 22.11%②,在经济上,旅游业已成长为这个旅游资源大省的支柱产业。此外,我国旅游项目的审核条件有所放宽,各地的旅游业及其相关产业也因为我国在区域旅游资源的开发与利用中投入的增加和支持力度的加大而得到了迅猛发展,人们不断增长的旅游需求得到了更好的满足。

在区域旅游产业发展的过程中,旅游服务供应链联盟在促进区域旅游业发展的同时也会带来一些新的问题和挑战,如联盟中的利益分配、投入产出比率、管理水平与供应能力等方面的问题。这些问题的出现不仅会影响服务供应链联盟中各利益相关者的协作,还会对区域旅游业的

---

① 《2016 年全国旅游工作会议召开》,http://www.gov.cn/xinwen/2016 - 01/30/content_5037517.html。
② 《2015 国庆黄金周江西热点舆情分析报告》,http://jx.sina.com.cn/news/s/2015 - 10 - 10/detail-ifxirwnr6832968.shtml? from = wap.html。

平稳、可持续发展造成严重的伤害。因此，需要从辩证的高度对旅游服务供应链联盟中存在的冲突和矛盾进行认真的审视和分析。

任何事物的发展进程都伴随着矛盾的产生、发展和消亡，矛盾存在于事物发展全过程中，矛盾是事物发展的根本动力[①]。区域旅游服务供应链联盟就是由利益相关者矛盾、核心地位矛盾、结构矛盾、供需矛盾、文化矛盾、旅游开发与环境保护矛盾等众多矛盾集结而成的一个矛盾综合体。

**1. 旅游开发与环境保护之间的矛盾**

旅游开发与环境保护是一对矛盾的统一体，它们互为前提、相互作用和影响，这是在改革开放 30 多年来的实践中得出的结论。一些景区的管理部门受到旅游不会产生回头客的一次性消费的观念影响，在开发与利用旅游资源的过程中急功近利，不能从可持续发展的角度科学地开发与利用旅游资源。譬如某地景区在旅游项目的开发过程中缺乏足够的环保意识，景区配套的环保设施和相关环保管理措施不完善，导致周边的自然景观和生态环境因旅游活动的开展而遭到破坏。再如 2014 年国庆节天安门广场的升旗仪式结束后，11 万名手持小红旗的爱国旅游者却留下了大量的垃圾，导致手持扫帚的 50 名清洁工加上两辆清扫车、两辆收集车排网拉阵，花了 30 分钟清扫出 5 吨多的垃圾[②]。那些环境遭到破坏的景区被眼前利益蒙蔽而忽视了景区的长远利益，景区恶劣的环境情况会严重降低旅游者的旅游感知效率，进而造成景区接待人数的减少，这会对景区的经营收入、维护甚至再开发的经费来源产生极其重大的影响。

**2. 不同文化之间的矛盾**

文化同质性的趋势因工业化、城市化和世界经济一体化的发展而愈发明显，这充分激发了旅游者对异质文化独特性的兴趣，久而久之就产生了一种新的旅游方式——文化旅游。从旅游者的角度来说，旅游者希

---

① 参见《毛泽东选集》（第一卷），人民出版社，1979。
② 《国庆游故宫平稳度过"尖峰"时刻　售票处 11 点仍爆棚》，http://www.takefoto.cn/viewnews-183890.html。

望旅游地的特色文化得以保留，他们渴望欣赏原始古朴的文化景观。而对于旅游地政府和当地居民来说，他们希望旅游业的发展可以帮助他们改进相对原始或落后的生产生活方式，融入现代化生活。这样双方之间就会产生文化矛盾。例如西递宏村在开始发展旅游业时，许多旅游者因其异于现代社会的原始古村落文化而前来观光游览。经过几年的发展，当地居民因收入增加、生活水平提高，将古建筑拆毁翻新，使得原始风光遭到严重破坏、旅游地失去了对旅游者的吸引力[①]。

**3. 核心地区之争**

在一个区域的旅游业发展中，会出现有些地区会被划分为核心地区，而另一些地区则会被划分为边缘地区的情况，成为核心地区是区域内任一地区的渴望。这是因为核心地区会获得政府和投资商更多的支持，由此产生的经济效益也可能会更高。所以，核心地区之争的问题存在于很多地区的旅游业发展过程中，如：福建龙岩与江西赣州的客家摇篮之争，汕头与梅州的闽粤赣旅游中心之争，存在于湖南省和江西省之间的红色旅游核心地区之争。在竞争中，不同的区域会打出不同的宣传口号，如：汀州的口号是客家首府，而梅州口号又是世界客都。这使得特色旅游的区域及整体形象被不同程度地弱化，往往让旅游者难以分辨和琢磨。

**4. 结构矛盾**

"食、住、行、游、购、娱"是旅游界公认的旅游六要素，但这六个要素在不同的旅游区域的结构不会完全一样，结构矛盾随之产生。例如北京和杭州等餐饮、住宿、娱乐、购物条件很好的人文景观区域，在出行方面却存在堵车的问题，进出城区的路虽然只有10公里，却经常要走1个多小时。再比如作为国庆旅游的热门景点，历年10月2日故宫博物院都达到"十一"黄金周接待旅游者数量的顶峰。据故宫博物院统计，2014年10月2日共接待旅游者14.4万人，旅游者数量首次下降，比历史最高纪录的2012年18.2万人少了近4万人。不过，在2014年10月2日10时至10时30分的"巅峰"时段，半小时内依

---

① 《五大难题挑战西递宏村保护》，http://news.qq.com/a/20071026/002183.html。

旧有 1 万多人"入宫"参观。为此故宫博物院不得不采取措施：10 月 1 日至 4 日提前 1 个小时开门①。2015 年故宫博物院更是宣布"十一"黄金周故宫博物院每天坚持限流，参观上限为 8 万人，并同样采取 10 月 1 日至 4 日提前 1 个小时开门的策略。而像九寨沟、黄山、西藏等旅游区域的自然景观对游客十分具有吸引力，但餐饮、住宿和娱乐等方面的条件比较艰苦。即便旅游区域的旅游景观特色相近，但旅游开发的最终效果也会因这些结构性的矛盾而表现出巨大的差别。

**5. 各利益相关者之间的矛盾**

区域旅游中的利益相关者是指包括当地政府、旅游项目的投资商和开发商、旅游中介公司、旅游产品和服务的供应商、旅游者和当地居民等在内的旅游项目开发和运营中的利益追求者。不同区域旅游的利益相关者会因发展模式的不同而有所差别。不同的利益相关者在寻求集体利益与自身利益平衡的过程中会产生矛盾。例如九华山区域旅游的利益相关者主要包括地方政府、旅游企业、社会公众和旅游者等，但其发展模式是以政府为主导②，因此，政府部门在制定和实施相关利益协调机制的过程中往往会带有一定的自利性，如果侵害到其他利益相关者的利益，那么矛盾就产生了。

**6. 供需矛盾**

旅游业是服务业的一种形式，同样存在着市场经济中的基本供需矛盾。政府和旅游企业等将区域内的旅游资源进行投资开发和形象包装后提供给旅游者，这就形成了旅游供给，这些旅游供给具有不易改变的浓郁地方特色；而旅游需求主要来自旅游区域外，具有明显的主观性，会随着时间发展以及旅游者偏好的转变而发生改变。这就是旅游供需矛盾的根本所在。

从表 3-2 的 2015 年安徽省"十一"黄金周主要景区每日旅游接待

---

① 《国庆游故宫平稳度过"尖峰"时刻 售票处 11 点仍爆棚》，http://www.takefoto.cn/viewnews-183890.html。

② 《贵池：政府主导力促旅游发展》，http://www.jiuhuashan.cc/article/4248.html。

人数来看，池州（九华山风景区）、安庆（天柱山风景区）和芜湖等地已取代黄山成为来安徽旅游者的首选旅游地，这种转变说明旅游市场的需求有所改变。

表 3-2  2015 年安徽省"十一"黄金周期间主要景区每日旅游接待人数

单位：万人次

| 时间 \ 景区 | 九华山风景区 | 天柱山风景区 | 芜湖方特主题公园 | 黄山风景区 | 五千年文博园 | 西递宏村景区 | 天堂寨风景区 | 蚌埠花鼓灯嘉年华 |
|---|---|---|---|---|---|---|---|---|
| 2015 年 10 月 1 日 | 4.25 | 2.00 | 1.79 | 0.89 | 1.54 | 1.16 | 1.45 | 1.21 |
| 2015 年 10 月 2 日 | 4.97 | 4.07 | 3.39 | 4.33 | 4.13 | 3.21 | 3.11 | 1.19 |
| 2015 年 10 月 3 日 | 7.20 | 5.60 | 4.99 | 4.76 | 4.22 | 4.32 | 4.65 | 1.23 |
| 2015 年 10 月 4 日 | 6.13 | 5.52 | 4.62 | 3.96 | 4.20 | 4.39 | 4.55 | 1.42 |
| 2015 年 10 月 5 日 | 5.14 | 4.10 | 2.46 | 2.50 | 3.07 | 3.43 | 3.68 | 1.32 |
| 2015 年 10 月 6 日 | 3.34 | 1.80 | 5.22 | 1.61 | 1.68 | 1.86 | 3.15 | 1.06 |
| 合计 | 31.03 | 23.09 | 22.47 | 18.05 | 18.84 | 18.37 | 20.59 | 7.43 |

资料来源：《2015 年国庆黄金周安徽省重点旅游景区接待信息通报》，http://www.cnta.gov.cn/xxfb/xxfb_dfxw/ah/201510/t20151004_748466.shtml。

经过上述分析可以得知，供需矛盾能揭示市场经济的运行规律，是区域旅游服务供应链联盟诸多矛盾中的主要矛盾。所以，解决区域旅游业供需矛盾应是我国当前区域旅游业发展的重点。

### （二）原因分析

如前文所述，区域旅游服务供应链联盟的主要矛盾是供需矛盾，而区域旅游服务供应链联盟的供需矛盾主要包括两个方面：一方面是由旅游信息不对称引发的供需矛盾，另一个方面是由利益分配不均衡引发的供需矛盾。下文中将对这两个方面展开分析。

**1. 旅游信息不对称引发的供需矛盾**

对自 2008 年以来的旅游数据进行分析后，可以看到旅行社、景区和饭店在旅游者的所有投诉对象中占据了前三的位置，其中景区和饭店所占投诉比重之和仍未超过旅行社所占投诉比重。这是因为旅行社充当着旅游者与景区、饭店及其他旅游产品或服务提供商的中间媒介，通过旅行社开展旅游活动的旅游者如果在旅游活动过程中未能享受到满意的旅游服务，无论问题出在哪，他们都会将矛头直接对准旅行社。这里选取了 2011 年和 2012 年旅游投诉数量和比重（见表 3-3 和图 3-2）以及 2015 年上半年全国旅游被投诉对象和比重的数据展开阐述和分析（见表 3-4）。

表 3-3 2011 年和 2012 年旅游投诉数量和比重

单位：件，%

| 被投诉对象 | 投诉数量 | | 所占比重 | | 2012 年增长率 |
| --- | --- | --- | --- | --- | --- |
| | 2011 年 | 2012 年 | 2011 年 | 2012 年 | |
| 旅行社 | 6155 | 5801 | 61.53 | 55.18 | -5.75 |
| 景区 | 1579 | 2190 | 15.79 | 20.83 | 38.70 |
| 饭店 | 788 | 941 | 7.88 | 8.95 | 19.42 |
| 购物 | 429 | 333 | 4.29 | 3.17 | -22.38 |
| 交通 | 215 | 209 | 2.15 | 1.99 | -2.79 |
| 餐饮 | 125 | 119 | 1.25 | 1.13 | -4.80 |
| 其他 | 712 | 920 | 7.12 | 8.75 | 29.21 |
| 总件数 | 10003 | 10513 | 100 | 100 | 5.10 |

资料来源：《国家旅游局发布 2012 年全国旅游投诉情况通报》，http://www.gov.cn/gzdt/2013-04/09/content_2373722.htm。

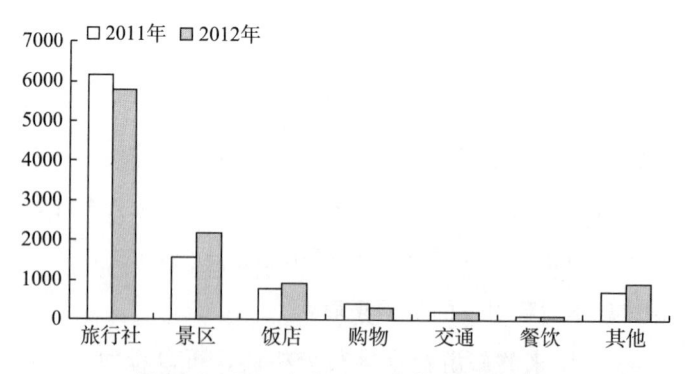

图 3-2 2011 年和 2012 年旅游投诉数量

从表 3-3 中的数据来看，所占比重最大的是旅行社。

表 3-4　2015 年上半年全国旅游被投诉对象和比重

单位：件，%

| 被投诉对象 | 投诉数量 | 所占比重 |
| --- | --- | --- |
| 旅行社 | 4706 | 61.07 |
| 景区 | 1244 | 16.14 |
| 购物 | 641 | 8.32 |
| 在线旅游 | 402 | 5.22 |
| 饭店 | 280 | 3.63 |
| 其他 | 433 | 5.62 |
| 合计 | 7706 | 100 |

资料来源：《国家旅游局：2015 年旅行社投诉量是在线旅游的 10 倍》，http://help.3g.163.com/15/0813/17/B0TS0PD100964KJA.html。

从表 3-3 和表 3-4 中的数据来看，还是旅行社所占的投诉比重最大。虽然投诉数量因旅游者数量的增多而增长，但投诉比例总体在减少。通过对表 3-3 和表 3-4 中的数据进行分析，结合实际情况可以发现，旅游信息不对称使得旅游者对旅游过程中产生的花费不清晰，这是引发旅游者投诉的本质原因。而逐渐增多的旅游投诉现象说明：在质量上，无论是旅游产品还是旅游服务都存在明显的问题，这会减少旅游需求的数量进而引发旅游供需矛盾。因旅游信息不对称而引发的旅游供需矛盾主要体现在以下几个方面。

第一，旅行社的投诉事件主要涉及的内容有四大类：一是费用问题，旅游和消费项目中的消费陷阱和导游的变相收费等就属于此类问题；二是行程问题，当旅游者在并没有被提前告知的情形下被迫改变旅游行程时容易发生此类投诉；三是服务态度问题，此类问题主要是针对导游等旅行社的员工；四是服务质量问题，当地陪或导游提供的服务不周到、旅游景观的质量未能达到旅游者的期待、旅游者对旅游过程中的旅游产品或服务不满意时易发生此类投诉。这些投诉说明在旅行社直接或间接为旅游者提供服务的过程中还存在大量亟待解决的问题。

第二，在所有投诉中，景区接到的游客投诉量也比较大，其中散客对景区的投诉占据了主要部分。投诉的问题包括旅游费用问题（例如景区内的隐性消费）、服务问题（景区员工服务问题和景区服务设施问题）和行程问题，除此之外还包括涉及散客优惠的门票问题。九寨沟风景区2013年的游客滞留事件，就是因旅游者不满景区内交通服务质量，而发生的群体投诉事件[①]。这也说明了旅行社与旅游目的地以及服务供应商间的合作水平较低，在现阶段无法实现整个产业的模块化发展。

第三，关于饭店和餐饮的投诉数量相对平稳。2013年青岛"十一"黄金周前三日针对酒店、旅馆的投诉同比高出30%，餐饮和住宿领域成为旅游投诉的重灾区。投诉集中针对酒店、旅馆虚假宣传、随意抬价、网络订房违约等内容[②]。而餐饮和住宿的质量未能达到旅游者的预期是这些投诉中的焦点，而且因旅游淡、旺季的不同，此类投诉的数量，甚至饭店与旅行社之间的联盟机制都会发生改变。在旅游旺季，饭店自身就具有相对稳定的客源和收入，对旅行社的依赖性相对较低，此时掌握主动权的饭店所提供的服务质量会有所降低，旅游者投诉会随之增加。而二者的联盟机制也会因为缺乏足够的保障而出现其他问题，有的饭店甚至会主动退出联盟。而当旅游淡季来临时，饭店需要旅行社提供稳定的客源，所以饭店为了加强联盟的紧密关系会提供更好的餐饮和服务，投诉也会随之减少。这恰恰就是供需矛盾在结构和时间方面的体现。同样，在旅行社与景区、旅游者与旅行社之间也经常存在此类问题。

第四，与其他被投诉对象相比，购物投诉成为2015年上半年全国旅游被投诉对象中继旅行社和景区之后的第三位，其增幅十分明显。这说明每年增加的投诉可能是针对不同的对象，只要有新的问题出现，旅游者总会找到令他们不满的地方。另外，随着旅游者经济收入的增加以及消费观念的改善，购物在旅游者的旅游需求中所占据的地位越来越重要，旅游购物需求的增长也会引起与购物相关的投诉数量增加。

**2. 利益分配不均衡引发的供需矛盾**

各种投诉说明在区域旅游业发展过程中利益分配不均衡的问题经常

---

① 《九寨沟游客昨滞留5小时》，http://news.163.com/13/1003/04/9A81ICQB00014AED.html。
② 《青岛旅游热线投诉：旅行社降七成，酒店增三成》，http://www.sd.xinhuanet.com/news/2013-10/04/c_117592833.html。

出现在各利益相关者之间。我国旅行社取得的最终收益并没有像旅行社的数量一样因21世纪以来我国旅游业的迅猛发展而出现大幅度增长（见表3-5）。

表3-5 我国旅行社企业经济效益发展情况

单位：家，%

| 年份 | 数量 | 同比增长率 | 净利润率 |
| --- | --- | --- | --- |
| 2000 | 8993 | 22.75 | 2.22 |
| 2001 | 10532 | 17.11 | 2.08 |
| 2002 | 11552 | 9.68 | 1.68 |
| 2003 | 13361 | 15.66 | -0.03 |
| 2004 | 15339 | 14.80 | 0.30 |
| 2005 | 16846 | 9.82 | 0.11 |
| 2006 | 18475 | 9.67 | 0.41 |
| 2007 | 19720 | 6.74 | 0.66 |
| 2008 | 20691 | 4.92 | 0.51 |
| 2009 | 21649 | 4.63 | 0.64 |
| 2010 | 22784 | 5.24 | 0.54 |
| 2011 | 24840 | 9.02 | 0.53 |
| 2012 | 24944 | 4.19 | 0.51 |
| 2013 | 26054 | 4.45 | 0.48 |

资料来源：中华人民共和国国家旅游局《中国旅游统计年鉴（2014）》，中国旅游出版社，2014。

从趋势上看，旅行社的净利润率并没有与旅行社数量呈现同样的增长趋势，这表明其他企业的利益分配的协调会对旅行社的净利润产生影响。此外，旅游服务供应链的整体利润也在缩水，比较明显的标志就是在净利润的增加程度上，旅游服务供应链中的其他企业与旅行社出现了比较相似的情况。在收益的增长态势上，旅游中介机构始终处于同比正增长，但仍显得与旅游业的整体发展势头十分不相称。饭店、交通、旅行社等旅游服务供应链中的企业的收益因缺乏足够的相互激励、利益分配不均衡等问题的存在而增长十分有限。利益的缺失导致旅行社数量的增长幅度也相对较小，这一点可以从2008~2013年的数据中看出。

表3-6中的数据反映出旅游服务供应链中存在利益分配不均衡现象。

表3-6  2011~2013年各类企业的净利润率

单位：%

| 项目 | 2011年 | 2012年 | 2013年 |
| --- | --- | --- | --- |
| 旅行社 | 0.64 | 0.05 | 0.32 |
| 星级饭店 | -0.63 | 0.02 | 0.06 |
| 景区 | 11.74 | 9.07 | 10.23 |
| 其他旅游企业 | 11.55 | 6.95 | 8.65 |

资料来源：中华人民共和国国家旅游局《中国旅游统计年鉴（2014）》，中国旅游出版社，2014。

在认真分析了整个旅游服务供应链中的相关企业十几年的净利润率等数据后，本书发现，由利益分配不均衡引发的供需矛盾主要表现在如下三个方面。

第一，旅行社与景区。首先，景区的地域和资源条件在市场中的不可替代性决定了其市场交易的垄断性，其次，景区与旅行社相比实力更强、势力更雄厚、规模效益更大、谈判能力和协同能力也更强大，旅行社难以与之抗衡。此外，受信息不对称等多种原因的限制，旅行社无法深入了解景区的价格机制，因此旅行社想要达到降低成本的目的，仅通过采购集团化、规模化的方式是难以实现的。因此无论是在二者各自利益最大化时，还是在二者联盟利益最大化时，要实现二者之间的利益均衡都非易事。

第二，旅行社与导游。在实际情况中，旅游者在旅游活动中消费的提成和回扣是带团导游的主要收入来源，导游从旅行社那里得到的报酬十分有限，有的甚至没有。但这种收益有显著的不确定性，为了增加高收益情形出现的概率，导游往往会利用信息不对称来对游客施加主观影响，这时候所谓的"道德风险"就非常容易发生。导游不得指定具体购物场所、不得安排另行付费旅游项目等内容在2013年10月1日正式实施的《旅游法》中被明文规定后，各旅行社纷纷推出无购物团、全玩团等高团费旅行团，将聘请导游的费用一并转嫁到旅游者身上①。

第三，旅行社与其他服务部门。旅行社在旅游淡季的收入是依靠与其他服务部门合作来实现的，其他服务部门将部分旅游产品或服务以比较优惠的价格或一定的折扣比例出售给旅行社，旅行社再将这些旅游产品和服务转售到旅游者手中，其中的差价就是旅行社的利润。同时，饭店、景区和交通公司等部门为了在旅游淡季同样能获得稳定的客源以维持其经营运转，非常渴望能够与旅行社合作，在这种平衡机制的作用下，旅游市场得以平稳且有秩序的运转。而在旅游旺季，景区、酒店、交通公司等部门掌握了合作主动权，它们在部分履约甚至毁约的情况下仍可以得到足够的客源、获得理想的收益，在这一时期，淡季平稳的平衡机制就显得十分脆弱。而旅行社不得不为了生存继续去寻找其他的合作伙伴，导致整个市场秩序又变得十分混乱和复杂。

## 四　本章小结

首先，本章在对国内外有关旅游利益相关者的研究进行梳理的基础上，结合旅游开发涉及人类组织因素（政府、开发商、居民等）和非人类因素（资源、环境等）的特点，从广义上根据旅游开发涉及的行业领域、影响程度和方式等，将旅游开发利益相关者划分为核心层、支持层和边缘层三个层次；其次又对区域旅游服务供应链核心利益相关者进行了分类，并阐述了各核心利益相关者的利益诉求；最后，对他们之间的主要利益冲突利用案例和数据做了介绍并进行了原因分析，最终将原因归纳为由旅游信息不对称和利益分配不均衡两方面引起的供需矛盾。

---

① 《〈旅游法〉十一实施　导游再也不能只当导购》，http://henan.sina.com.cn/finance/y/2013 - 10 - 02/139 - 40823.html。

# 第四章 联盟的形成机制探讨

由于社会分工的进一步深化，许多企业或机构参与到旅游业的合作与竞争之中。随着人们生活水平的不断提高，居民的旅游热情也在不断攀升。旅游者对旅游业的响应速度提出了更高的要求。旅游者对旅行社的要求已经不是简单地提供传统的旅游服务，旅游者更希望旅行社能够为其提供个性化的定制服务，满足自己和别人不一样的旅游需求。由单一企业来为旅游者提供所有的服务，对企业的经营成本会产生极大的压力，同时对企业发展其核心特色业务产生不利的影响，不利于企业在激烈的竞争环境中生存和发展。因此，区域旅游服务供应链联盟内的企业需要跳出自身生存和发展的狭隘视角，把视野放在整个供应链运作之中，考虑整个旅游服务供应链的服务增值问题，促进整条旅游服务供应链成本的降低和企业间信息共享水平的提高，最终实现服务水平的提高。为了达到这一目标，供应链内的旅游企业需要建立长期稳定的战略合作伙伴关系，亦即形成联盟。

## 一 联盟的形成动因和特点

随着我国市场经济改革的进一步深入，我国的旅游行业迅速发展，旅游企业之间的合作在不断加深、合作形式也在不断变化。其中应用比较广泛、效果比较突出的合作形式就是区域旅游服务供应链联盟。随着行业的发展，这一合作形式的内容逐渐完善、效果逐渐受人关注。而且，旅游服务供应链上各旅游企业一直处于合作与竞争的状态。在这种模式下，各旅游企业在兼顾自身的核心业务发展的同时，还要与其他企业形成联盟，以实现收益最大化的目标。所以，对于区域旅游服务供应链联盟来说，开展合作并协调好利益相关者的关键就是要先探寻其形成的原因和特点。

另外，除开发商外，本书针对作为区域旅游业核心利益相关者的政府、旅游者和当地居民在区域旅游服务供应链联盟中的地位和作用，做出如下说明。政府更多的是作为旅游开发过程的监督者、协调者和管理者，目的是获取社会利益，所以一般不参与经济利益的分配。即使政府是促成者或主导者，也应从经济利益分配中剥离出来，因为区域旅游服务供应链联盟的成功可以提高当地的税收，从而间接为当地政府提供经济利益。旅游者虽然是整个旅游服务供应链联盟的重要驱动因素，但其收益主要体现在对旅游体验的获取，因此也不参与区域旅游服务供应链联盟的利益分配。而当地居民的收益可以通过旅游目的地的景区门票、旅游饭店、旅游商店等途径获得，因此把当地居民的收益划归为旅游目的地的收益。

### （一）上下游企业关系的界定

通过对"旅游服务供应链的构成要素"的相关文献进行研究，并结合本书第三章的研究，本书认为有四类上下游企业存在于区域旅游服务供应链系统中，它们是：运输服务子系统、中介服务组织子系统、旅游服务需求子系统和旅游目的地子系统。各子系统相互交换信息、物质、能量，组成共赢的关系，一起提供服务给旅游服务的需求者。而在这个大系统里，存在着一条旅游服务供应链（见图4-1）把这四者紧密地联系在一起：从未成行的旅游者到旅行社，再从旅行社到地接社，最后到旅游目的地（为了阐述得更清楚，中间略去了许多中介机构或代理组织）。其中，未成行的旅游者可视为原材料的供应商，旅行社可视为制造商，地接社可视为销售商，经过分类的不同偏好的旅游者可视为产品，旅游交通企业可视为物流企业，旅游饭店或旅游商店可视为仓储中转中心，旅游目的地可视为最终消费者。

```
       采购旅游        订单(预期         订单(预期
        需求          接待量)          接待量)
┌─────┐  →  ┌─────┐  →  ┌─────┐  →  ┌─────────┐
│未成行的│     │旅行社│     │地接社│     │旅游目的地│
│旅游者 │  ←  └─────┘  ←  └─────┘  ←  └─────────┘
└─────┘
       提供旅游        供货(实际        供货(实际
        需求          接待量)          接待量)
```

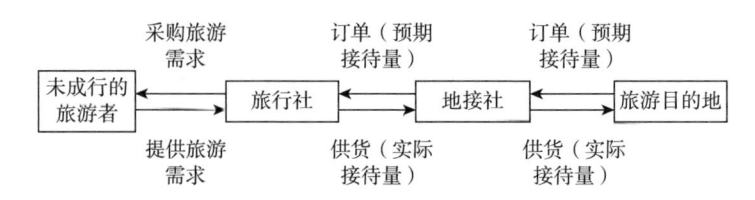

**图 4-1　旅游服务供应链系统模型**

所以，为了更好地揭示旅游服务供应链联盟形成的动因，本书从五个角度来探讨旅游服务供应链中的上下游关系。

第一，旅行社和未成行的旅游者。旅行社可被视为供应链中的制造商，而未成行的旅游者在整个供应链中可以被看作原材料的供应商。故在该段旅游服务供应链中，下游节点就是旅行社，而上游节点就是未成行的旅游者。下游制造商从上游供应商中采购旅游需求，而上游供应商为下游制造商提供旅游需求。

第二，地接社和旅行社。在这一段旅游服务供应链中，可以把地接社视为销售商，把旅行社视为制造商。那么可以简单地得出上游节点是旅行社，而下游节点是地接社。预期的旅游接待量，即订购旅游接待量，是由下游地接社向上游旅行社发出订单而形成的；而上游旅行社为下游地接社提供实际的旅游接待量，也就是提供参与旅游活动的旅游者信息。

第三，旅游目的地和地接社。在这一段旅游服务供应链中，旅游目的地可被视为最终消费者，而地接社可被视为销售商。在这一段旅游服务供应链中，下游节点是旅游目的地，上游节点是地接社。预期的旅游接待量，即订购旅游接待量，是由下游旅游目的地向上游地接社发出订单而形成的；上游地接社为下游旅游目的地提供实际的旅游接待量，即提供参与旅游活动的旅游者信息。

第四，旅游交通企业和旅行社。在这一段旅游服务供应链中，本书将旅游交通企业视为物流企业，把旅行社视为制造商。在这一段旅游服务供应链中，旅游交通企业处于供应链下游，根据上游旅行社提供的旅游者数量信息，利用铁路、公路、轮船和航空这四种运输方式，将旅游者在客源地和旅游目的地之间往返运输；旅行社处于供应链上游，为旅游者提供办理旅游交通的各项旅行手续、安排交通等服务,向旅游交通企业提供实际的旅游接待量,即提供参与旅游活动的旅游者信息。

第五,旅游饭店、旅游商店和地接社。在这一段旅游服务供应链中,本书把旅游饭店或旅游商店视为仓储中转中心,而把地接社视为销售商。在这一段旅游服务供应链中,旅游饭店或旅游商店处于供应链的下游节点,根据上游提供的旅游者数量信息,负责提供旅游者从客源地到旅游目的地之间所需要的食、宿、购等方面的服务;地接社处于供应链上游节点,为旅游者提供办理各项食宿手续、安排食宿等服务,向旅游饭店或旅游商店提供参与旅游活动的旅游者信息,即提供实际的旅游接待量。

综上所述,在不同的关系中处于供应链的不同位置的,是区域旅游服务供应链中的各个旅行社、地接社。其中,地接社既可作为旅行社的"分销商",又可为旅游目的地提供旅游者信息,从而成为旅游目的地的"供应商"。同样,旅行社在供应链中既可以扮演旅游需求"分销商"的角色,又可作为旅游服务供应链中的"资源整合者",成为为地接社提供客流信息的"供应商"。其他情况以此类推。

## (二)联盟的动因分析

社会生活的多样性导致旅游者的需求趋于多样化。旅游者对于需求响应的期望越来越高,区域旅游服务供应链中的各企业之间的竞争也愈加激烈。一方面,旅游者要求旅游服务供应链提供传统的旅游服务;另一方面,旅游者对于个性化、差异化的要求也日渐增多。随着全球经济一体化和服务外包的发展,考虑到高昂的经营成本,旅游服务供应链中没有任何一个企业愿意满足旅游者的所有需求。这必然造成对企业长期发展和企业自身核心业务发展的不利影响。

因此,出于对供应链总成本的降低、竞争关系的改善、顾客服务水平的提升、信息共享水平的提高等因素的考虑,供应链中各企业都希望从供应链的角度来思考其在供应链中的重新定位。通过案例分析和实证调研,本书认为区域旅游服务企业联盟的动因主要有下面四个。

第一,系统优化。旅游服务供应链中各旅游企业的共同目标就是整体优化。不管是过去还是现在，追求自身利益最大化始终都是区域旅游业中各企业的奋斗目标。对供应链中的中介机构的工作机制进行研究后发现，区域企业间的合作具有一定的可操作性，各方都存在联盟合作的动力。旅游企业建立的联盟的多样性是由旅游消费异地性、产销同步性这两大旅游业的特点决定的。旅游服务供应链的各个环节都体现了这种多样性。营销与管理、服务生产、研究开发是旅游企业经营运作的三大环节。但它们不会在一个旅游企业中单独表现出来，三者往往交织在一起。每个企业都有其所长，在联盟之中各企业都能取长补短，找到各自的核心竞争力并彼此展开合作，在实现自身的长远发展的同时为整个供应链创造最大的效益。所以，促进旅游服务供应链整体优化的途径就是实现企业联盟。

第二，资源利用。旅游企业具有业务范围广、复杂度高、关联度高等特点。一个旅游企业很难在经营所需的各种资源上都取得行业优势。旅游企业会为了弥补自身某些方面的劣势而付出高昂的代价，但又得不到合理的收益。因此，旅游企业往往会在高附加值的环节上集中有限的资源。目的就是强化核心竞争力、发挥自身优势，进而得到最大的收益。为实现这一点，企业可以选择外包或建立委托-代理关系。通过企业联盟经营，企业可以在保持自身的核心竞争力的前提下，提高自身参与合谋的能力。这样可以有效弥补旅游服务供应链中各旅游企业的资源短板，提升竞争力。

第三，交易成本。为了减少交易成本，区域旅游服务供应链中的上下游企业通常会采用共同销售或独占交易的方法。旅游企业依托各种旅游资源或旅游产品向旅游者提供各种服务和产品，满足旅游者旅途中的各种需求。出于利益最大化的考虑，企业必须选择符合自身的交易方式，分割交易产品，同时在这个过程中对企业与其他旅游企业之间的关联交易费用进行统计，等等。例如，旅行社要推出一个旅游产品，就必须和其他相关企业产生关联。所以必须考虑这些关联所产生的费用的处理方式，是摊派还是转移，旅行社可根据实际情况进行选择。而且，某些企业必然要付出相对较高的经营成本。因为各企业定位不同，企业之间差异可能较大，况且单个旅游企业不可能提供旅游者在整个旅游过程中所需的各种服务。所以，能有效地降低旅游服务供应链中各企业交易成本的经营方式就是联盟。

第四，市场需求。根据国内外的旅游业发展史，在初级阶段的旅游市场中，旅游者的旅游需求比较简单，并且其购买欲也不是很旺盛。旅游资源成为各个旅游企业竞相争夺的焦点。市场中最主要的竞争手段不再是单一的门票战，而是各企业通过所掌握的旅游资源的比较优势、差异和价格来提高其市场份额。但随着旅游市场日渐成熟，其规模在不断扩大，个性化、定制化的需求日渐成为市场的一大特征。占有细分市场已经取代了旅游资源的争夺，成为旅游企业之间的竞争重点。旅游企业不再简单地靠价格来吸引顾客，而是通过分析影响旅游供需的诸多因素，通过整合旅游资源、塑造旅游形象、吸引旅客、激发旅游需求等，将企业的竞争优势和核心竞争力发挥出来。因此，联盟的形成不仅有助于提升旅游企业满足旅游者需求的能力，还有助于提高各旅游企业适应激烈多变的旅游市场的核心竞争力，增强它们的自身生存能力。

### （三）联盟的特点

随着世界旅游市场的快速发展，旅游服务供应链联盟涉及的行业越来越多，形式也越来越多。根据前文的分析，提高旅游服务供应链的整体效率、消除旅游企业间的恶性竞争，需要旅游企业进行分工和合作。换言之，就是旅游企业间形成正式的联合或非正式的联合、结成战略合作或合作伙伴关系。所以，旅游服务供应链联盟具有如下特点。

第一，灵活性。能够抓住短期的市场机会，并及时满足各种旅游需求是旅游服务供应链联盟构建的基础。如果市场需求消失，联盟也随之解散。所以各旅游企业在经营过程中要有灵活适应的能力。

第二，虚拟性。旅游服务供应链联盟是利用现代IT技术打破原有的经营限制，通过资源共享，实现整条供应链资源的优化配置，使每个参与的旅游企业的功能得到延伸。虽然联盟增加了管理层次，但由于其虚拟性，并没有增加运营成本，因此消除了联盟的负面影响。

第三，独立性。联盟是在旅游服务供应链中各企业的产权不发生转移的前提下实现的。所以，企业成员都有独立自主性，对于与联盟项目无关的经营项目，无须顾忌。而且一个企业可以同时参与多个联盟组织。

综上所述，分析区域旅游业中各项活动的成本与收益对于每个企业来说都非常重要，尤其是从整个旅游服务供应链联盟的角度来看。企业从中找到自身的核心竞争力业务和短板业务，进而决定经营的方式，为寻找与自己业务互补的合作伙伴提供决策基础。一方面，要让这种合作伙伴关系转化为企业的长期战略，另一方面，要在降低成本的同时不断提高自身服务水平，增强企业获利能力和竞争力。

## 二 联盟的风险分析

根据旅游利益相关者的诉求分析，即使他们结成动态联盟，也可能会因为各自利益诉求的不同而使合作产生许多风险。矛盾会始终存在于联盟中各合作企业之间，这些矛盾和摩擦使得整条供应链的管理和协作变得复杂，并产生一种旅游服务供应链联盟所特有的风险，主要表现为如下几点。

### （一）信息保留风险

旅游服务供应链联盟的成员在合作过程中，由于各自追求的利益不同，为了防止泄露自身的核心竞争力都会选择对自己的核心业务进行保密，这样就会产生一种后果，就是联盟内部信息保留。为了尽可能地获得市场和确保资源供应，成立旅游服务供应链联盟是最好的选择。一旦联盟某个参与企业没有或缺乏某种资源，通过联盟就可以迅速地从其他参与企业中得到补给和供应，联盟的效应显而易见，合作也就顺理成章。联盟成立后，理想状态是联盟各方在合作过程中能够毫无保留，各方都能在合作中获得自己想要的资源或者最大化的收益。这样，既增加了企业之间相互沟通的渠道，又增进了企业之间的相互了解。但是在联盟的运行中，企业机密信息的泄露是每个成员企业在联盟过程中最担心的事情之一。因为企业的竞争对手在市场中是无处不在的。考虑到可能导致的竞争优势的丧失，机密信息的适当保留成为联盟中的不争事实，这样会使得联盟目标的实现变得困难。

### （二）核心能力外溢风险

在旅游服务供应链联盟的过程中，成员企业的核心能力容易外溢给联盟的其他成员。就拿创新来说，某些旅游产品是不同于有形产品的，这给旅游产品防止创新被模仿增加了难度。旅游产品的营销策略也是如此。因此，在组建旅游服务供应链联盟时，由于参与联盟的成员企业或在同地区，或是同行业，潜在的竞争关系是存在的，核心能力外溢的风险也是成员企业必须面对的。

### （三）收益分配风险

旅游服务供应链联盟的成员企业可能会做出破坏联盟内部收益平衡的行为，原因在于每个企业都有寻求自身利益最大化的本能。联盟时所取得的总收益分成两部分，一部分是共享的，用来维持联盟的运作，另一部分则是用来分配的，这是为了满足各成员企业自身利益需求。分配结构和分配方式是联盟成立时各成员企业共同约定好的。根据本书的调查，安徽省某旅游目的地，就旅游开发总公司的门票收入，最初与地方政府达成如下分配协议：地方政府分得4%，当地村委会分得1%，当地居民获得的补贴只有人均每年15元。这明显不利于当地居民的利益。由于当地居民强烈反对，经过反复商榷，对分配协议进行了修改：地方政府分得3.4%，当地村委会分得1%，当地居民分得8%。江西省也有类似情况，有的企业为追求自身利益最大化，损害联盟共同利益，导致联盟整体利益的损失。

### （四）违约风险

如果旅游服务供应链联盟中的成员企业单方面违约，突然宣布从联盟合作中退出，就会引起违约风险。例如联盟形成后，某一成员企业获得了更好的投资机会，为使得收益最大化，那么其就会单方面选择不执行联盟合约，这将会给整个旅游服务供应链联盟带来相当严重的后果。

### （五）合作伙伴选择风险

在组建旅游服务供应链联盟之前，旅游企业由于缺少有效的信息获取渠道，对合作企业缺乏必要的了解，这导致经营决策存在很多的不确定性，很大程度上影响了组建旅游服务供应链联盟时市场机遇的识别和合作伙伴的选择。如果在构建旅游服务供应链联盟的准备过程中，旅游企业对这些可能存在的不确定性不加以重视，将会影响联盟的最终成功。

## 三　联盟的牛鞭效应问题

旅游服务供应链的有效运作很大程度上受到一些因素的影响和制约，诸如联盟中企业间的合作竞争关系、系统资源的配置、信息共享的程度等。整个供应链上的企业会因为牛鞭效应的存在对市场需求变化产生过激反应，尤其是位于供应链上游的企业受牛鞭效应的影响最大，这些企业易受需求波动影响。对需求的这种过激反应将极大地影响上游企业以及相关经济系统的正常运作，造成供应链运作的低效。这种低效在旅游业表现为景区资源配置的不合理、旅游目的地旅游者爆满或匮乏、旅游项目规划变动频繁、旅行社等企业风险抵御能力低下、高额的旅游目的地经营成本等。

### （一）牛鞭效应的定义及其研究方法

自 Forrester 描述牛鞭效应概念以来，人们意识到牛鞭效应会导致供应链经济效益整体表现低下，造成供应链系统运作低效[1]。麻省理工学院教授 Sterman 的著名的"啤酒销售流通试验"指出，需求信息传递失真的主要原因来自三个方面：错误的需求估计、节点之间信息的不对称、

---

[1] 参见 Forrester, J. W., *Industrial Dynamics* (Massachusetts Institute of Technology Press, 1961)。

最大化自身利益的追求。在削弱牛鞭效应的办法中,运营策略制定和系统化思考被认为是关键的两个方面①。

**1. 牛鞭效应的定义**

对于牛鞭效应这个概念国际上还没有统一的定义,但牛鞭效应最经典的定义是由 Lee 等提出的②。所谓牛鞭效应(Bullwhip Effect),是指处于供应链上游的供应商获得的需求量相比下游的销售商,尤其是终端顾客具有更大的方差,即需求信息沿着供应链向上逐级失真并被扭曲放大,最终导致供应链最上游的供应商所获得的订货量的波动程度远远大于最下游顾客的实际需求量的波动程度的现象(见图 4-2)。

牛鞭效应可形象解释为:和我们在挥动鞭子时一样,轻轻用力挥动,在鞭子的末端就会形成较振幅大的摆动。在各类生产领域和经济系统中都存在这种需求放大的现象,这也加大了企业维持生产运营和经济系统稳定发展的难度。

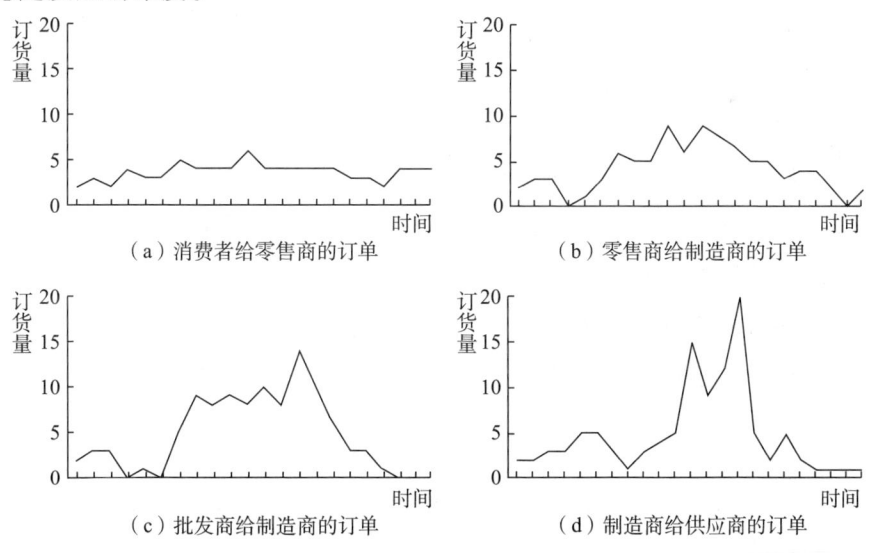

图 4-2 供应链中的牛鞭效应现象

---

① Sterman, J. D., "Modeling Managerial Behavior: Misperceptions of Feedback in a Dynamic Decision Making Experiment", *Management Science*, 35 (3), 1989, pp. 321-339.

② Lee, H. L., Padmanabhan, V., Whang, S., "Information Distortion in a Supply Chain: The Bullwhip Effect", *Management Science*, 43 (4), 2009, pp. 282-299.

导致牛鞭效应产生的因素有很多，它们之间的关系也很复杂，并且会影响到整个供应链运作。由于牛鞭效应，需求信息被逐级放大，处于上游的供应商不得不保持比实际需求更高的库存水平。

随着研究的深入，对牛鞭效应的研究更加细化，并且研究成果也被成功运用到信息技术、交通运输等工程领域和方向。牛鞭效应的分析研究中也广泛采用了工程技术里面的一些方法。Holweg 和 Disney 在匈牙利首都布达佩斯举办的欧洲运营管理协会国际会议上（the European Operations Management Association，EuroOMA），总结了供应链牛鞭效应研究的进展情况，大约分成了六个时期①。

1961 年 Forrester 在对供应链系统进行系统动力学仿真建模分析时，首次发现了牛鞭效应的存在，这一研究具有开创性②。Burbidge 的贡献在于提出了工业动力学定律③。Sterman 通过 MIT "啤酒游戏"，认为在供应链运作管理中，拥有系统思维是非常重要的④。Lee 等对牛鞭效应的成因进行了定量研究，运用数理统计的方法进行分析研究，将造成牛鞭效应的因素总结为四种（需求信号处理、订单批量、价格波动和短缺博弈），并针对这四种因素提出了可能的解决策略⑤。

牛鞭效应的后果是企业生产安排不当（规模过大或过小）、运输不合理、库存过多、供求脱节、企业对市场反应慢、客户满意程度下降、整个供应链的收益减少。

**2. 牛鞭效应的研究方法**

随着学者们对牛鞭效应问题不断深入的研究，研究方法和研究视角

---

① Holweg, O. M., Disney, S. M., The Evolving Frontiers of the Bullwhip Problem（Proceedings of the EuroOMA 2005 Conference, London, UK: EuroOMA, 2005）, pp. 707 - 716.

② 参见李刚、汪寿阳、于刚、阎洪《供应链中牛鞭效应与信息共享的研究》，湖南大学出版社，2006。

③ Burbidge, J. L., "Five Golden Rules to Avoid Bankruptcy", *Production Engineer*, 62 (10), 1983, pp. 965 - 981.

④ Sterman, J. D., "Modeling Managerial Behavior: Misperceptions of Feedback in a Dynamic Decision Making Experiment", *Management Science*, 35 (3), 1989, pp. 321 - 339.

⑤ Lee, H. L., Padmanabhan, V., Whang, S., "The Bullwhip Effect in Supply Chains", *Sloan Management Review*, 38 (3), 1997, pp. 93 - 102.

层出不穷。本书经过分析,认为研究牛鞭效应的分析方法主要有以下几类:传统数理统计学方法、系统控制理论方法、博弈理论和复杂系统理论方法。

(1) 传统数理统计学方法

在牛鞭效应的形成因素、存在性和影响因素方面,学者们运用传统数理统计学方法在该领域展开了研究。学者们对牛鞭效应的分析研究通常都是利用现实企业的销售数据和需求数据进行的。在现阶段,传统数理统计学方法多运用于牛鞭效应影响因素分析,如 Dhahri 和 Chabchoub 用自回归整合移动平均(ARIMA)模型对需求、库存水平、订单数量进行预测,并将这些数据用于对供应链牛鞭效应的测量[1]。Li 等也是采用自回归整合移动平均模型对最终消费者的需求进行预测,并对牛鞭效应进行仿真模拟[2]。李刚等设计了一种 LYW 预测方法,这种方法适用于一般需求过程的供应订单,运用这类方法可以获得与信息共享相同的绩效提升[3]。

(2) 系统控制理论方法

Simon 是第一位将控制理论中的某些方法运用到实际的生产管理和库存控制中的人,他主要运用 Laplace 变换进行分析[4]。在此之后,在 Simon 的基础上,许多研究者又把离散 Z 域变换运用到其中[5]。但通过文献对比来看,Laplace 变换的应用领域要比离散 Z 域更广。并且,随着传递函数技术的运用,学者们在补货规则和库存波动两个研究领域中也取得

---

[1] Dhahri, I., Chabchoub, H., "Nonlinear Goal Programming Models Quantifying the Bullwhip Effect in Supply Chain Based on ARIMA Parameters", *European Journal of Operational Research*, 177 (3), 2007, pp. 1800–1810.

[2] Li, G., Wang, S., Yan, H., et al., "Information Transformation in a Supply Chain: A Simulation Study", *Computers & Operations Research*, 32 (3), 2005, pp. 707–725.

[3] 参见李刚、汪寿阳、于刚、阎洪《供应链中牛鞭效应与信息共享的研究》,湖南大学出版社,2006。

[4] Simon, H. A., "On the Application of Servomechanism Theory in the Study of Production Control", *Econometrica*, 20 (2), 1952, pp. 247–268.

[5] 参见 Elmaghraby, S. E., *The Design of Production Systems* (New York: Reinhold Publishing Corporation, 1969)。

了较大进展①。如 Towill② 在 Coyle③ 的研究基础上，利用库存和订单化生产控制系统（IOBPCS），采用框图的形式构建起了模型库存，并不断对该模型进行修正与拓展，最终形成 IOBPCS 模型体系。Agrell 和 Wikner 主要是对 IOBPCS 进行实证研究，他们研究了该动态系统的反应速度和反应平滑性，通过研究设计出一般的多准则决策方法④。Disney 和 Towill 主要研究了离散 APIOBPCS 模型的一个特例，并从该研究中找到削弱牛鞭效应的方法，即增加预测的平均时长和缩短交货时间⑤。Zhou 等在连续 APIOBPCS 模型的基础上，针对同时包含生产和再制造过程的混合系统进行深入研究⑥。Disney 和 Towill 研究了单生产商单分销商的供应商库存管理（VMI）问题，在研究过程中借助了离散 APIOBPCS 模型⑦。Perealópez 等在研究中主要运用的是连续 APIOBPCS 模型，研究方式是从信息流和物质流这两个角度出发对系统进行描述和研究⑧。孙琪霞等以 APIOBPCS 模型为基础，对牛鞭效应成因进行分析，他们结合需求信息预测，认为信息共享能够有效地削弱牛鞭效应的影响，但不能完全消除牛鞭效应，他们的研究对象是由制造商、分销商和销售商构成的三级供应链网络⑨。

---

① Lin, P., Wong, D. S, Jang, S., "Controller Design and Reduction of Bullwhip for a Model Supply Chain System Using Z-Transform Analysis", *Journal of Process Control*, 14 (5), 2004, pp. 487 – 499.
② Towill, D. R., "Dynamic Analysis of an Inventory and Order Based Production Control System", *International Journal of Production Research*, 20 (6), 1982, pp. 671 – 687.
③ 参见 Coyle, R. G., *Management System Dynamics* (John Wiley & Sons Australia, Limited, 1977)。
④ Agrell, P. J., Wikner, J., "An MCDM Framework for Dynamic Systems", *International Journal of Production Economics*, 45 (1 – 3), 1996, pp. 279 – 292.
⑤ Disney, S. M., Towill, D. R., "On the Bullwhip and Inventory Variance Produced by an Ordering Policy", *Omega*, 31 (3), 2003, pp. 157 – 167.
⑥ Zhou, L., Naim, M. M., Tang, O., Towill, D. R., "Dynamic Performance of a Hybrid Inventory System with a Kanban Policy in Remanufacturing Process", *Omega*, 34 (6), 2006, pp. 585 – 598.
⑦ Disney, S. M., Towill, D. R., "A discrete Transfer Function Model to Determine the Dynamic Stability of a Vendor Managed Inventory Supply Chain", *International Journal of Production Research*, 40 (1), 2002, pp. 179 – 204.
⑧ Perealópez, E., Grossmann, I. E., Ydstie, B. E., et al., "Dynamic Modeling and Decentralized Control of Supply Chains", *Industrial & Engineering Chemistry Research*, 40 (15), 2001, pp. 3369 – 3383.
⑨ 孙琪霞、朱青、史成东：《信息共享对企业供应链牛鞭效应影响的研究》，《中国商贸》2010 年第 25 期，第 248 ~ 249 页。

(3) 博弈理论方法

博弈理论方法主要用于研究供应链中成员间的协调机制。如孙洪杰以防范供应链信息失真为目标，对供应链的激励机制进行博弈分析，并对信息传递失真导致的牛鞭效应进行详细分析[①]。刘卫华和文明刚以博弈论为理论基础，研究了在实际情况中有效降低牛鞭效应的方法和措施[②]。Özelkan 等研究了在存在牛鞭效应的情况下，供应链运作中影响价格形成的因素，在研究中重点运用时序价格博弈理论对这些因素进行研究分析，他们认为在市场需求确定的情况下存在价格水平的逆牛鞭效应和零售价格波动扩大这两种现象[③]。张宇和程梦来从短缺博弈的角度分析了牛鞭效应的产生原因，并以市场上广泛存在的委托－代理理论中的道德风险作为切入点，找到控制牛鞭效应的措施[④]。李旭东和吴毅洲重点研究了在信息内外协同模式与内外协同采购模式这两种情况下缓解和消除牛鞭效应的措施[⑤]。

(4) 复杂系统理论方法

供应链系统是一个由供应商、制造商、销售商以及最终客户组成的系统，这是一个复杂的系统，尤其是供应链中各成员之间关系十分复杂，并且供应链系统既然作为一个系统就必然会与外界发生联系，这也决定了供应链系统具有一般复杂系统特征，如动态性、非线性和不确定性等[⑥]，所以有些研究借助复杂系统理论方法来对供应链牛鞭效应进行研究。如 Larsen 等对 Sterman 的订货规则做了更为详细修改，并在这些修改中加

---

① 孙洪杰：《供应链信息失真防范的目标激励机制博弈分析》，《重庆大学学报》（自然科学版）2003 年第 12 期，第 117~121 页。
② 刘卫华、文明刚：《供应链中 Bullwhip 效应控制的博弈论分析》，《经济研究导刊》2008 年第 2 期，第 18~19 页。
③ Özelkan, E. C., Çakanyıldırım, M., "Reverse Bullwhip Effect in Pricing", *European Journal of Operational Research*, 192 (1), 2009, pp. 302–312.
④ 张宇、程梦来：《基于委托代理理论的弱化牛鞭效应的对策研究》，《物流科技》2009 年第 12 期，第 142~144 页。
⑤ 吴毅洲、李旭东：《基于内外协同模式的供应链牛鞭效应对策分析》，《现代商业》2009 年第 11 期，第 12~13 页。
⑥ 王丹力、王宏安、戴国忠：《供应链管理的复杂性研究》，《系统仿真学报》2002 年第 11 期，第 1439~1442 页。

入了现实运营中的一些特征，发现调整后的系统会出现周期性、稳定、混沌甚至超混沌四种行为，而且在系统中稳定行为与不稳定行为这两种截然不同的行为会同时出现，并且发现通过对系统中的某些参数进行调节会使系统行为出现一些很难确定的反应①。Qing 等的研究重点在于对供应链系统的建模研究，他们运用的是 MAS 仿真技术，重点研究了供应链成员合作中的协调机制，并得出了一些结论②。徐岗和封云在 N 级供应链系统环境下，利用 Lyapunov 特征指数，分析了在 ARMA（1，1）模型条件下该系统需求过程的特征③。

### （二）联盟中的牛鞭效应

我国旅游业正处于转型时期，供应链管理中很重要的一方面就是实时动态交换必要、有用的信息。在激烈竞争的市场环境中，无论是供应链中的上游企业（饭店、交通、娱乐、旅游景点），还是供应链中的下游企业（旅行社），在生产或供应之前，都需要站在自身的角度对需求做出预测，这样才能使自身的产品符合市场的要求。在需求预测中最重要的莫过于信息，快速和有效地收集信息，对企业来讲就可能得到比别的企业更多的机会。对于上游企业来说，更快捷地获得下游企业的需求信息，就能够更加从容有序地提供低成本、高质量的服务④。

但随着国内旅游业的迅速发展，市场已经从以前的卖方主导变为买方主导，旅游者日渐处于主导地位，旅游者的需求呈现多样化和个性化的趋势，那么旅游企业得到对市场需求的准确预测愈加困难，这主要是因为在当今市场环境下及时获得有效信息的难度加大。

---

① Larsen, E. R., Morecroft, J. D. W., Thomsen, J. S., "Complex Behaviour in a Production-Distribution Model", *European Journal of Operational Research*, 119 (1), 1999, pp. 61 - 74.

② Qing, Z., Renchu, G., Modeling of Distribution System in a Supply Chain Based on Multi-Agents (2001 International Conferences on Info-Tech and Info-Net Proceedings, IEEE, June 2001), pp. 94 - 99.

③ 徐岗、封云：《N 级供应链非线性系统牛鞭效应的 Lyapunov 指数计算》，《物流技术》2009 年第 11 期，第 166~169 页。

④ 李建丽、刘永昌、冯嘉礼：《属性论在供应链牛鞭效应防范中的应用》，《物流技术》2005 年第 10 期，第 21~24 页。

并且由于旅游行业有一定的特殊性，例如旅游产品生产和消费具有同步性、旅游产品具有刚性供给等特征，所以供应链中合作企业之间的信息共享程度对供应链的运作有很大影响。信息的失真和传递不及时将会导致供应链中合作企业之间产生牛鞭效应，将会对这条供应链造成很大的伤害。

旅游服务供应链中的牛鞭效应（见图 4-3）的产生就是在市场上的需求信息沿着供应链从下游企业往上游企业传递的过程中，因为一系列干扰因素，需求被逐级放大的过程，最终导致的结果就是在该条旅游服务供应链上，终端供应商所得到的需求量一般是被放大了的[①]。

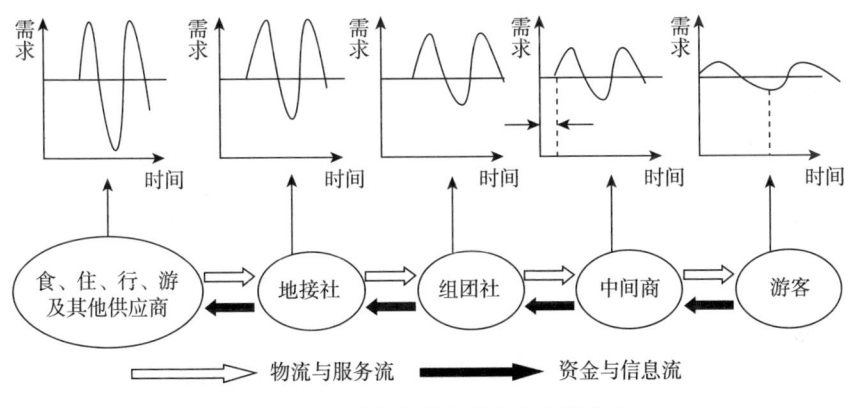

图 4-3　旅游服务供应链中的牛鞭效应

### （三）联盟中牛鞭效应产生的原因

许多旅游公司在对市场上的需求进行考察时，发现其经营过程受到牛鞭效应的影响。把旅游者看作旅游中介的"产品"，那么"产品"生产、推荐和库存这几个关键问题在经营过程中都不能被准确确定，因此，有必要先对旅游服务供应链中的牛鞭效应及其产生的原因进行考察。

自牛鞭效应现象被学者发现以来，学者们对其形成原因进行了深入的研究。牛鞭效应研究的开创者 Forrester 在利用系统动力学对该现象进

---

① 参见李万立《转型时期我国旅游供应链优化机制研究》，硕士学位论文，山东师范大学，2006。

行分析时指出,对牛鞭效应影响最大的因素有两个,一是需求的不可预见性,二是企业对库存进行调整,这两个因素将会导致企业的信息发生一定程度上的扭曲①。Sterman 针对"啤酒游戏"中产生的牛鞭效应现象,利用有限理论对其进行解释,认为牛鞭效应产生的原因主要是供应链中合作企业的不理智决策和其对获得的信息的理解出现偏差②。Lee 等从定量分析的角度对导致牛鞭效应的因素进行了分析,认为每个供应链中的企业做出的决策都是从自身出发、以获得最大的效益为目的,这一行为才是牛鞭效应的根源所在,他们还分析得出导致牛鞭效应的四个主要因素:需求信号处理、产品价格波动、短缺博弈、批量订货决策③。

需求信号处理,是指零售商在销售过程中为确保不发生断货情况,给供应商的订单量一般会比实际的最大销售量高 $\alpha\%$ ,即向其上级批发商下的订单为 $(1+\alpha\%)$ 件;批发商在这种情况下为保证满足零售商的订单要求,也会追加 $\beta\%$ 的订单,也就是批发商向生产商下的订单为 $(1+\beta\%)$ 件;再将实际会产生的毁损、漏订等情况考虑在内,那么生产量将会达到为 $(1+\gamma\%)$ 件。从上述事实可以明确看出,如果供应链的上游企业将其下游企业的订单量作为其市场需求信息的唯一来源,那么在这一过程中就会产生需求被放大的现象,从而使牛鞭效应产生。

短缺博弈,是指当市场上出现供不应求情况时,一般的理性决策就是供应商按照下游销售商订货量对其进行供应。但每个销售商为了保证自己不发生缺货,往往会有意地增大己方的订货量;而当市场需求量变低时,销售商的订货数量将会降到很低的程度。上面这种情况就是典型的短缺博弈行为,这种现象将会扭曲需求信息,这也是牛鞭效应产生的原因之一。

价格波动,是指价格因为市场上各种因素的影响而产生波动,当销

---

① 参见 Forrester, J. W., *Industrial Dynamics* (Massachusetts Institute of Technology Press, 1961)。
② Sterman, J. D., "Modeling Managerial Behavior: Misperceptions of Feedback in a Dynamic Decision Making Experiment", *Management Science*, 35 (3), 1989, pp. 321 – 339.
③ 陶春峰、谌贻庆、徐志:《旅游产业的牛鞭效应及解决方案》,《江西社会科学》2012 年第 12 期,第 56~60 页。

售商因价格折扣所获得的利益高于由于库存而产生的成本时,销售商就会预先多买,这样就会使得销售商的订货量大于实际的需求量,这种情况会使得真实需求信息被掩盖,这种情况也是牛鞭效应的产生的原因。

订货批量决策,是指销售商为了减少订货次数、降低因订货而发生的成本和避免发生断货,订货时通常会按照最佳经济规模加量订货;同样,订货次数过多也会导致供应商的成本增加,因而供应商也通常要求销售商定量或定期订货,这样会使得订货量普遍比实际的市场需求量高,这种情况也是牛鞭效应产生的原因之一。

库存责任失衡,是指市场中"先铺货,后结算"的惯例使销售商得到货物时不需要承担任何物流成本;供应商承担这个过程中的其他相关损失,销售商在整个环节中处于主导地位;并且在实际情况中,销售商为了加速资金回笼、缓解资金的周转压力,也会选择加大订货量,这种库存责任的失衡导致订货需求人为地被放大,这也是引起牛鞭效应的因素之一。

应付环境变异,是指顾客的需求会受购买季节、购买价格、购买心理等因素的影响,从而产生较大幅度波动,这也让企业很难确定市场需求。在这种情况下,销售商会加大订货量,将自己面临的不确定性风险转移给供应商,这种情况也会导致牛鞭效应。

根据对旅游服务供应链的链式结构分析,本书发现其实如果不考虑旅行社对上游的旅游服务商进行多次委托的情况,供应链中的主要企业组成的供应链的层次数量其实很少,这就表明其实旅游服务供应链是一条层次少的短链;但在某一供应链层次中参与的企业比较多,因而它又是一条粗链;并且该供应链中的核心企业离市场实际需求的位置比较近,所以该供应链又是一条紧密链。核心企业越接近市场需求,那么其获得的有效信息量就越大,因而该供应链属于需求拉动型供应链。这种供应链在一般情况下运作效率很高;即便市场中旅游者的需求类型很多,但如果对这些需求仔细分析,供应链就能在某种程度上变成细链。但是在现实的市场环境中,旅行社的大小、数量都是不一样的,容易造成多层委托现象,这使得最终的供应链层次变多。

根据旅游服务的不可存贮性特点，可知其不存在库存堆积现象，所以下文着重从需求信号处理、短缺博弈和价格波动三个方面对旅游行业中的牛鞭效应进行分析。

为了对旅游服务供应链中的牛鞭效应进行分析，本书做出如下假设。

①供应商能在一个固定的交货时间里无限供应。

②过去的需求是真实的而非预测的。

③产品价格固定不变。

④固定订货成本为 0。

**1. 联盟中的需求信号处理会产生牛鞭效应**

随着网络信息技术和电子商务技术的广泛应用，一个基于电子商务平台的旅游服务供应链系统建立起来了，这大大改变了旅游资讯的流动方向和结构。旅游电子商务企业通过各种包括预测模型在内的数学模型，建立了大量平台用于与旅游消费者进行实时互动。在作为旅游消费者实现体验价值的反馈系统的同时，这种跨组织的服务系统也能使各类旅游服务供应商实现价值增值。

如果旅游消费者的需求连续相关，并且可以得出这样的式子：

$$D_t = d + \rho D_{t-1} + u_t \tag{4-1}$$

那么在旅游服务供应链的运行过程中就能形成牛鞭效应。

式（4-1）中，$D_t$ 表示 $t$ 期的需求量。$\rho$ 是一个常数并且满足 $-1 < \rho < 1$。$u_t$ 服从方差为 $\sigma^2$、均值为 0 的正态分布，并且都相互独立。为了保证需求的非负性，要求 $\sigma \ll d$。

假设在一定情况下单位时间内的持有成本用 $h$ 表示，单位订货成本用 $c$ 表示，单位时间内的缺货成本用 $\pi$ 表示，第 $t$ 期的订购数量用 $z_t$ 表示，订货期用 $v$ 表示，在第 $t$ 期的时候订购 $z_t$ 后的库存增加量用 $S_t$ 表示，每一期的成本折扣用 $\delta$ 表示。那么总成本的表达式为：

$$\sum_{t=1}^{\infty} \delta^{t-1} E\{cz_t + \delta^v [h(S_t - \sum_{i=t}^{t+v} D_i)^+ + \pi(\sum_{i=t}^{t+v} D_i - S_t)^+]\} \tag{4-2}$$

其中，$E$ 是数学期望。括号右上标的加号的意义为：当括号中的值小于 0 时，括号中的值为 0，当括号中的值大于 0 时，括号中的值就等于其本身。

故可以得到最小化成本模型：

$$\min \sum_{t=1}^{\infty} \delta^{t-1} E\{cz_t + \delta^v [h(S_t - \sum_{i=t}^{t+v} D_i)^+ + \pi(\sum_{i=t}^{t+v} D_i - S_t)^+]\} \quad (4-3)$$

事实上：

$$\begin{aligned} D_t &= d + \rho D_{t-1} + u_t = d(1+\rho) + \rho^2 D_{k-2} + (\rho u_{k-1} + u_k) \\ &= L = d\frac{1-\rho^k}{1-\rho} + \rho^k D_0 + \sum_{i=1}^{k} \rho^{k-i} u_i \end{aligned} \quad (4-4)$$

在 $t=1$ 时，有：

$$Q_{v+1} = \sum_{k=1}^{v+1} D_k = d\sum_{k=1}^{v+1} \frac{1-\rho^k}{1-\rho} + \frac{\rho(1-\rho^{v+1})}{1-\rho} D_0 + \sum_{k=1}^{v+1} \sum_{i=1}^{k} \rho^{k-1} u_i \quad (4-5)$$

它是一个随机变量，分布函数为正态分布 $N(M, \Lambda)$，其中，

$$M = d\sum_{k=1}^{v+1} \frac{1-\rho^k}{1-\rho} + \frac{\rho(1-\rho^{v+1})}{1-\rho} D_0 \quad (4-6)$$

$$\Lambda = \sum_{k=1}^{v+1} \sum_{i=1}^{k} \rho^{k-1} u_i \quad (4-7)$$

由于：

$$S_1 = Q_{v+1}^{-1} \left[\frac{\pi - c(1-\delta)/\delta^v}{h+\pi}\right] = M + \Lambda \Phi^{-1} \left[\frac{\pi - c(1-\delta)/\delta^v}{h+\pi}\right] \quad (4-8)$$

其中 $\Phi$ 是标准正态分布。

$$z_1 = S_1 + S_0 + D_0 = \frac{\rho(1-\rho^{v+1})}{1-\rho}(D_0 - D_{-1}) + D_0 \quad (4-9)$$

所以：

$$\begin{aligned} var(z_1) &= \left[\frac{\rho(1-\rho^{v+1})}{1-\rho}\right]^2 var(D_0 - D_{-1}) + var(D_0) \\ &\quad + 2\frac{\rho(1-\rho^{v+1})}{1-\rho} cov(D_0 - D_{-1}, D_0) \\ &= \frac{2\rho(1-\rho^{v+1})(1-\rho^{v+2})}{(1+\rho)(1-\rho)^2} + var(D_0) > var(D_0) \end{aligned} \quad (4-10)$$

其中，由于 $D_{-1}$ 与 $u_0$ 之间的独立性，有：

$$var(D_0) = var(D_{-1}) = \sigma^2/(1-\rho)$$
$$var(D_0 - D_{-1}) = 2\sigma^2/(1+\rho) \qquad (4-11)$$
$$cov(D_0 - D_{-1}, D_0) = \sigma^2/(1+\rho)$$

从上面的结果可以知道，当 $0<\rho<1$ 时，$var(z_1) > var(D_0)$ 成立，同时 $var(z_1)$ 在 $v$ 期内服从严格单调递增。这就告诉我们，如果已知需求信号，方差会随着订货量的增大而增大，而且补货的时间决定了方差增大的幅度。在这种情况下就会产生牛鞭效应。

**2. 联盟中的短缺博弈会造成牛鞭效应**

在实际研究的过程中，本书发现在旅游者到旅行社交钱报名—旅行社向地接社提交需求信息—旅游者到达目的地这一过程中，如果地接社用自己预期的接待量表示向旅行社的订货量，那么旅行社会用地接社实际的接待量表示向地接社的供货量。旅游目的地与地接社之间的情况也是这样。如果实际的接待量与预期的接待量之差大于 0，说明旅游资源供大于求，会造成旅游资源的浪费，本书用库存成本来表示旅游资源浪费造成的沉没成本或违约引起的旅游者损失。如果实际的接待量与预期的接待量之差小于 0，则说明旅游资源供不应求，这会造成缺货，本书用机会成本来表示供不应求带来的缺货成本。

通过对旅游服务供应链中供应与需求之间关系的研究，本书可以得到这样的结论：引起旅游供应与需求矛盾和冲突的主要原因有四个。这四个主要原因如下。

第一，旅游资源分布不均匀，局部地区旅游产品重复开发建造，旅游产品开发过度造成生态破坏以及环境污染。

第二，网络信息与实际信息不对称给旅游者造成困扰，旅游服务面临大量投诉。

第三，旅游旺季和淡季等造成景区利益切割不一致的情况。

第四，在实际的旅游服务供应链中，过长的委托 - 代理链让旅游者的利益遭受损失。再者就是旅游服务供应链中同行之间激烈的竞争、政府部门缺乏相应的激励政策，导致整个旅游服务供应链运作效率不高。

鉴于以上几个方面，牛鞭效应就会因为旅游服务供应链中短缺博弈的产生而出现。

本书假设 $n$ 个产品销售商 $S_i(i=1,2,\cdots,n)$ 与 1 个生产制造商 $M$ 共同进行博弈。在第 0 期提出订货量为 $z_i(i=1,2,\cdots,n)$。之后，$M$ 在第 1 期进行供货。$M$ 的输出 $\mu$ 是一个随机变量，分布函数为 $F(\cdot)$。$S_i$ 的分布函数为 $\Phi(\cdot)$。若 $M$ 的 $\mu$ 小于所有 $S_i$ 的 $Q=\sum z_i$，则分配按照 $S_i$ 订货量的比例 $z_i\mu/Q$ 来进行。

该博弈的纳什均衡用 $(z_1^*,\cdots,z_i^*,\cdots,z_n^*)$ 表示。$S_i$ 选择的订货量 $z_i$ 的预期成本用 $C_i(z_1,\cdots,z_i,\cdots,z_n)$ 表示。对所有 $S_i$ 来说，有：

$$z_i^* = \arg\min_{z_i} C_i(z_1^*,\cdots,z_{i-1}^*,z_i,z_{i+1}^*,\cdots,z_n^*) \tag{4-12}$$

一阶必要条件为：

$$\frac{\mathrm{d}C_i}{\mathrm{d}z_i}(z_1^*,\cdots,z_{i-1}^*,z_i,z_{i+1}^*,\cdots,z_n^*)\bigg|_{z_i=z_i^*}=0 \tag{4-13}$$

根据报童模型，有：

$$C_i = \int_{\mu=0}^{Q}\left[p\int_{uz_i/Q}^{\infty}\left(\zeta-\frac{\mu z_i}{Q}\right)\mathrm{d}\Phi(\zeta)+h\int_{0}^{uz/Q}\left(\frac{\mu z_i}{Q}-\zeta\right)\mathrm{d}\Phi(\zeta)\right]\mathrm{d}F(\mu)$$
$$+[1-F(Q)]\int_{0}^{Q}\left[p\int_{z_i}^{\infty}\left(\zeta-\frac{\mu z_i}{Q}\right)\mathrm{d}\Phi(\zeta)+h\int_{0}^{z_i}\left(\frac{\mu z_i}{Q}-\zeta\right)\mathrm{d}\Phi(\zeta)\right] \tag{4-14}$$

其中，$Q=\sum_{j\neq i}z_j^* + z_i$。

此时，一阶必要条件为：

$$\frac{\mathrm{d}C_i}{\mathrm{d}z_i}=\int_{\mu=0}^{Q}\left[-p+(p+h)\Phi\left(\frac{\mu z_i}{Q}\right)\right]\mu\left(\frac{1}{Q}-\frac{z_i}{Q^2}\right)\mathrm{d}F(\mu)$$
$$+[1-F(Q)][-p+(p+h)\Phi(z_i)]=0 \tag{4-15}$$

若 $z_i^0$ 为上述一阶条件的解，则 $-p+(p+h)\Phi(z_i^0)\geq 0$，否则，$-p+$

$(p+h)\Phi(z_i^0)<0$,那么对所有的 $\mu \leq Q$,有 $-p+(p+h)\Phi\left(\dfrac{\mu z_i^0}{Q}\right)<0$,$\left.\dfrac{\mathrm{d}C_i}{\mathrm{d}z_i}\right|_{z_i^0}<0$,与式(4-15)一阶必要条件矛盾。

求式(4-13)的二阶导数,得:

$$\dfrac{\mathrm{d}^2 C_i}{\mathrm{d}z_i^2}=[-p+(p+h)\Phi(z_i^0)]f(Q)$$
$$+[1-F(Q)](p+h)\varphi(z_i^0)\geq 0 \quad (4-16)$$

故此时的最佳订货量 $z_i^*$ 就是报童问题的解 $z_i^0$。亦即,当短缺博弈中传统报童问题的订货量小于销售商的最优订货量时,牛鞭效应就会在旅游服务供应链中出现。

**3. 联盟中的价格波动会造成牛鞭效应**

旅游价格是指旅游者在享受旅游服务时需要支付的费用。它由旅游地点费用、旅行社费用和交通费用组成。旅游地点费用是指旅游者在旅游地点用于餐饮、住宿、门票以及购物等的费用;旅行社费用是指旅行社等中介机构的服务费用;交通费用指的是旅游者去往旅游地点产生的交通费用。因为旅游服务价格指数的缺乏,故在现实中,经常用消费者价格指数(CPI)来代替。

本书通过计量模型来分解 CPI,从而对其进行成分分析。首先,分离时间序列当中 CPI 的趋势成分,采用 H-P 滤波的方法进行处理。然后对数据进行相关检验。得:

$$\min\left\{\sum_{i=1}^{n}(CPI_i - TCPI_i)^2 + \lambda \sum_{i=1}^{n}[(TCPI_{i+1}-TCPI_i)-(TCPI_i-TCPI_{i-1})]^2\right\}$$
$$(4-17)$$

其中,CPI 的水平值是 $CPI_i$,CPI 的趋势成分是 $TCPI_i$,平滑参数是 $\lambda$,估计趋势越平滑 $\lambda$ 越大。因为使用的数据具有季节性,$\lambda$ 按经验取值为 1600。$CCPI_i = CPI_i + TCPI_i$ 表示 CPI 波动成分。如图 4-4 所示,HPTRENDCPI 代表 CPI 的趋势成分,即 TCPI;CYCLECPI 代表 CPI 的波

动成分，即 CCPI[①]。

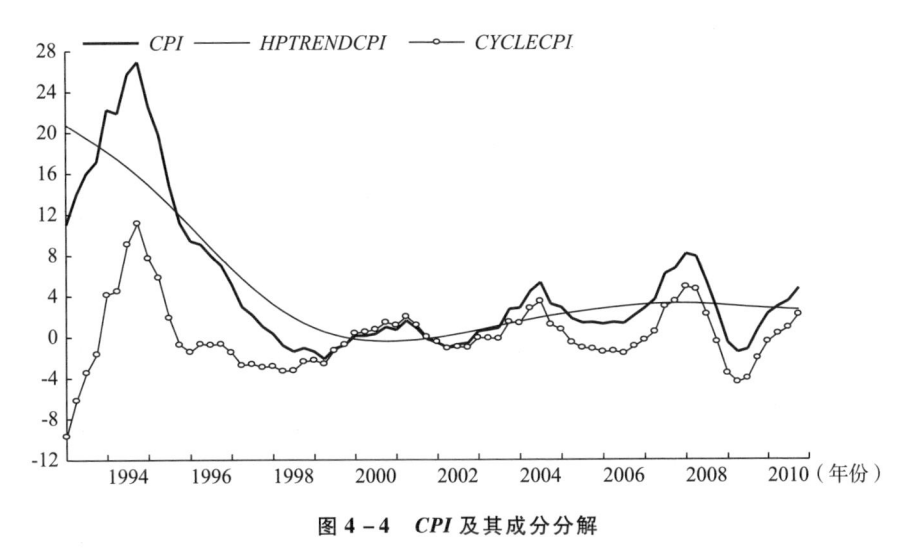

图 4-4　CPI 及其成分分解

门限 ARCH 模型，即 TARCH（Threshold - ARCH）模型，是一个非对称的模型。本书要用它来检验 CPI 受到负向和正向冲击时的不同反应。

$$CPI_i = \sum_{j=1}^{p} \varphi_j CPI_{i-j} + \varepsilon_i$$

$$\varepsilon_i = \sqrt{h_i} \cdot v_i \quad (4-18)$$

$$h_i = \alpha_0 + \sum_{i=1}^{q} \alpha_j \varepsilon_{i-j}^2 + \varphi d_{i-1} \varepsilon_{i-1}^2$$

其中，$d_{i-1}$ 是一个名义变量，在 $\varepsilon_i - 1 < 0$ 时为 1，其他情况时为 0。经计算，2014 年 CPI 的 TARCH 模型为：

$$CPI_i = 0.836895 CPI_{i-1} + \varepsilon_i$$
$$h_i = 0.650267 + 1.089346 \varepsilon_{i-1}^2 - 0.785071 d_{i-1} \varepsilon_{i-1}^2 \quad (4-19)$$

式（4-18）和式（4-19）中，$d_{i-1}\varepsilon_{i-1}^2$ 的回归系数于 10% 的水平上显著，其余各变量的回归系数均于 1% 的水平上显著。CPI 的 TARCH 模型不对称是因为修正的 $R^2$ 均大于 0.9。而且在受到正、负向冲击时模

---

[①] 参见王潇炜《CPI、PPI 的变动与实际 GDP 增长之间的关系：基于中国的实证》，硕士学位论文，南昌大学，2012。

型不对称的状况更加明显。

据此,本书假设有两种价格情况,分别为 $c^L$ 和 $c^H$,且 $c^L<c^H$。$q$ 表示 $c^L$ 的概率,$1-q$ 则表示 $c^H$ 的概率。销售商面对的每一期需求都满足独立同分布,$\varphi(\cdot)$ 表示其分布密度。于是在旅游效用水平给定的情况下,短缺和拥挤成本的总和为:

$$L(y) = p\int_y^\infty (\xi - y)\varphi(\xi)\mathrm{d}\xi + h\int_0^y (y - \xi)\varphi(\xi)\mathrm{d}\xi \qquad (4-20)$$

则拥挤代价可以表述为:

$$V^L(x) = \min_{y\leqslant x}\{c^L(y-x) + L(y) + \delta\int_0^x [qV^L(y-\xi) + (1-q)V^H(y-\xi)]\varphi(\xi)\mathrm{d}\xi\}$$

$$(4-21)$$

$$V^H(x) = \min_{y\leqslant x}\{c^H(y-x) + L(y) + \delta\int_0^x [qV^L(y-\xi) + (1-q)V^H(y-\xi)]\varphi(\xi)\mathrm{d}\xi\}$$

$$(4-22)$$

其中,无限接近 $c^i$ 时的最小预期折扣值用 $V^i(i=L,H)$ 表示。

就像本书之前讨论的结果,当价格为 $c^H$ 时,尽可能地靠近 $V^H$ 的拥挤程度是上策;当价格为 $c^L$ 时,尽可能地靠近 $V^L$ 的拥挤程度是上策。其中,$V^H<V^L$。这是一个最小化问题的解。这样,旅游价格的波动,就会导致旅游服务供应链出现牛鞭效应。

## 四 联盟的逆向选择问题

在整个旅游服务供应链中,存在着许许多多的问题。比如旅行社、景区、交通系统、酒店任意二者之间往往存在信息不对称的问题,这样就存在委托-代理问题。由 Nelson 的研究可以知道,许多旅游产品和旅游过程中的服务具有经验属性（Experience Attributes）,即在旅游过程中其是否存在质量问题只有旅游者体验过后才能知道。委托-代理关系是在非对称信息博弈论的基础上发展起来的。如果委托人委托他人处理某项事务与自己亲自处理相比可以获得更多的经济利益,同时代理人也能通过接受委托取得更多的收益，那么委托-代理关系就会发生。委托-代理关系指的是行为主体与另一些行为主体签订契约或者合同，在这一过程中，授权者就是委托人，被授权者就是代理人，代理人为委托人服务并拥有一定的决策权利，委托人根据代理人提供服务的数量和质量对其支付相应的费用[①]。委托-代理理论的研究可以使委托人设计出更好的奖励措施来激励代理人。

### （一）问题的产生

按照委托-代理理论，如果代理人在这个过程中的一些行为完全是按照委托人的利益，那么这样一种代理关系是不会产生额外成本的，也就不会产生代理矛盾。然而这样一种理想化的状态在现实生活中是不存在的，因为委托人和代理人存在着不对称的关系。

第一，利益不对称。委托人和代理人都追求自身利益的最大化，委托人和代理人的利益不可能时时刻刻都是一致的，肯定存在不一致的时候，所以代理人可能通过不透明的行为来追求自身利益的最大化，这样就可能使委托人与代理人之间产生矛盾。

第二，信息不对称。代理人掌握着实时信息的动态，而委托人掌握的信息是有限的。

因为在委托人和代理人之间存在利益和信息这两个方面的不对称，代理人有可能不会使委托人的利益最大化，或者说会背离委托人的利益。委托人和代理人之间的矛盾主要表现在以下两个方面。

第一，代理人为了自身利益的最大化，利用信息的不对称，弄虚作假，通过低投入来获取高回报，这种行为严重损害了旅游消费者的利益，同时也损害了委托人的信誉和服务质量。

第二，代理人在与委托人签订合同时就利用信息的不对称性来签订符合自身利益最大化的合同。

在第三章的表3-3中，我们可以看到2011年投诉中旅行社占了大

---

① 参见张维迎《博弈论与信息经济学》，上海人民出版社，2004。

多数，为 61.53%。由于我国区域经济发展良好，区域服务业不断发展。由于经济的发展，人们对旅游服务的需求增加，这样也就使得区域旅游业蓬勃发展。一方面，旅游需求不断攀升，我国区域旅游业发展的一大新特点是区域旅游的产业化发展。江西省的旅游数据显示，"2011 年江西旅游接待人数和总收入双双实现大幅增长，其中，旅游接待人数达 1.6 亿人次，比上年增长 47.8%，增幅居全国首位；旅游总收入 1106 亿元，比上年增长 35.15%，增幅居全国第四位"[1]。2012 年中秋、国庆双节江西省旅游总收入为 101.86 亿元，居于全国第十一位[2]。2013 年国庆假期江西省旅游总收入为 115.03 亿元，同比增长 29.05%，排名全国第七[3]。2015 年，江西省旅游接待人数达到 3.86 亿人次，为"十一五"末的 3.6 倍；旅游总收入达 3637.7 亿元，为"十一五"末的 4.45 倍。江西省旅游业首次被加入"增加值"数据进行统计，成为一大亮点。2015 年，江西省旅游业增加值占 GDP 的比重达 10.48%，高出全国 5.6 个百分点，标志着旅游业已成为江西省重要的支柱产业[4]。另一方面，我国政府部门考虑到我国人口众多，为了满足日益增长的旅游服务需求，加大了对旅游开发的投入和支持力度，同时降低了旅游项目的审批要求和旅游供应商的准入门槛，也就导致了各地区的旅游产业及其相关的产业呈现出迅速发展的状态，因此也导致在区域旅游产业的发展中，诸多原因引起旅游者、中介机构以及各个企业之间存在一些问题。这些问题可以借助旅游投诉来体现。

本书对 2011 年、2012 年全国各地区的旅游投诉进行了统计，详见表 4-1。

---

[1] 《2011 年江西旅游接待人数和总收入均实现大幅增长》，http://www.gov.cn/gzdt/2012-02/01/content_2055686.html。

[2] 《2012 双节全国各省旅游总收入，江西居 11 位，可喜可贺》，http://bbs.jxnews.com.cn/thread-1370210-1-1.html。

[3] 《2013 国庆各省份旅游收入排行榜出炉》，http://tj.house.sina.com.cn/news/2013-10-10/14082445477.shtml。

[4] 《一朝扬帆再起航 2016 年全省旅游产业发展大会综述》，http://jxyt.jxnews.com.cn/system/2016/04/28/014853623.shtml。

表 4-1　2011 年和 2012 年全国各地区旅游投诉内容与比例

单位：件，%

| 投诉项目 | 数量 | | 所占百分比 | | 2012 年增长率 |
| --- | --- | --- | --- | --- | --- |
| | 2011 年 | 2012 年 | 2011 年 | 2012 年 | |
| 降低服务标准 | 2504 | 2399 | 25.03 | 22.82 | -4.19 |
| 导游服务质量 | 1224 | 1495 | 12.24 | 14.22 | 22.14 |
| 擅自增减项目 | 1104 | 893 | 11.04 | 8.49 | -19.11 |
| 延误、变更行程 | 666 | 583 | 6.66 | 5.55 | -12.46 |
| 其他 | 4505 | 5143 | 45.04 | 48.92 | 14.16 |
| 立案总件数 | 10003 | 10513 | 100 | 100 | 5.10 |

资料来源：《国家旅游局发布 2012 年全国旅游投诉情况通报》，http://www.gov.cn/gzdt/2013-04/09/content_2373722.htm。

图 4-5 更直观地展示了全国各地区旅游投诉内容的变动情况。

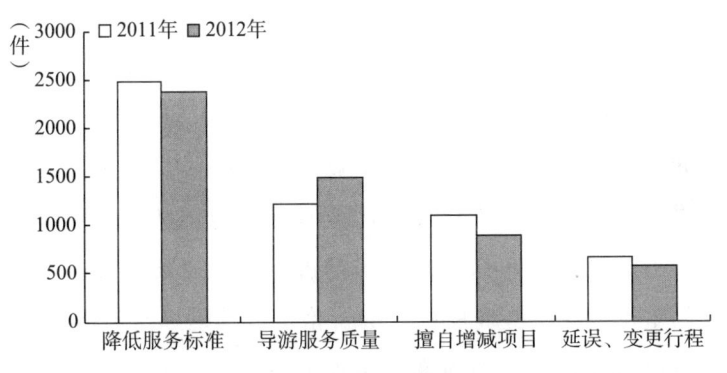

图 4-5　2011 年和 2012 年全国各地区旅游投诉内容

从图 4-5 中可以发现，旅行社存在内部工作人员服务质量低、变更行程、导游服务质量低等问题；饭店存在住宿、餐饮、购物等方面的问题；旅游交通存在天气变化、交通障碍、时间耽误、行程变更等问题；景区存在景区工作人员服务质量低、景区旅游项目数量改变、景区额外收费、门票优惠矛盾等问题。投诉现象增多，不仅跟旅游者绝对数量不断增加有关，而且也跟旅游过程中参与交易的双方在某些方面存在信息不对称有关。而在旅游服务供应链中，信息传递失真不光会导致牛鞭效应,同样也会导致逆向选择现象①。

旅游服务供应链中的旅游企业存在的这些问题,归纳起来主要是供应链上存在错综复杂的委托-代理关系。首先,这些复杂的委托-代理关系给整个旅游服务供应链管理造成了种种困难,比如协调管理困难;其次,旅游者是在外地旅游,排外性非常的明显;最后,旅游者接收到的市场信息与旅游供应商的市场信息不对称,从而导致旅游者在计划旅游之前经常不能正确地判断旅游产品的质量。

在旅游服务供应链中,代理企业必须全面掌握委托人的状况,但委托人可能对代理企业的实际情况不是很清楚。在这种情况下需要重点考虑逆向选择问题,委托人在收到代理企业释放的信息后,可以根据这些信息,对代理企业相关产品进行推测处理,在认为该企业适合自身发展时提出合作意向;也可以让委托人制定多种形式的契约,代理人选择一个自认为最优的,然后执行该契约。但当合作还没有达成时,代理企业会选择对委托人有一定保留,进而导致代理人产生"机会主义"倾向,从而引起逆向选择问题。

这个问题通常发生在某一旅游企业为成立一种供应关系,宣布要对合作伙伴进行选择时。在选择合作伙伴时,可能会产生一种情况那就是另一些企业不清楚旅游产品信息、市场占有率、启动金等具体信息,只是将关注的重点放在供应商所提供的价格上,总是选择价格最低的企业,但是所选企业其他各方面的表现不尽如人意。在现实中,一个企业在做出一个商业决策时,企业一定要把握住那些实现目标的关键要素,核心成员在寻求稳定的合作关系时就一定要对这些因素全盘考虑。可能在某些特殊的状况下,企业会对某种因素有所侧重,这可能是为了处理因之而出现的矛盾。因而,在制定供应商选择标准时一定要经过深入的研究,严格控制标准,对于短期利益和长期利益之间的取舍需要制造商来进行平衡。

① 张爱、袁治平、张清辉:《供应链企业委托代理问题的研究》,《工业工程与管理》2003年第3期,第52~55页。

## （二）表现形式

在市场中，参与交易的双方之间存在信息不对称，一方面，买方在购买前无法真实地辨别卖方提供的产品质量的好坏，只能在主观认为质量相同的情况下按照价格高低来择低购买；另一方面，卖方掌握了买方的所有信息，以次充好，将质量差的产品卖给买方。买卖双方的决策导致市场中伪劣产品驱逐优质产品，这就是逆向选择。

在旅游市场中，信息不对称更加明显。参与市场活动的主体涉及旅游者、旅行社、旅游目的地、导游，他们之间的逆向选择主要表现在六个方面。

(1) 旅游者与旅行社之间的逆向选择

在旅游者与旅行社之间，相对而言旅游者获得的信息要少于旅行社。一方面，旅游者在购买旅游产品和服务前，一般只能通过旅行社的广告来获得相关信息，并不能实现真实的了解，因此旅游者会选择价格较低的。而另一方面，旅行社出于自身利益最大化的目的，往往利用信息不对称，通过虚假宣传等手段提供低于承诺水平和质量的产品和服务，导致旅游者在旅游过程中的体验大打折扣。而由于竞争以及大多数旅游产品和服务一次性消费的特性，那些提供优质产品和高水平服务同时价格也较高的旅行社往往因拿不到订单而退出市场，这样，逆向选择便产生了。

(2) 旅游者与旅游目的地之间的逆向选择

旅游者的旅游活动是离开自己熟悉的环境去往一个相对陌生的环境，往往是一个跨地域的活动，旅游者对旅游目的地的了解往往来自外界的宣传，因此可以说其对旅游目的地提供的产品和服务是缺乏了解的。而旅游目的地的管理人员、从业人员大部分为当地居民，他们拥有较为完善的信息网络，能充分感知旅游者的消费偏好和消费水平，往往提供一些不同质的、伪劣的产品和服务来糊弄旅游者。因此在旅游目的地充斥着伪劣产品，而大多数旅游者只购买低价的商品，这就是逆向选择。

(3) 旅游者与导游之间的逆向选择

由于社会分工的不同，旅游者并不了解导游的工作职责和其应当提供的服务，处于信息获取的劣势地位；而导游获取旅游者旅游需求信息的途径却有很多，处于信息获取的优势地位。因此导游会利用这一信息不对称的优势，消极怠工，缩减行程，为拿回扣安排购物；旅游者往往放弃导游的服务而自由活动，甚至认为被安排购物是旅游活动必要的一个部分，任由导游安排，这便是逆向选择。

(4) 旅行社与旅游目的地之间的逆向选择

旅行社的主要业务是吸引旅游者，获得更多的旅游消费订单，旅行社对旅游目的地的了解只是由旅游目的地的同行和相关服务机构推荐而得，信息相对不足；而旅游目的地可以通过旅行社的资质等信息，对旅行社的业务规模有较为完善的了解，信息相对充足。因此在旅游旺季，旅游目的地在旅游产品和服务的定价、旅游产品和服务提供的数量和质量、合作契约的制定与变更上享有主动权，旅行社为了获利往往被动接受，或将高风险和高成本转移给供应链下游的旅游者，这也是逆向选择的体现。

(5) 旅行社与导游之间的逆向选择

由于竞争的原因，旅行社之间的信息往往是封闭的，彼此之间的交流很少，招聘导游时也只是对其进行一般性的专业了解，并不了解其之前在其他旅行社的工作表现，同时由于导游的工作是远离旅行社的，旅行社对其带团的情况也并不是全部都了解；而对经常在不同旅行社之间流动的导游，在应聘某个旅行社之前往往对未来的雇主是知根知底的。因此导游由于处于优势地位，在工作中经常钻旅行社制度的空子，获取灰色收入，损害旅游者的利益，而旅行社为了能获得更多利润，对某些导游的违纪行为睁一只眼闭一只眼，这也导致逆向选择的出现。

(6) 旅游目的地与导游之间的逆向选择

同旅行社与导游之间的逆向选择类似，旅游目的地处于信息劣势的地位，导游信息相对充足。这是因为导游对旅游目的地内众多的旅游产品和服务的供应商所提供的回扣比例了如指掌，为了获利更多，导游会放弃承诺，带旅游者去回扣更多的地方消费，而旅游目的地也放任导游的这种行为，因此逆向选择同样存在。

综上所述，在旅游服务供应链中，买方市场和卖方市场都可能会产生逆向选择和道德风险。某些旅游服务供应商事先对旅游者做出服务质量承诺，却往往在执行时达不到该服务水平或提供不了该种服务质量的产品。而旅游者由于处于信息获取的劣势地位，无法得到真实的信息，难以对市场上的服务信息做出准确的识别和判断。在这种不能对各服务代理方的情况做出正确区分和判断的情况下，逆向选择问题便产生了。

另外，使旅游者利益受损的欺骗行为还发生在旅行社与客运部门、酒店或者旅游目的地的签约之后。但还不能准确发现到底是哪方面的原因。在旅游者和其他旅游过程中的服务提供商之间，道德风险问题也可能存在。出于自身成本的考虑，一些服务提供商提供低质量的商品和服务，拉大了旅游者预期与最终旅游效果之间的差距，侵害了旅游者的利益。

下面本书以旅行社与旅游目的地为例，利用旅游服务供应链的委托－代理模型来阐释逆向选择产生的原因。

### (三) 原因分析

**1. 联盟的委托－代理假设**

由于代理人遵循委托人的委托而做出行动，所以本书假设代理人可供选择的行动集合用 $A$ 表示。代理人的一个特定行动（可认为是某种努力水平的一维变量）用 $a \in A$ 表示，计算可以采用货币方式。用成本函数 $C(a)$ 表示代理人选择行动所付出的代价，且有 $C'(a) > 0, C''(a) > 0$。

而除了一些结果变量外，代理人的行动是不能被委托人直接观测到的。这些不能被直接观测到的变量和代理人的行动以及其他外在的随机因素有关。所以本书又用 $\theta \in \Theta$ 表示外生随机变量，$\Theta$ 是 $\theta$ 的取值范围，它不受代理人和委托人控制。而用 $g(\theta)$ 和 $G(\theta)$ 分别表示 $\theta$ 在 $\Theta$ 上的密度函数和分布函数。

显然，可观测的结果 $x(a,\theta)$ 和产出 $\pi(a,\theta)$ 是由行动 $a$ 和 $\theta$ 共同决

定的。本书假定 $\pi'_a(a,\theta)>0, \pi'_\theta(a,\theta)>0, \pi''_a(a,\theta)>0$，且委托人拥有 $\pi(a,\theta)$ 的直接所有权。

委托人希望代理人的行动是以自己的利益为准，所以为了激励代理人采取对委托人最有利的行动，他必须制定激励合同对代理人进行激励。在激励合同中，$s(x)$ 就是委托人对代理人的奖惩，它可以根据观测到的 $x$ 确定。

本书还假设，委托人的期望效用函数用 $v[\pi-s(x)]$ 表示，代理人的期望效用函数用 $u[s(x)]$ 表示，其中 $v'>0, v''\leq 0, u'>0, u''\leq 0$。考虑到一般性，本书假设代理人是风险规避者，即 $u''(\cdot)<0$，而委托人是风险中性者，即 $v''(\cdot)=0$。

那么，选择 $a$ 和 $s(x)$ 就是委托人的问题，其目的是使委托人总预期效用函数最大化，即：

$$\max W = \int_{\theta \in \Theta} v\{\pi(a,\theta) - s[x(a,\theta)]\} g(\theta) d\theta \quad (4-23)$$

而且委托人在同一时间受到代理人的两个约束：第一个约束是代理人将选择对自己最佳的行动，它可能与委托人的利益不一致；第二个约束是代理人不接受合同时要比接受合同时得到的期望效用低。其中第一个约束一般被称为激励相容约束（IC），第二个约束一般被称为参与约束（IR）。

假定委托人想诱使代理人选择行动 $a^*$ 而不是 $a$，则第一个约束是：

$$\int_{\theta \in \Theta} u\{s[x(a^*,\theta)]\} g(\theta) d\theta - C(a^*) \geq \int_{\theta \in \Theta} u\{s[x(a,\theta)]\} g(\theta) d\theta - C(a), \forall a \in A \quad (4-24)$$

变量 $\bar{u}$ 可以解释为不接受合同时代理人能得到的最大期望效用，则第二个约束可以表示为：

$$\int_{\theta \in \Theta} u\{s[x(a,\theta)]\} g(\theta) d\theta - C(a) \geq \bar{u} \quad (4-25)$$

上述最优化模型就是经典委托-代理模型，约束条件反映了委托人与代理人之间的利益平衡以及代理方的最低要求，目标函数反映了委托人的利益最大化目标。事实上，供应链上委托人和代理人共同最大化利益的策略组合就是该模型的最优解。

本书采用分布函数的参数化方法进行求解。

为了简单起见，本书还要做以下这些假设。

第一，委托人假设。旅行社为委托人，同时给予旅游目的地、星级饭店和客运公司一定的支付 $p_i$，使得旅行社能与企业共同发展。

第二，代理人假设。各类的机构（或者企业），包括旅游目的地、星级饭店、客运公司等，可以作为代理人。代理人为委托人工作而付出的努力用 $a_i$ 表示。事实上，代理人在工作上既可以选择提供高努力水平来完成委托人委托的任务，也可以选择马虎了事或以权谋私。因此为了让代理人选择较高的努力水平来完成委托人的任务，委托人可以给予适当的激励。

第三，假设代理人市场完全竞争。那么风险中性与风险回避都可能是委托人或代理人的选择。委托人最多只能观测到结果的原因是信息不对称。而且对于代理人在整个过程中的行为委托人可能观测不到，即给定低努力水平下委托人收益小于高努力水平下委托人收益。

第四，单个代理人单次交易。为简单起见，本书假设每个旅行社只与一个代理人建立代理关系。同时还要注意通过重复博弈后旅行社与代理人能否取得有效结果。

第五，参与约束和激励相容约束。代理人会因为通过付出合约规定的努力水平所得到的报酬低于在此努力水平下从市场其他选择中得到的报酬而拒绝执行合约。代理人会因为努力所获得的预期效用不高于所蕴含的代理人成本而选择提供低的努力水平。

**2. 联盟的委托 – 代理模型**

为了保证自身利益的最大化，旅行社不会亲自监督饭店、客运公司、旅游目的地等代理人的行为。因为那样将会产生较大的运营成本，因此，委托契约的设计必须由旅行社自己完成。报酬支付额度和支付方式的选择是契约设计的主要部分。另外，由于在利益追求目标上，旅行社与代理人之间是不一致的，所以契约的设计还必须考虑同时满足参与约束（IR）和激励相容约束（IC）。

因此，区域旅游服务供应链联盟的委托－代理模型必须在满足 IR 和 IC 的情况下建立。

在实际的过程中，旅行社事先会与客运公司、饭店、旅游目的地等代理人建立关系，设计好行程。所以在前文的假设下，本书用 $x_1$ 表示旅行社收集到的参团旅游者人数，$x_2$ 表示旅行社向旅游目的地预订的门票数，$x_3$ 表示旅行社向饭店预订的床位数。旅游市场的需求量大小决定了 $x$ 的大小。用 $p_1$ 表示旅行社自身的价格，$a_i$ 表示旅游目的地和饭店分别为旅行社付出的努力，$p_i$ 表示旅行社支付给它们的相应报酬，其中，支付给旅游目的地的为 $p_2$，支付给饭店的为 $p_3$。而且 $a_i$ 的大小与 $p_i$ 的大小正相关。

这样旅行社的收益为：

$$\pi(p_i, a_i) = p_1 x_1 - \sum_{i=2}^{3} p_i x_i - v(a_i) \qquad (4-26)$$

其中，$v(a_i) = \gamma/a_i, \gamma(\gamma > 0)$ 是旅行社的成本系数。对于旅行社同样的成本系数 $\gamma$ 来说，代理人的努力水平越高，旅行社成本就越小。

旅游目的地、饭店的实际收入为：

$$p_i x - c(a_i) = p_i x_i - \frac{1}{2} b a_i^2 \qquad (4-27)$$

其中，$b > 0$；式（4-27）表明，$b$ 越小，给代理人带来的成本（负效用）就越小；$a_i$ 越小，代理人为信誉付出的成本也越小。

激励相容约束（IC）为：

$$a_2 = (p_2)'_a M/b p_2 \qquad (4-28)$$

参与约束（IR）为：

$$p_i x - c(a_i) \geq \bar{u}, p \geq p_i \geq \bar{p}_i \qquad (4-29)$$

所以，为考查旅行社与旅游目的地之间的关系，模型可表示为：

$$\begin{aligned}
\text{Max} \quad & p_1 x_1 - p_2 x_2 - \gamma/a_2 \\
\text{s.t. (IR)} \quad & p_2 x_2 - \frac{1}{2} b a_2^2 \geq \bar{u} \\
& p_1 \geq p_2 \geq \bar{p}_2 \\
\text{(IC)} \quad & a_2 = (p_2)'_a M/b p_2
\end{aligned} \qquad (4-30)$$

### 3. 实证分析

由于旅游交通收入中旅游收入占比和人数占比无法明确得到,在不影响结论的前提下,本书假定暂不考虑旅游交通的数据。在研究中,数据收集的主要途径是访问旅游相关网站。由于各省的旅游景点众多,各省的门票平均价格指标采用的是各省排行榜前十的旅游目的地景点价格的均值。

马歇尔需求函数为:

$$x_1 = (-0.046\ln p_1 - 0.611\ln p_2 - 0.33\ln p_3 + 4.96)\frac{M}{p_1}$$

$$x_2 = (-0.611\ln p_1 + 0.262\ln p_2 + 0.916\ln p_3 + 3.55)\frac{M}{p_2} \quad (4-31)$$

$$x_3 = (-0.33\ln p_1 + 0.916\ln p_2 - 0.342\ln p_3 + 4.94)\frac{M}{p_3}$$

将式 (4-31) 代入上述委托-代理模型,再把 IR 和 IC 代入目标函数中,则 $p_2$ 的最优化问题的一阶条件为:

$$0.611M/p_2 + 0.916M/p_2 - \gamma b/(p_2)'_a M = 0 \quad (4-32)$$

即:

$$p_2 = \frac{1.527M^2}{(P_2)'_a b\gamma} \quad (4-33)$$

可以看出,旅行社对旅游目的地的激励(门票价格 $p_2$)与整个旅游企业的总收入($M$)有关,门票价格与旅游市场前景是正相关关系。$p_2$ 还与旅行社的信誉系数 $\gamma$ 及旅游目的地自身的成本系数 $b$ 相关,并且是其递减函数。

由于在实际生活中,在旅游活动发生前,旅行社已经得到相应的收益(通过收取费用),如果仅从一次博弈的角度来看,旅行社的收益是固定的。一方面,旅游者选择了旅行社,并支付了费用给旅行社;另一方面,旅行社按照合约规定完成了整个旅游活动,这就是履约成功。这样在旅游者和旅行社之间就会出现一个博弈,即旅行社既可以提供高质量的旅游活动又可以提供低质量的旅游活动。提供高质量活动必然会减少旅行社的相对收益,而提供低质量的活动旅行社的收益就高了很多。

所以在一次博弈中，出于自身利益最大化的目的，旅行社不可能为旅游者提供高质量的旅游服务。但是这样的话，就不能保证委托人旅游者效用的实现。

但是，现实中的两者之间的博弈是长期的、多次的。这样旅行社的策略选择就不同了。因为如果没有提供较高质量的服务，旅客就不会再次选择这家旅行社。更重要的是坏的服务质量在旅客中间传播，使得旅行社的名誉受损。同时，建立良好的声誉是会给旅行社带来长期利益的。所以旅行社会降低道德风险，对与之有委托关系的代理人进行激励。

以上模型还说明，在旅行社和旅游目的地进行价格谈判的时候，旅行社给旅游目的地以何种价格激励，决定着旅游目的地以怎样的努力水平为旅游者提供服务和产品。

从上面的分析可知，逆向选择和道德风险的产生受到委托－代理过程中委托人"激励合同"的影响。在旅游委托－代理过程中，一份好的激励合同可以在很大程度上避免二者的出现；反之就会使二者程度增大。

对旅行社信誉而言，$x_1$、$x_2$、$x_3$ 非常重要。因此合适的激励合同对旅行社来说也是必要的。这样逆向选择和道德风险这两个问题才可能被成功解决。

## 五　本章小结

为了探讨区域旅游服务供应链联盟的形成机制，本章首先在供应链上下游企业关系界定的基础上，对企业联盟形成的动因进行了分析，并阐述了联盟的特点；接着探讨了联盟时会遭遇到的五类风险；然后在联盟形成后，针对需求信号处理不当、短缺博弈和价格波动等因素造成的旅游服务供应链中的牛鞭效应，建立牛鞭效应模型，揭示了牛鞭效应在旅游服务供应链中产生的影响，对由于委托－代理关系处理不当引起的信息传递机制问题带来的逆向选择及其产生原因做了分析，并利用委托－代理模型进行了实证分析。

# 第五章　联盟的利益分配机制分析

我国首部《旅游法》于2013年10月正式实施。一方面，该法明确限制了导游强迫旅客购物等种种出游"潜规则"，保障了旅游者的合法权益；另一方面，受节日期间高速公路免费通行和景区门票实行优惠价格等政策的刺激，各地景区旅游收入同比大幅增长。现阶段我国旅游产业要实现转型升级必须寻找新的突破点，在现有发展方式、发展模式、发展形态上彻底转变，一种新的集约型、综合效益型发展模式——旅游服务供应链联盟应运而生，它完全可以取代现有的规模扩张型、纯经济效益型的发展模式。

在供应链联盟中，联盟利益分配问题是极为复杂而且特别重要的问题，在实际操作中，现有的一些利益分配方法都可能存在某些问题。比如很多学者都提出了旅游联盟或合作形成时的利益分配，而采用何种分配机制让联盟得以持续和稳定却很少有人研究。因此，本章先以区域旅游服务供应链联盟中的中介机构——旅行社为例，分析区域旅游服务供应链联盟核心利益相关者的不协调表现，然后从微分合作博弈视角来建立维持旅游服务供应链联盟稳定的动态利益分配模型。

## 一　联盟中核心利益相关者的不协调表现

在区域旅游产业快速发展中，联盟中的投入与产出的比率、管理水平、供应能力、与其他企业的协调能力和利益分配等方面的问题会随着旅游服务供应链联盟的形成而出现。而且，利益分配问题是各联盟企业最关心的。因此本章先来探讨在区域旅游服务供应链联盟中核心利益相关者的利益协调不均衡问题。由于旅行社既是旅游服务供应链联盟中涉及部门最多的，又是合作关系最多的，本章就以旅行社为例来探讨旅游服务供应链联盟中的利益协调不均衡问题，其主要表现在三个方面。

(1) 旅行社与景区的不对称性

旅行社和景区二者地位、信息的不对称性使得它们难以实现自身利益的最大化，这使得联盟愈加困难。首先，景区其自身的地域条件和资源在市场中的不可替代性，决定了其在市场交易中的垄断地位；其次，景区的垄断地位削弱了旅行社在旅游市场中的能动性，在景区面前，规模效益较小、实力不强、势单力薄的旅行社，不可能抗衡拥有较强谈判能力和协同力的景区；最后，信息不对称导致景区的定价机制无法被旅行社深入了解，运营成本就难以通过规模化集团采购来降低。基于上述情况，双方的联盟问题很难解决，利益均衡分配难以实现。

(2) 旅行社与导游的信息不对称性

基于自身利益最大化的原因，带团导游从旅行社得到很低的报酬，甚至连最基本的工资报酬都难以兑现。在我国，旅游者消费中的提成和回扣成为导游实际收入的主要来源，但这种收益往往具有不确定性。因此，导游就会从自身收益最大化出发，凭借信息不对称这一有利条件，提高高收益事件出现的频率。2013年10月1日《旅游法》正式实施，明确规定导游不得指定具体购物场所、不得安排另行付费旅游项目等，旅行社为了将聘请导游的成本转移到旅游者身上，纷纷打出全玩团、无购物团的新经营模式，造成团费普遍上涨[①]。

(3) 旅行社与其他服务部门的不对称性

当旅游淡季来临时，与其他服务部门合作中的折扣优惠产生的差价是旅行社收入的主要来源。而且，为了获得客源，景区、客运公司、酒店也愿意与旅行社合作。在这一机制的调节下，市场有条不紊地运行，各供应链参与者各取所需。但当旅游旺季来临时，情况就不一样了。餐

---

① 《〈旅游法〉十一实施　导游再也不能只当导购》，http://henan.sina.com.cn/finance/y/2013-10-02/139-40823.html。

饮、酒店、客运公司等部门掌握了主动权，它们在市场中的地位上升，打破了市场有条不紊的运行状态。在复杂而又有点混乱市场中，因为有充足的客源，它们完全能够部分履约或毁约。这样，旅行社与酒店、餐饮等的合作不复存在。于是，为了生存旅行社不得不去寻求其他的合作方。所以，利益分配不协调现象同样存在。

区域旅游服务供应链联盟中各参与企业所产生的类似问题，不仅会破坏旅游服务供应链联盟中多种形式的协作，而且会阻碍旅游业发展。因此，要实现区域旅游产业的健康、快速发展，就需要重新设计联盟后的利益分配机制。

## 二 静态合作博弈理论

在非合作博弈的各种解法中，纳什均衡是被学术界普遍认可和采用的。合作博弈的解法多种多样，可以说是百家争鸣。尽管方法形式多种多样，但本质是相同的。而且没有哪种解法能够得到学术界普遍的认可和采用。

在考虑微分合作博弈前，有必要掌握静态合作理论的两个关键解法——核与 Shapley 值的概念。因此本书对静态合作博弈理论的基本概念进行梳理。

### （一）整体理性

**定义 5.1** 对于联盟型博弈 $(N,v)$，假设支付是可转移的。支付向量 $x=(x_1,\cdots,x_n)$ 符合整体理性的充分必要条件是：每个参与者所分得的支付的总和与联盟的总价值相等。即：

$$x(N) = \sum_{i \in N} x_i = \sum_{i=1}^{n} x_i = v(N) \quad (5-1)$$

式（5-1）中，$N$ 表示联盟，而 $v$ 则表示联盟的价值，此处的支付向量 $x=(x_1,\cdots,x_n)$ 称为 $N$ 的可行支付向量，由此，所有参与者的支付总和恰好等于联盟总支付,本书称之为整体理性或整体最优。同理,在非空联盟 $S$(包含 $s$ 个参与者)中,支付向量 $x=(x_1,\cdots,x_n)$ 可行的充分必要条件是:联盟 $S$ 的价值等于 $s$ 个参与者被支付的收益总和。即:

$$x(S) = \sum_{i \in N} x_i = v(S), S \neq \Phi \tag{5-2}$$

以旅游业实际经济活动为例,如景区联合开发问题,联盟开发景区所创造的总价值必须与景区每个参与企业获得的支付的总和相同,即联盟总收益充分、完全分配至每一个联盟参与者。整体理性关注的是景区开发活动带来的整体最优问题。

### (二)个体理性

**定义 5.2** 对于联盟型博弈 $(N,v)$,假设支付是可转移的。支付向量 $x=(x_1,\cdots,x_n)$ 符合个体理性的充分必要条件是:每个参与者所分得的支付不低于其各自为政时的支付。即:

$$x_i \geq v(\{i\}), i \in N \tag{5-3}$$

式(5-3)的经济学意义为参与者在联盟中所谋求的总支付不能低于独自经营时所获得的支付之和,本书称之为个体理性。本书同样以景区联合开发问题为例,任何一家企业独自开发所得到的收益最多也不会比参与联盟获得的收益高。

### (三)分配与有效分配

**定义 5.3** 对于联盟型博弈 $(N,v)$,假设支付是可转移的。支付向量 $x=(x_1,\cdots,x_n)$ 满足分配与有效分配的充分必要条件是:支付向量符合整体理性和个体理性。

值得注意的是,在合作微分博弈理论中,分配与有效分配的定义比静态合作博弈理论多了一个"时间一致性"的要求。

### (四)核

**定义 5.4** 对于联盟型博弈 $(N,v)$,假设支付是可转移的。如果存在

某个包含支付向量 $x=(x_1,\cdots,x_n)$ 的集合,并且集合中的所有元素均满足式(5-4),则称这个集合为博弈$(N,v)$的核。

$$x(N)=v(N)$$
$$x(S)\geq v(S),\forall S\subset N \quad (5-4)$$

说明:根据定义 5.4,核同时满足联盟的整体理性和单个小联盟 $S$ 的个体理性。而且,由于核是凸的闭集,它可以同时满足大联盟中任何一个小联盟的"理性"。正是由于这个道理,第一世界的企业集团是不会让第二世界、第三世界的企业加入的。

另外,Bondareva 和 Shapley 给出了核非空的命题[①]。

**定理 5.1** (Bondareva-Shapley 定理):对于联盟型博弈$(N,v)$,假设支付是可转移的。博弈$(N,v)$核非空的充分必要条件是:对于每个包含 $m$ 个平衡权数 $l_1,\cdots,l_m$ 的平衡族,式(5-5)成立。

$$\sum_{j}^{m} l_j v(S_j) \leq v(N) \quad (5-5)$$

而这样的一个联盟型博弈被称为平衡的联盟型博弈。

说明:定理 5.1 表示任何一个联盟参与者可以利用 $l_1,\cdots,l_m$ 来安排自己的时间以处理每一个小联盟 $S_j$ 中的决策;而且,不管联盟参与者怎么安排时间进行决策,所有联盟参与者所得的总支付不会比总联盟的价值高。

在静态合作博弈中,作为首选解法的核却可能是一个空集。而且就算是非空的,有关核的有效分配也可能不止一个。因此,学者们又探索出了一些具有唯一性的有效分配。Shapley 值就是其中最具有代表性的一个。

### (五) Shapley 值

之所以说 Shapley 值是其中最具有代表性的,是因为它具有必然存在

---

① Quilliot, A., Bendali, F., Mailfert, J., "Extended Cooperative Networks Games", *Discrete Applied Mathematics*, 157 (4), 2009, pp.728-737.

性和唯一性。

**1. Shapley 定理**

**定理 5.2**（Shapley 定理）：式（5-6）中的函数 $\varphi$ 不仅同时满足集成定律、对称公理和效率公理，而且具有唯一性。

$$\varphi_i[v] = \sum_{S \subseteq N} \gamma_n(S)[v(S) - v(S - \{i\})], \forall i \in N \quad (5-6)$$

其中，

$$\gamma_n(S) = \frac{(|S|-1)!(n-|S|)!}{n!} \quad (5-7)$$

式（5-7）中的 $|S|$ 表示联盟 $S$ 中的参与者数量。本书称 $\varphi[v]$ 为 Shapley 值。

定理 5.2 中，每个联盟 $S$ 的加权因子用 $\gamma_n(S)$ 表示，当然也可以假设为任何一个联盟参与者加入联盟 $S$ 的概率。联盟参与者 $i \in N$ 对联盟 $S$ 的边际贡献用 $[v(S) - v(S - \{i\})]$ 来表示。因此，Shapley 值也可以假设为在任何一个可能的联盟中，任何一个参与者对该联盟的边际贡献的期望。

正是因为 Shapley 值是一种确定性的分配，它被广泛运用于现实中有关合作博弈的求解方案中。

**2. Shapley 值的基本特性**

基于静态合作博弈理论，Shapley 值具有唯一性、整体理性和个体理性三个基本特性。

（1）唯一性

根据定理 5.2 中 Shapley 值的计算公式（5-6）和公式（5-7），明显可以得出，采用公式（5-6）和公式（5-7）进行博弈的计算，得到的结果是唯一的。所以，Shapley 值是具有必然存在性的。而且由于具有唯一性这一特性，其特别适合用于定量计算。

（2）整体理性

所有联盟参与者所获得的总支付之和与联盟的总价值相等，是由于效率公理是 Shapley 值建立的基础。因此有下式：

$$\sum_{i \in N} \varphi_i[v] = v(N) \qquad (5-8)$$

所以，Shapley 值满足整体理性。

（3）个体理性

首先，Shapley 值中的函数 $v$ 满足超可加性。然后假设从联盟 $S$ 中独立出来的参与者 $i$ 单独作为一个一人联盟，而剩下的参与者则形成另一个新的联盟 $S\backslash\{i\}$。这时就有这个一人联盟和新联盟的价值总和不超过原来联盟 $S$ 的价值，或者一人联盟的价值不超过原来联盟 $S$ 和新联盟 $S\backslash\{i\}$ 的价值之差，如下式：

$$v(S) - v(S-\{i\}) \geq v(\{i\}), \forall i \in S, \forall S \subseteq N \qquad (5-9)$$

亦即 Shapley 值满足 $\varphi_i[v] \geq v(\{i\})$。因此，Shapley 值满足个体理性。

另外，作为微分合作博弈中的重要性质，除了上述的唯一性、整体理性和个体理性三个基本特性外，Shapley 值还具有时间一致性的特性。也就是说，Shapley 值的定值解法要符合内部时间一致性这个条件。而 Shapley 值的定义保证了这个条件的成立。

## 三 联盟的微分合作博弈模型的构建

旅游服务供应链联盟是两个及两个以上供应链节点之间的企业为了降低交易成本、打破上下游行业划分的限制，在一定的契约下建立合作联盟，从而达到优化资源配置、和竞争对手建立稳定的优势互补的超边界组织、获得超额利润、显现出协同效应的目的。

在微分合作博弈分析中，对旅游服务供应链联盟做出如下几点假设。

第一，旅游服务供应链各个节点参与者都是理性的经济人，追求的是自身利益的最大化。

第二，在合作进行的每一时刻，联盟能够最大化联盟的自身收益。而且，联盟参与者在联盟后所分得的利润要大于独自经营时的利润，即个体在合作中的收益要大于在非合作中的收益。

第三,节点参与者有偏离最初选择轨迹的意愿。

为了体现模型的一般性,本书采用多人动态合作微分博弈理论构建区域旅游服务供应链联盟的利益分配模型,模型主要包括博弈结构、联盟的支付、相关准则、动态 Shapley 值及其能够实现的得偿分配机制。

### (一) 多人动态合作博弈结构

现在某地区准备建立一个旅游服务供应链联盟。联盟中的每个参与企业节点分别用 $i=1,\cdots,n$ 来表示。每个参与联盟的企业节点在 $[t_0,T]$ 中以各自的净收益最大化为目标。同时假设联盟带来的收益可以定量表示。如式 (5-10) 所示:

$$\int_{t_0}^{T} g^i[s,x_i(s),u_i(s)] \exp[-\int_{t_0}^{s} r(y)dy]ds + \exp[-\int_{t_0}^{T} r(y)dy] q^i[x_i(T)], \quad (5-10)$$
$$i \in [1,\cdots,n] \equiv N$$

式 (5-10) 受约束于一个向量值微分方程集合:

$$\dot{x}_i(s) = f_i^i[s,x_i(s),u_i(s)], x_i(t_0) = x_i^0, \forall i \in [1,\cdots,n] \equiv N \quad (5-11)$$

其中,式 (5-11) 表示在联盟期间的各个时间点,状态保持动态变化、参与到联盟中的第 $i$ 个企业节点,得到的贴现后的终点支付与瞬时支付的总和等于企业节点 $i$ 所得到的支付。整个联盟持续的时间用 $[t_0, T]$ 来表示。节点 $i$ 在时间点 $s$ 的状态用 $x_i(s) \in X_i \subset R^{m,+}$ 来表示。联盟的动态系统用向量值微分方程集合 $\dot{x}_i(s) = f_i^i[s,x_i(s),u_i(s)], x_i(t_0) = x_i^0$ 来表示。该动态系统体现的是企业节点 $i$ 某种经济指标的状态变量的进展变化。企业节点 $i$ 的控制向量用 $u_i \in X_i \subset R^{l,+}$ 来表示,其也表示企业节点 $i$ 采取的某种控制策略。贴现因子用 $\exp[-\int_{t_0}^{s} r(y)dy]$ 来表示,各个企业节点资金的机会成本或市场利率就是用贴现因子来体现的。所以,为了更科学地进行比较,必须对各种支付进行贴现。企业节点 $i=1,\cdots,n$ 的瞬时支付可以用 $g^i[s,x_i(s),u_i(s)]$ 来表示,如在旅游服务供应链联盟的经济活动中,整个联盟活动持续过程中的中期回报(比如景点的门票收入)。联盟的终点支付用 $q^i[x_i(T)]$ 来表示。当联盟活动结束后,企业节点 $i$ 通过各个方面的情况和经济潜力(比如景区在食、住、购、娱等方面的收入)计算出未来潜在的净收入的现值,该值就可以用 $q^i[x_i(T)]$ 来体现。而且,$g^i[s,x_i(s),u_i(s)]$ 和 $q^i[x_i(T)]$ 的值会随着状态变量 $x_i$ 值的增大而增大。

考虑参与节点组成联盟 $K \subseteq N$,企业节点 $i \in [1,\cdots,n] \equiv N$ 的状态动态系统在其加入联盟 $K$ 后将变为:

$$\dot{x}_i(s) = f_i^K[s,x_K(s),u_i(s)], x_i(t_0) = x_i^0, \forall i \in K \quad (5-12)$$

在动态系统(5-12)中,$x_K(s)$ 为向量 $x_j(s), j \in K$ 的串联。此时有:

$$\frac{\partial f_i^K[s,x_K(s),u_i(s)]}{\partial x_j} \geq 0, \forall j \neq i \quad (5-13)$$

由式(5-13)可知,当联盟 $K$ 形成后,联盟 $K$ 中的每一个参与者 $j \in K$ 的状态与联盟 $N$ 中企业节点 $i$ 的状态呈正相关。

### (二) 非联盟的情况

现在考虑非联盟的情况,结合式(5-10)、式(5-11)、式(5-12)将非联盟情况定义为 $\Gamma(x_0,T-t_0)$。采用反馈纳什均衡,是为了避免出现时间不一致问题。博弈 $\Gamma(x_0,T-t_0)$ 的反馈解法有如下几点特征。

策略集合 $\{u_i^{(t_0)*}(t) = \varphi_i^{(t_0)*}(t,x), i \in N\}$ 为博弈 $\Gamma(x_0,T-t_0)$ 的一个反馈纳什均衡解法,当存在连续可微的函数 $V^{(t_0)i}(t,x):[t_0,T] \times R^m \to R, \forall i \in N$,该集合满足以下 Bellman-Isaacs 方程:

$$\begin{aligned}-V_t^{(t_0)i}(t,x) = \max_{u_i}\{g^i[t,x,u_i,\varphi_j^{(t_0)*}(t,x)]\exp[-\int_{t_0}^s r(y)\mathrm{d}y] \\ + V_x^{(t_0)i}(t,x)[t,x,u_i,\varphi_j^{(t_0)*}(t,x)]\}\end{aligned} \quad (5-14)$$

$$V^{(t_0)i}(T,x) = \exp[-\int_{t_0}^T r(y)\mathrm{d}y]q^i[x_i(T)], i \in N, j \in N, j \neq i \quad (5-15)$$

其中,价值函数用 $V^{(t_0)i}(T,x)$ 来表示。在 $t_0$ 开始的原博弈中,参与

者 $i$ 在状态为 $x$ 时、在时间 $t$ 时及其在以后的时间区间 $[t,T]$ 内的支付现值都可以用 $V^{(t_0)i}(T,x)$ 来体现。

探讨满足支付结构（5–11）和动态系统（5–12），初始时间为 $\tau\in[t_0,T]$，初始状态为 $x_\tau\in X$ 的另一博弈 $\Gamma(x_\tau,T-\tau)$。记韧 $\{\varphi_i^{(\tau)*}(t,x),i\in N\}$ 为博弈 $\Gamma(x_\tau,T-\tau)$ 的反馈纳什均衡策略，并记 $V^{(\tau)i}(t,x):[\tau,T]\times R^m\to R$，$\forall i\in N$ 为参与者 $i$ 的相应价值函数，则函数 $V^{(\tau)i}(t,x)$，$\forall i\in N$ 满足 Bellman–Isaacs 方程。

结合前文的论述，可以总结出一个定理，具体如下。

**定理 5.3**　博弈 $\Gamma(x_0,T-t_0)$ 具有以下几个特征。

第一，在相同的时间及状态下，无论是在原博弈中还是在子博弈中，参与者价值函数的值在进行相应的贴现后相等。

第二，在相同的时间及状态下，最优的博弈策略是一致的。

第三，在相同的时间及状态下，无论是在原博弈或一个任意的子博弈还是在另外任何一个子博弈中，参与者价值函数的值在进行相应的贴现后相等。

对定理 5.3 的证明如下。

由于前面的反馈均衡策略都只与当前的时间及状态有关，所以它是马尔科夫的。

关于不相等的 $\tau\in[t_0,T]$，把前面的 $V^{(\tau)i}(t,x)$，$\forall i\in N$ 需要符合的关系进行比较，可以得到下列关系：

$$\begin{aligned}\varphi_i^{(\tau)i}[s,x(s)] &= \varphi_i^{(t_0)*}[s,x(s)], s\in[\tau,T]\\ V^{(\tau)i}(\tau,x_\tau) &= \exp\left[\int_{t_0}^\tau r(y)\,dy\right]V^{(t_0)i}(\tau,x_\tau)\\ V^{(t)i}(t,x_t) &= \exp\left[\int_\tau^t r(y)\,dy\right]V^{(\tau)i}(\tau,x_t)\\ \forall\, t_0&\leq\tau\leq t\leq T, \forall i\in N\end{aligned} \quad (5-16)$$

因此，定理 5.3 得证。

根据定理 5.3 可知，在博弈 $\Gamma(x_\tau,T-\tau)$ 的纳什均衡中，对于 $x(t)=x_t$ 和 $\tau\in[t_0,T]$，参与者 $i$ 在时间区间 $[t,T]$ 的支付现值，即其价值函数为：

$$V^{(\tau)i}(t,x_t) = \int_t^T g^i\{s,x(s),\varphi_1^{(\tau)*}[s,x(s)],\cdots,\varphi_n^{(\tau)*}[s,x(s)]\}\exp[-\int_{t_0}^s r(y)\mathrm{d}y]\mathrm{d}s +$$
$$\exp[-\int_\tau^T r(y)\mathrm{d}y]q^i[x(T)] \mid x(t) = x_t, i \in N \qquad (5-17)$$

博弈的均衡动态系统则为:

$$\dot{x}_i(s) = f\{s,x(s),\varphi_i^{(\tau)*}[s,x(s)]\}, x(t) = x_t \qquad (5-18)$$

## (三) 联盟的支付

在时点 $t_0$, 联盟 $K$ 的合作支付为:

$$\int_{t_0}^T \sum_{j\in K} g^j[s,x_j(s),u_j(s)]\exp[-\int_{t_0}^s r(y)\mathrm{d}y]\mathrm{d}s + \sum_{j\in K}\exp[-\int_{t_0}^T r(y)\mathrm{d}y]q^j[x_j(T)], \forall K \subseteq N$$
$$(5-19)$$

关于联盟 $K$ 的合作支付的计算, 也就是计算联盟 $K$ 的合作支付函数 (5-19) 在动态系统 (5-12) 下的最大化, 必须讨论最优控制问题 $\overline{w}[K;t_0,x_K^0]$。本书将动态系统 (5-12) 简单表示为:

$$\dot{x}_K(s) = f^K[s,x_K(s),u_K(s)], x_K(t_0) = x_K^0 \qquad (5-20)$$

在动态系统 (5-20) 中, $u_K$ 是 $u_j$ 的集合, 而对于 $j \in K$, $f^K[s,x_K(s),u_K(s)]$ 则是一个包含 $f_j^K[s,x_K(s),u_K(s)]$ 的列向量, $\forall j \in K$。

最优控制问题 $\overline{w}[K;t_0,x_K^0]$ 的解可以通过贝尔曼动态规划技术求得。最优控制 $\{u_K^*(t) = \psi_K^{(t_0)K*}(t,x_K)\}$ 须满足的条件是当存在连续可微函数 $W^{(t_0)K}(t,x_K):[t_0,T] \times \prod_{j\in K} R^{m_j} \to R$ 时, 如下 Bellman–Isaacs 方程成立:

$$-W_t^{(t_0)K}(t,x_K) = \max_{U_K}\left\{\sum_{j\in K} g^j[t,x_j,u_j]\exp[-\int_{t_0}^t r(y)\mathrm{d}y] + \sum_{j\in K} W_{x_j}^{(t_0)K}(t,x_K)f_j^K[t,x_K,u_j]\right\}$$
$$W^{(t_0)K}(T,x_K) = \sum_{j\in K}\exp[-\int_{t_0}^T r(y)\mathrm{d}y]q^j(x_j) \qquad (5-21)$$

说明: 联盟 $K$ 在时点 $t_0$ 的价值函数用 $W^{(t_0)K}(t,x_K)$ 来表示。在开始时点为 $t_0$ 的合作博弈中, 在状态为 $x_K$ 时, 联盟 $K$ 在时间为 $t$ 和在时间区间 $[t,T]$ 的支付现值可以用 $W^{(t_0)K}(t,x_K)$ 来体现。

在最优控制问题 $\bar{w}[K;t_0,x_K^0]$ 中，联盟 $K$ 的参与者 $j$ 所采用的最优控制用 $\psi_j^{(t_0)K*}(t,x_K)$ 来表示。

$K=N$ 表示所有的参与者 $i\in[1,\cdots,n]=N$ 组成了一个总联盟。这时最优控制被每个参与者采用，即：

$$\psi_N^{(t_0)N*}[s,x_N(s)] = \{\psi_1^{(t_0)N*}[s,x_N(s)],\cdots,\psi_n^{(t_0)N*}[s,x_N(s)]\} \quad (5-22)$$

最优状态下总联盟的动态系统为：

$$\dot{x}_j(s) = f_j^N\{s,x_N(s),\psi_j^{(t_0)N*}[s,x_N(s)]\}, x_j(t_0) = x_j^0 \quad (5-23)$$

或：

$$\dot{x}_N(s) = f^N\{s,x_N(s),\psi_N^{(t_0)N*}[s,x_N(s)]\}, x_N(t_0) = x_N^0 \quad (5-24)$$

动态系统（5-24）的解法用数式 $x_N^*(t) = [x_1^*(t),\cdots,x_n^*(t)]$ 来表示。则博弈的最优轨迹 $\{x_N^*(t)\}_{t=t_0}^{T}$ 由总联盟在合作期间的状态组成。$x_j^*(t)$ 在 $t\in[t_0,T]$ 的值用 $x_j^{t*}$ 来表示。

考虑开始时间和初始状态为 $\tau\in[t_0,T]$ 和 $x_K^\tau$ 的最优控制问题 $\bar{w}[K;t_0,x_K^0]$，可以得出：

$$\exp\left[\int_\tau^t r(y)dy\right]W^{(\tau)K}(t,x_K^t) = W^{(t)K}(t,x_K^u), \forall t_0 \leq \tau \leq t \leq T$$

$$\psi_K^{(\tau)K*}(t,x_K^t) = \psi_K^{(t)K*}(t,x_K^t), \forall t_0 \leq \tau \leq t \leq T \quad (5-25)$$

由式（5-25）可知，在相同的时间及状态下，无论开始的时间是否相同，在最优控制问题中联盟 $K$ 的最优合作策略是相同的，而且在进行相应的贴现后价值函数也相同。

当总联盟即将形成时，供求信息、开发资金、人员雇佣和旅游资源等方面的协同效应可以在各个参与企业节点之间产生。满足时间一致性（动态平稳性）、整体理性和个体理性准则是实现协同的先决条件。时间一致性（动态平稳性）是指联盟初期的最优策略拓展至稍后开始，沿着最优轨迹运行的子博弈同样最优。整体理性准则是最大化联盟总体收益。个体理性准则是指所有参与联盟的企业节点从联盟中得到的收益要高于它们各自为政时的收益，这关系到合作博弈的成功与否。所以，时间一致性、整体理性和个体理性将分别在下文中进行讨论。

## 四 联盟的微分合作博弈准则

### （一）时间一致性

众所周知，纵使不考虑经济环境中随机不确定因素如自然因素的影响，任何现实经济活动也都不可能是一成不变的，它总是随时间千变万化，即经济活动是一个动态的发展变化过程。时间一致性对于动态经济活动起到至关重要的作用，如果一项经济计划不能保证在整个运行过程的任何时刻都达到最优，那么它将难以实现动态下的帕累托最优均衡。所以有学者认为，对于《京都议定书》和世界贸易组织（WTO）等国际条约和国际组织，合作的时间一致性并没有在其签订或成立之初被考虑，其条约在长期内很难被遵守，这必然导致失败。

动态博弈理论中长久而关键的主题是均衡的时间一致性。相对于静态博弈，"按照最优的状态轨迹运行在博弈的每个时刻都被体现，必须保证特定的最优化准则"[①]，这是一个对动态博弈更为严格的要求。这就是时间一致性或动态平稳。对于合作博弈而言，在博弈刚开始的时候，假设联盟参与者采用一个包括追求共同收益最大化和达成分配收益协议等内容的最优准则。博弈的状态在博弈沿着最优化轨迹运行时不断变化，对所有参与者而言，如果无法保证最优化准则仍是最优的，就会出现参与者偏离最初选择轨迹的趋势，不稳定性由此产生。在合作微分博弈开始以后的每个时间点，各个参与者都按照最优准则从事经济活动，并且不存在任何远离最优准则运行的意愿，这是其解法的时间一致性应具有的特点。而且，对于合作微分博弈中沿着最优轨迹运行的子博弈，如果动态平稳或时间一致性能够确保把解法策略推迟到晚些才开始，那么一

---

① 参见杨荣基、彼得罗相、李颂志《动态合作——尖端博弈论》，中国市场出版社，2007。

样可以实现最优目标。

用 $\Gamma_c$ 表示合作微分博弈，存在一种解法 $W_c(x_i^*, T-t) \neq 0, t_0 \leq t \leq T$，沿着条件性最优轨迹 $\{x^*(t)\}_{t=t_0}^T$ 运行，如果满足不了这个条件，那么所有节点参与者已选定的最优化准则将会被违背。令 $x_0$ 为时间点 $t_0$ 的初始状态，下面的支付分配方案被参与者认可：

$$\mu(x_0, T-t_0) = [\mu_1(x_0, T-t_0), \cdots, \mu_n(x_0, T-t_0)] \in W_c(x_0, T-t_0) \quad (5-26)$$

那么，第 $i$ 个参与者在 $[t_0, T]$ 内的所得支付为 $\mu_i(x_0, T-t_0)$。若根据 $\mu_i(x_0, T-t_0)$，假设参与者 $i$ 在时间区间 $[t_0, t]$ 内得到的支付为 $\gamma_i[\mu(x_0, T-t_0); x^*(\cdot), t-t_0]$，则在剩余时间区间 $[t, T]$ 内，根据 $\mu_i(x_0, T-t_0)$，参与者 $i$ 得到：

$$\begin{aligned}&\eta_i[\mu(x_0, T-t_0); x^*(t), T-t] = \\ &\mu_i(x_0, T-t_0) - \gamma_i[\mu_i(x_0, T-t_0); x^*(\cdot), t-t_0]\end{aligned} \quad (5-27)$$

下面给出合作微分博弈时间一致性分配的充分性条件定理。

**定理 5.4** 令 $\eta[\mu(x_0, T-t_0); x^*(t), T-t]$ 为一个向量，其元素为：

$$\eta_i[\mu(x_0, T-t_0); x^*(t), T-t], \forall i = \{1, 2, \cdots, n\} \quad (5-28)$$

对于原支付分配方案 $\mu(x_0, T-t_0)$，将其应用于由 $t$ 点开始的剩余博弈，可得向量如下：

$$\eta[\mu(x_0, T-t_0); x^*(t), T-t] \in W_c(x_i^*, T-t) \quad (5-29)$$

若在每个 $t \in [t_0, T]$，沿着轨迹 $\{x^*(t)\}_{t=t_0}^T$，式（5-29）为当前博弈的一种解法，则分配 $\mu(x_0, T-t_0)$ 为时间一致的。

证明：由式（5-27）得，$\eta_i[\mu(x_0, T-t_0); x^*(t), T-t]$ 为参与者 $i$ 在剩余时间区间 $[t, T]$ 内的一个分配，它是当前博弈的一种解法，同时，由于 $\gamma_i[\mu(x_0, T-t_0); x^*(\cdot), t-t_0]$ 定义了参与者 $i$ 得到的时间区间 $[t_0, t]$ 内原博弈的最优支付，因此，由 $\mu_i(x_0, T-t_0)$ 为当前博弈的分配，得出 $\mu_i(x_0, T-t_0)$ 既为参与者 $i$ 在 $t$ 时点开始的子博弈的一种解法，也是原博弈的一种解法，因此分配向量 $\mu(x_0, T-t_0)$ 是保持时间一致的。

在时间区间 $[t,T]$, $t_0 \leqslant t \leqslant T$ 内，沿着轨迹 $x^*(t)$，根据定理 5.4，总联盟 $N$ 可以得到的支付为：

$$v[N;x^*(t),T-t] = \sum_{i=1}^{n} \{\int_{t_0}^{T} g^i[s,x^*(s),u^*(s)]ds + q^i[x^*(T)]\} \quad (5-30)$$

式（5-30）与沿着轨迹 $x^*(t)$，在时间区间 $[t_0,T]$ 内，总联盟 $N$ 可以得到的支付 $v[N;x^*(t),T-t]$ 的差距为：

$$v[N;x_0,T-t_0] - v[N;x^*(t),T-t] = \sum_{i=1}^{n} \{\int_{t_0}^{T} g^i[s,x^*(s),u^*(s)]ds\} \quad (5-31)$$

式（5-31）即为总联盟 $N$ 在时间区间 $[t_0,t]$ 内得到的总支付。

说明：分配方法 $\mu(x_0,T-t_0)$ 具有时间一致性，表示对于沿着最优轨迹的子博弈，它能确保将分配策略推迟到以后任何时刻开始的博弈中，一样可以实现最优目标。而且，个体理性和整体理性在整个博弈过程中均能够保证。为使该分配方法得到具体化的实现，本章第六节将在理论的基础之上探讨更具可行性的分配机制。

## （二）整体理性准则

整体理性是最大化整体收益函数，可以用联盟中每个节点的瞬时支付及终点支付贴现后的总和表示。如下式：

$$M[s,x(s)] = \max\{\int_{t_0}^{T} \sum_{i=1}^{n} g^i[s,x_i(s),u_i(s)] \exp[-\int_{t_0}^{s} r(y)dy]ds$$
$$+ \sum_{i=1}^{n} \exp[-\int_{t_0}^{T} r(y)dy] q^i[x_i(T)]\} \quad (5-32)$$

其约束条件为 $\dot{x}_K(s) = f^K[s,x_K(s),u_K(s)]$, $x_K(t_0) = x_K^0$。根据微分动态合作理论可以得到下面的结论。

令连续可微分函数 $M[s,x(s)]$ 为整体收益函数。整体收益函数在结束时间点满足 $M(T,x) = \exp[-\int_{t_0}^{T} r(y)dy] \sum_{i \in k} q^i[x_i(T)]$ 是其边际条件。那么该整体理性控制问题的最优解法 $\varphi_N^{(t_0)^*}(t,x) = [\varphi_1^{(t_0)^*}(t,x),\cdots,\varphi_n^{(t_0)^*}(t,x)]$ 一定存在。其中，在最优控制下，时间 $t$ 下的第 $i$ 个节点的支

付所得用 $\varphi_i^{(t_0)*}(t,x)$ 表示，它可以最大化整体收益。即：

$$M(t,x) = \int_t^T \sum_{i\in k} g^i\{s,\dot{x}(s),\varphi_1^{(t)}[t,\dot{x}(s)],\cdots,\varphi_n^{(t)}[t,\dot{x}(s)]\}\exp[-\int_{t_0}^s r(y)\mathrm{d}y]\mathrm{d}s$$
$$+ \exp[-\int_{t_0}^T r(y)\mathrm{d}y]\sum_{i\in k} q^i[\dot{x}(T)] \qquad (5-33)$$

其中，沿着的最优轨迹用 $x_N(t_0) = x_N^0$ 表示，$\dot{x}_N^*(s) = f^N\{s,x_N(s),\varphi_{[t,x_N(s)]}^{(t)*}\}$ 表示相应的最优合作轨迹的动态。所以最优合作控制在给定时间区间 $[t_0,T]$ 都被双方采用。也就是说，在 $t_0$ 开始的原博弈中，联盟中参与者在时间区间 $[t_0,T]$ 的整体瞬时支付与在结束时间的整体终点支付之和的现值，会等于整体利益最优值。

以参与节点的旅游信息平台建设为例，为促进各个参与节点的合作，加强和完善旅游产业的区域信息网络，现欲共同建立一个更紧密的信息网络平台，以降低投入成本，扩大产出利润。也就是说参与节点 $j$ 参与信息平台建设对参与节点 $i$ 的影响是正向的，即参与节点 $j$ 的参与在增加自身收入的同时，会增加参与节点 $i$ 的总收入。用上文的表达式可表示为：如果参与节点 $i$ 的 $g^i(\cdot)$ 值大为增加，那么参与节点 $i$ 的 $q^i[x_i(T)]$ 值也必然大大增加。

由于参与节点间的相互影响是正向的，这种协同效应给整个联盟带来了丰厚的经济效益，整体理性得到体现。所以，联盟整体收益的帕累托最优状态会随着旅游信息平台建设沿着最优轨迹运行而实现。

### （三）个体理性准则

如果每个联盟参与节点在时间 $\tau$ 和状态 $x_\tau^*$ 时，都认可并执行沿着最优合作动态轨迹的分配，则节点参与者的分配向量为：

$$\varphi(T-t_{x_\tau^*},x_\tau^*) = [\varphi^1(T-t_{x_\tau^*},x_\tau^*),\cdots,\varphi^n(T-t_{x_\tau^*},x_\tau^*)] \qquad (5-34)$$

即参与者均同意在时间区间 $[t_0,T]$ 中，节点 $i$ 分得 $\varphi^i(T-t_{x_\tau^*},x_\tau^*)$。时间 $\tau$ 可表示在时间区间 $[t_0,T]$ 内的任一连续时间点。任何最优合作都必须满足个体理性，故在时间为 $\tau$ 时，在 $x_\tau^*$ 状态下，参与者获得收益满足：$\varphi^{i}(T-t_{x_{\tau}^{*}}, x_{\tau}^{*}) \geq V^{(t_{0})}(t_{x_{\tau}^{*}}, x_{\tau}^{*})$。其中，第 $i$ 个节点单独经营时的利益所得用 $V^{(t_{0})}(t_{x_{\tau}^{*}}, x_{\tau}^{*})$ 表示。该式的经济意义是：节点 $i$ 加入联盟的前提是其独自经营时的收益始终低于加入联盟后所分配到的收益。

需要注意的是，动态联盟是可持续的联盟，所以个体理性在动态博弈的任何时间都必须得到维持。不然，理性的参与者将各自为政，偏离合作路线，导致合作下的帕累托最优结果无法实现，以致联盟失败。还是以参与节点旅游信息平台建设合作为例，合作的前提是要满足 $g^{i}[s, x_{i}(s), u_{i}(s)] > V^{(t_{0})}(t_{x_{\tau}^{*}}, x_{\tau}^{*})$，建立信息平台之后，参与者间的信息传递时间迅速降低，信息传递效率大幅提高，从而使得整体经济收益提升，这是另外两个节点对节点 $i$ 产生积极影响的表现，于是个体理性得到满足。

## 五　基于动态 Shapley 值的利益分配

合作博弈过程中需要解决的首要并且重点的问题即为利益分配，Shapley 值（Shapley Value）分配方法被广泛采用。杨荣基和彼得罗相的微分合作算法使得 Shapley 值充分满足时间一致性、整体理性和个体理性，并且一定存在唯一解。本书假设在旅游服务供应链联盟中，各个参与者是理性的，每个节点均根据 Shapley 值分配方法对联盟总收益进行分配。

**假设 5.1**　参与者 $i$ 在时点 $\tau \in [t_0, T]$ 分得的支付为：

$$\nu^{(\tau)i}(\tau, x_N^\tau) = \sum_{K \subseteq N} \frac{(k-1)!(n-k)!}{n!} [W^{(\tau)K}(\tau, x_K^\tau) - W^{(\tau)K \setminus i}(\tau, x_{K \setminus i}^\tau)],$$

$$\forall i \in N, \tau \in [t_0, T] \tag{5-35}$$

式（5-35）为 Shapley 利益分配公式。其中，节点 $i$ 加入联盟 $K$ 后的利益分配值用 $\nu^{(\tau)i}(\tau, x_N^\tau)$ 表示。联盟 $K$ 的合作利润用 $W^{(\tau)K}(\tau, x_K^\tau)$ 表示。联盟 $K$ 没有 $i$ 加入时的合作用 $K \setminus i$ 表示。于是节点 $i$ 在联盟 $K$ 中的

边际贡献用 $W^{(\tau)K}(\tau,x_K^{\tau^*}) - W^{(\tau)K\setminus i}(\tau,x_{K\setminus i}^{\tau^*})$ 表示。联盟 $K$ 的加权因子用 $\dfrac{(k-1)!(n-k)!}{n!}$ 表示，其也可表示 $i$ 加入联盟的可能性。

需要注意的是，$\nu^{(\tau)}(\tau,x_N^{\tau^*}) = [\nu^{(\tau)1}(\tau,x_N^{\tau^*}),\cdots,\nu^{(\tau)n}(\tau,x_N^{\tau^*})]$ 必须满足作为一个分配的基本性质：

$$\begin{aligned}&(a) \sum_{j=1}^{n} \nu^{(\tau)j}(\tau,x_N^{\tau^*}) = W^{(\tau)N}(\tau,x_N^{\tau^*}) \\ &(a) \nu^{(\tau)i}(\tau,x_N^{\tau^*}) \geqslant W^{(\tau)i}(\tau,x_N^{\tau^*}) \\ &\forall i \in N, \tau \in [t_0,T]\end{aligned} \quad (5-36)$$

由式（5-36）中的式（a）可知，各个节点分配值之和为整个联盟收益，则在合作博弈期间，利益分配 $\nu^{(\tau)}(\tau,x_N^{\tau^*})$ 满足整体理性；由式（b）可知，节点 $i$ 参与联盟所获得的收益大于其独自经营时的收益，所以 $\nu^{(\tau)}(\tau,x_N^{\tau^*})$ 满足个体理性。

由假设5.1可知，在任何一个时点，按照 Shapley 值来分配联盟支付，帕累托最优效应会沿着博弈的最优状态轨迹运行而实现。它满足动态平稳性，是博弈的最优化准则解法。

## 六 多方联盟的时间一致的得偿分配机制

得偿分配机制可以确保整个联盟过程中任何时刻的 Shapley 值都能使联盟得以维持。

令 $C_i(s)$ 表示参与者 $i \in N$ 根据时点 $s \in [t_0,T]$ 的联盟支付 $\nu^{(t_0)i}(t_0, x_N^0)$ 得到的瞬时平衡得偿。则在式（5-24）中，参与者 $i \in N$ 的联盟支付必须满足以下条件。

第一，参与者 $i$ 在时间区间 $[t_0,T]$ 收到的所有得偿与在终点得到的终点支付之和必须等于联盟支付 $\nu^{(t_0)i}(t_0,x_N^0)$。

第二，对于 $i \in N$ 和 $t \in [t_0,T]$，沿着最优轨迹，参与者在时间区间 $[t_0,T]$ 收到的所有得偿与在终点得到的终点支付之和的现值必须等于时间区间$[t_0,T]$的联盟支付。

第三，在相同的时点及状态下，沿着最优轨迹，每个参与者在子博弈中的联盟支付的现值必须等于在原博弈中的联盟支付。

而且，为了实现帕累托最优，$C(s) = [C_1(s),\cdots,C_n(s)]$必须满足如下假设。

**假设 5.2**

$$\sum_{i=1}^{n} C_i(s) = \sum_{i=1}^{n} g^i[s,x_i^{s*}(s),\psi_N^{(t_0)N*}(s,x_n^{s*})], \forall s \in [\tau,T] \quad (5-37)$$

根据前文，该假设可改写为：

$$\nu^{(\tau)i}(\tau,x_N^{t^*}) = \sum_{S \subseteq N} \frac{(s-1)!(n-s)!}{n!}[W^{(\tau)S}(\tau,x_S^{\tau^*}) - W^{(\tau)S\setminus i}(\tau,x_{S\setminus i}^{\tau^*})]$$

$$= \int_t^T C_i(s) \exp[-\int_\tau^s r(y)\mathrm{d}y]\mathrm{d}s +$$

$$q^i[x_i^*(T)]\exp[-\int_\tau^T r(y)\mathrm{d}y],$$

$$\forall t_0 \le \tau \le t \le T \quad (5-38)$$

而且，$\nu^{(\tau)i}(\tau,x_N^{t^*})$与价值函数$W^{(\tau)S}(\tau,x_S^{\tau^*})$类似，是关于$t$和$x_N^{t^*}$连续二次可微的。

由于$\nu^{(\tau)i}(\tau,x_N^{t^*})$是可微的，$\forall \Delta t \to 0$，有：

$$\nu^{(\tau)i}(\tau,x_N^{t^*}) = \int_t^{\tau+\Delta t} C_i(s)\exp[-\int_\tau^N r(y)\mathrm{d}y]\mathrm{d}s +$$

$$\exp[-\int_\tau^{\tau+\Delta t} r(y)\mathrm{d}y]\nu^{(\tau+\Delta t)i}(\tau+\Delta t,x_N^{t^*}+\Delta x_N^{t^*})|_{t=\tau},$$

$$\forall t_0 \le \tau \le t \le T \quad (5-39)$$

此处有：

$$\Delta x_N^{\tau*} = [\Delta x_1^{\tau*},\cdots,\Delta x_n^{\tau*}]$$

$$\Delta x_i^{\tau*} = f_i^N[\tau,x_N^{\tau*},\psi_N^{(\tau)N*}(\tau,x_N^{\tau*})]\Delta t + o(\Delta t) \quad (5-40)$$

$$\forall i \in N, [o(\Delta t)]/\Delta t \to 0, \Delta t \to 0$$

式（5-38）可以改写成式（5-39），得：

$$\int_t^{\tau+\Delta t} C_i(s) \exp\left[-\int_\tau^s r(y)\,dy\right]ds$$

$$= v^{(\tau)i}(\tau, x_N^{t^*}) \exp\left[-\int_\tau^{\tau+\Delta t} r(y)\,dy\right] v^{(\tau+\Delta t)i}(\tau+\Delta t, x_N^{t^*} + \Delta x_N^{t^*})\bigg|_{t=\tau}$$

$$= v^{(\tau)i}(\tau, x_N^{t^*}) - v^{(\tau)i}(\tau+\Delta t, x_N^{t^*} + \Delta x_N^{t^*}),$$

$$\forall\, t_0 \leq \tau \leq t \leq T \tag{5-41}$$

当 $\Delta t \to 0$ 时，式（5-41）可以表示为：

$$C_i(\tau)\Delta t = -\left[v_i^{(\tau)i}(t, x_N^{t^*})\big|_{t=\tau}\right]\Delta t -$$

$$\sum_{i \in N}\left[v_{x_j^{t^*}}^{(\tau)i}(t, x_N^{t^*})\big|_{t=\tau}\right]f_j^N[\tau, x_N^{t^*}, \psi_j^{(\tau)N}(\tau, x_N^{t^*})]\Delta t + o(\Delta t) \tag{5-42}$$

计算式（5-42）的期望，并用 $\Delta t$ 除式（5-42），由 $\Delta t \to 0$，可得：

$$C_i(\tau) = -\left[v_i^{(\tau)i}(t, x_N^{t^*})\big|_{t=\tau}\right] - \sum_{i \in N}\left[v_{x_j^{t^*}}^{(\tau)i}(t, x_N^{t^*})\big|_{t=\tau}\right]f_j^N[\tau, x_N^{t^*}, \psi_j^{(\tau)N}(\tau, x_N^{t^*})]$$

$$\forall\, i \in N,\, t_0 \leq \tau \leq t \leq T \tag{5-43}$$

经过上述推导过程可知，在时点 $\tau \in [t_0, T]$，以下条件可以实现：

$$v^{(\tau)i}(\tau, x_N^{t^*}) = \sum_{S \subseteq N} \frac{(s-1)!(n-s)!}{n!}\left[W^{(\tau)S}(\tau, x_S^{\tau^*}) - W^{(\tau)S\setminus i}(\tau, x_{S\setminus i}^{\tau^*})\right] \tag{5-44}$$

$i \in N$ 的瞬时平衡得偿等于：

$$C_i(\tau)$$

$$= -\sum_{S \subseteq N} \frac{(s-1)!(n-s)!}{n!}\Big\{\left[W_t^{(\tau)S}(\tau, x_S^{\tau^*})\big|_{t=\tau}\right] - \left[W_t^{(\tau)S\setminus i}(\tau, x_{S\setminus i}^{\tau^*})\big|_{t=\tau}\right] +$$

$$\left\{\left[W_{x_N^{t^*}}^{(\tau)S}(\tau, x_S^{\tau^*})\big|_{t=\tau}\right] - \left[W_{x_S^{t^*}}^{(\tau)S\setminus i}(\tau, x_{S\setminus i}^{\tau^*})\big|_{t=\tau}\right]\right\} \times f^N\left[\tau, x_N^{t^*}, \psi_N^{(\tau)N}(\tau, x_N^{t^*})\right]\Big\}$$

$$\tag{5-45}$$

或表示为：

$$C_i(\tau)$$

$$= -\sum_{S \subseteq N} \frac{(s-1)!(n-s)!}{n!}\Big\{\left[W_t^{(\tau)S}(\tau, x_S^{\tau^*})\big|_{t=\tau}\right] - \left[W_t^{(\tau)S\setminus i}(\tau, x_{S\setminus i}^{\tau^*})\big|_{t=\tau}\right] +$$

$$\left[W_{x_N^{t^*}}^{(\tau)S}(\tau, x_S^{\tau^*})\big|_{t=\tau}\right]f_S^N\left[\tau, x_N^{t^*}, \psi_S^{(\tau)N}(\tau, x_N^{t^*})\right] -$$

$$\left[W_{x_{S\setminus i}^{t^*}}^{(\tau)S\setminus i}(\tau, x_{S\setminus i}^{\tau^*})\big|_{t=\tau}\right]f_{S\setminus i}^N\left[\tau, x_N^{t^*}, \psi_{x_{S\setminus i}^{t^*}}^{(\tau)N}(\tau, x_N^{t^*})\right]\Big\} \tag{5-46}$$

此处，$S \subseteq N$ 是包含参与者 $i \in N$ 的联盟。联盟 $S$ 的价值函数用 $W^{(\tau)S}$

$(\tau, x_S^\tau)$ 表示。在参与者 $i$ 进入联盟前，联盟 $S\backslash i$ 的价值函数用 $W^{(\tau)S\backslash i}(\tau, x_{S\backslash i}^\tau)$ 表示。联盟 $S$ 的 Shapley 值权重因子用 $\dfrac{(s-1)!(n-s)!}{n!}$ 表示。$f_S^N[\tau, x_N^{t^*}, \psi^{(\tau)N}(\tau, x_N^{t^*})]$ 为一个列向量，其元素为 $f_i^N[\tau, x_N^{t^*}, \psi_i^{(\tau)N}(\tau, x_N^{t^*})]$，当 $i \in S$ 时，反映节点 $i$ 在加入联盟的情况下，状态的进展和变化情况。

每个参与者的支付将由瞬时平衡得偿进行平衡。每个参与者在博弈终点收到的终点支付与这些瞬时平衡得偿一起构成了一个支付分发机制。它具有整体理性、个体理性和时间一致性。所以，在时点 $\tau \in [t_0, T]$ 的瞬时平衡得偿 $C_i(\tau)$ 是合作博弈给出的一个时间一致的解法。如果采用本书中的参与者终点支付和瞬时平衡得偿，那么联盟会因为分配方案的时间一致的而持续下去，每个参与者都会朝着联盟博弈的终点走下去。

由终点支付和瞬时平衡得偿两部分构成的支付分发机制可以保障多方经济联盟的顺利进行，并维持联盟的长久发展。许多经济问题都可以用联盟微分博弈来解释，如多方技术联盟问题、承包商与分包商联盟建设问题、不可再生资源的多方联合开采问题、上下游企业联盟问题等。

## 七 本章小结

本章首先分析区域旅游服务供应链联盟核心利益相关者的不协调表现；接着针对联盟后的利益分配以及联盟的稳定性，将微分博弈引入区域旅游服务供应链联盟中，构建了基于多人微分合作博弈理论的动态 Shapley 值联盟利益分配模型；再引入多方联盟的瞬时平衡得偿来保证联盟支付的整体理性、个体理性和时间一致性，使得收益分配方案在最优准则下持续有效，让区域旅游服务供应链联盟一直走下去，最终获得旅游联盟经营活动的成功。

# 第六章 联盟外部性协调的激励机制设计

激励机制设置了合理的奖励形式和奖励政策，同时也建立了一系列的惩罚措施，从而激励、引导、同化组织成员行为，在成员个人目标得到满足的同时，达到实现组织目标的目的。它是区域旅游服务供应链联盟中的节点企业实现利益最大化所必须进行的系统性活动。正如前面章节的分析，在区域旅游服务供应链联盟中，旅行社、饭店、旅游交通、旅游目的地之间存在许多不协调问题，除了其自身原因外，很大程度上都是因为激励机制存在问题。激励不足或激励过度导致供应链运作的高成本转嫁到旅游者身上，使得旅游者旅游效益受损。为了从理论上对区域旅游服务供应链联盟中的激励机制设计进行深入分析，本章基于委托－代理理论，对区域旅游服务供应链联盟的外部性问题进行了探讨，并设计了相应的激励机制。

## 一 联盟的外部性演化分析

尽管我国旅游产业发展规模越来越大，但我国旅游产业发展水平并不算高，原因在于这一新兴的旅游服务供应链存在着外部性问题。前面我们分析了较简单的情形，这些分析表明，旅游服务供应链的外部性强弱在一定程度上取决于某些参数。在双寡头旅游产业的最优供应链中，传统观点认为，寡头间形成联盟可以利用更加充分的资源实现合谋（例如卡特尔组织），并以此创造更多的垄断利润。而对于旅游产品销售商而言，一个旅游产品的营销创新会对另一个产品产生负面影响，如此，旅游销售商很可能会选择将两个产品的营销创新力度同时减少，这最终会引起旅游服务供应链总收益的下滑。所以面对这种情形，相比于单独经营，联盟带给整个旅游服务供应链的总利润可能更低。

## （一）联盟外部性描述

在零售寡头竞争市场，产品制造商将所生产产品的销售权委托给销售商。对于该产品销售商来说，它可以仅代理销售该制造商的产品，也可以与多家制造商签订契约，代理其他产品的销售，当然，这些产品可以是不同类别的产品，也可以是同种类别的产品，甚至是竞争产品。从旅游服务销售商的角度来看，对于旅游景点的销售来讲，这样的旅游服务供应链有两种可能性：第一，独占交易（Exclusive Dealing），即一个旅游服务销售商只代理一个旅游景点的销售推广；第二，共同销售（Common Retailing），即一个旅游服务销售商同时代理多个旅游景点的销售推广。对于独占交易和共同销售哪一个会为供应链带来更大利润的问题，Bernheim 和 Whinston（以下简称 BW）最先涉足，根据他们的研究可以知道，一旦有两个旅游景点同时拿出销售代理合约，那么其中一个均衡结果是它们和同一家旅游服务销售商签订合约[①]。这类似于这两个旅游景点实现合谋，将经营权卖给了该旅游服务销售商。在这种合谋下两个旅游景点获得了完美合谋下的旅游行业利润，从本质上讲就是形成了共同销售的旅游服务供应链结构。

但是，销售商在负责产品销售的同时，为了获得更大的销售利润必须创新营销手段。根据前文的分析，在旅游服务供应链共同销售的情况下，旅游服务销售商虽然能够消除两个旅游景点的恶性竞争，同时整合二者的利益，使二者达到合谋，提升景点旅游服务的销售收入，但是其

---

① Bernheim, B. D., Whinston, M. D., "Common Marketing Agency as a Device for Facilitating Collusion", *Rand Journal of Economics*, 16 (2), 1985, pp. 269–281.

对某个旅游景点进行景点营销创新的同时，会降低旅游者对另一个旅游景点的需求量，也就是说旅游服务销售商会面临一个多任务冲突[1]，这导致旅游服务销售商在两个景点的营销创新行为受到抑制，旅游服务供应链总利润随之降低。所以，在考虑到旅游服务销售商的营销创新行为的情况下，共同销售可能并不能为旅游服务供应链上的所有企业，例如酒店、航空公司、旅游目的地带来更高的总收益。反之，如果采用独占交易的旅游服务供应链结构，即不会存在合谋效应，纵然受到多任务冲突的影响，总利润的更高值也可能会在整个旅游业形成。本章在假设旅游服务产品具有替代性的前提下，基于旅游业双寡头的产业结构，建立动态博弈模型，分别计算独占交易和共同销售给旅游服务供应链带来的总收益，并对二者进行比较分析。然后得出面对多任务冲突时两个旅游景点分别签约一个旅游服务销售商，与两个旅游景点同时签约一个旅游服务销售商相比，旅游总收益会更高。

BW 的研究结果在另外的角度也受到一些学者的质疑。Gal-Or 认为，即使 BW 所指出的合谋优势存在，销售商在拥有私人成本信息的情况下仍然会选择独占交易，这是因为虽然销售商可以得到信息租金，但二者独占交易的信息租金之和比共同销售的信息租金低，共同销售的信息租金处于劣势[2]。Martimort 指出在一个不完全信息情况下供应链结构受产品差异性影响。他认为在制造商的产品是可以相互替代的前提下独占交易更优，这是因为每一条供应链中的激励问题会被产品之间的竞争消除，也就是说，销售产品的替代性、互补性左右了制造商对共同销售或独占交易的选择[3]。

---

[1] Dewatripont, M., Tirole, J., "Advocates", *Journal of Political Economy*, 107 (1), 1999, pp. 1 – 39.

[2] Gal-Or, E., "A common Agency with Incomplete Information", *The Rand Journal of Economics*, 22 (2), 1991, pp. 274 – 286.

[3] Martimort, D., "Exclusive Dealing, Common Agency, and Multiprincipals Incentive Theory", *The Rand Journal of Economics*, 27 (1), 1996, pp. 1 – 31.

另外，BW 的研究结果也得到部分学者的支持。Besanko 和 Perry 认为"搭便车"问题也存在于不同产品共同销售中，由于推广销售的正外部性，制造商更有可能选择共同销售[1]。制造商降低其推广销售的努力程度是因为制造商对产品的推广销售主要是依靠零售商来完成的。Mezzetti 充分考虑了制造商生产产品的效率水平。他指出共同销售商会由于产品具有横向差异性而面临一个反向激励的问题，也就是说制造商偏向选择共同销售是因为生产的产品会有不同的效率水平[2]。

正如我们前文所分析的那样，存在唯一的一个销售商与某制造商签订了独占交易的合约，则其他销售商和制造商在之前就被踢出了这个市场。可以得到更一般的结论，独占交易由于其他制造商具有更低生产成本因而是反竞争的。Aghion 和 Bolton 认为独占交易抑制了新制造商进入的积极性，是反竞争的。因为原制造商可以通过可违约的独占交易瓜分由于拥有更低成本的新制造商的生产而带来的租金[3]。以 Bork 为代表的芝加哥学派却拥有不同的意见，他们认为独占交易并非反竞争。如果其他制造商让销售商产生更多的获利机会，销售商自然不会去签订独占交易的合约，除非原制造商对销售商的损失进行补偿[4]。Rasmusen 等[5]、Segal 和 Whinston[6] 指出，如果存在多个销售商，低成本企业进入新的市场后，要想获得更多的利润必须扩大其市场规模，于是，在位企业可以利用零售商间的协调失败来阻止低成本企业进入市场。Fumagalli 和 Motta 指出，只要具有成本优势，一个销售商也可以满足整个市场的需要，在

---

[1] Besanko, D., Perry, M. K., "Equilibrium Incentives for Exclusive Dealing in a Differentiated Products Oligopoly", *Rand Journal of Economics*, 24 (4), 1993, pp. 646 – 667.

[2] Mezzetti, C., "Common Agency with Horizontally Differentiated Principals", *Rand Journal of Economics*, 28 (2), 1997, pp. 323 – 345.

[3] Aghion, P., Bolton, P., "Contracts as a Barrier to Entry", *American Economic Review*, 77 (3), 1987, pp. 388 – 401.

[4] Bork, R., *The Antitrust Paradox* (New York: Basic Books, 1978), p. 140.

[5] Rasmusen, E. B., Wiley, J. S., "Naked Exclusion", *American Economic Review*, 81 (5), 1991, pp. 1137 – 1145.

[6] Segal, I. R., Whinston, M. D., "Naked Exclusive: Comment", *American Economic Review*, 90 (1), 2000, pp. 296 – 309.

这种情况下，独占交易对一个销售商的约束很小[①]。

### (二) 模型构建

考虑某旅游市场上有分别生产两种不同类型的旅游纪念品的两个寡头制造商 A 和 B，这里本书假设二者生产这两种产品的成本为 0，同时制造商要通过景点销售商（零售市场或批发市场）在旅游市场中销售旅游纪念品。

销售商在销售旅游纪念品的过程中，该产品的需求量会由于营销创新行为而增加，其竞争产品的需求量同时也会降低。仿照 Motta[②] 的研究方法，我们假定产品 $i$（$i=1,2$）的需求函数为：

$$q_i = \frac{1}{2}[v + k_i - \beta k_j - (1+\gamma)p_i + \frac{\gamma}{2}(p_i + p_j)] \quad (6-1)$$

其中，营销创新力度用 $k_i$ 表示，意为销售商在商品上进行营销创新而增加的市场需求。没有营销创新时的市场容量用 $v$ 表示。

因为替代性的存在，旅游纪念品 $j$ 的需求量由于旅游纪念品 $i$ 的营销创新而减少了 $\beta k_i$，$\beta \in [0,1]$。两种旅游纪念品之间的替代性用 $\gamma > 0$ 表示。$\beta \leq 1$ 表示任意旅游纪念品的营销创新都应满足社会合意性，$\beta > 0$ 则表示营销创新的负外部性。营销创新成本系数用 $\mu > 0$ 表示。旅游纪念品 $i$ 的需求量若要增加 $k_i$，销售商必须花费 $\mu k_i^2/2$ 的营销创新成本。

若需求函数（6-1）在该寡头竞争的旅游纪念品市场上存在，同时具有对称的寡头竞争结果，消费者剩余便很容易算出：

$$CS = \frac{[V + (1-\beta)k - p]^2}{4} \quad (6-2)$$

这时，两个制造商及其销售商的总生产利润是：

$$\pi = 2pq - \mu k^2 \quad (6-3)$$

---

[①] Fumagalli, C., Motta, M., "Exclusive Dealing and Entry, When Buyers Compete", *American Economic Review*, 96 (3), 2006, pp. 785–795.

[②] Motta, M., *Competition Policy* (The Cambridge University Press, 2004), p.326.

其中，$p$ 表示均衡价格，$q$ 表示均衡产量，$k$ 表示营销创新力度，且都具有对称性。

假定销售商直接被制造商指定售价，即现实中经常见到的旅游服务供应链的纵向约束，也就是实行转售价控制。假设制造商和销售商由于买方势力的存在而进行纳什谈判，对旅游纪念品销售所得利润进行分割。和上文一样，用 $\lambda \in [0,1]$ 来表示销售商的谈判力，$\lambda$ 表示销售商在谈判结束后得到利润的分成比例。而且 $\lambda$ 不随销售商个数的变化而发生改变，即假定分成比例 $\lambda$ 是不变的。

(1) 旅游服务供应链中的共同销售

由一个销售商为两个制造商销售它们各自的旅游纪念品，即为共同销售，记作 $CR$。我们首先研究旅游服务供应链中的共同销售。这时，旅游服务供应链中的制造商和销售商会进行动态博弈。该博弈的时序为：首先，两个制造商同时向销售商指定各自旅游纪念品的销售价格；其次，销售商在两个旅游纪念品上决定其营销创新力度；最后，销售商和制造商分别对旅游纪念品的销售利润进行分割。

首先从第二阶段开始讨论，销售商的最优化问题可以数学表示为：

$$\max_{k_i, k_j} \sum_{i,j=1,2; i \neq j} \left\{ \lambda p_i \frac{1}{2} \left[ v + k_i - \beta k_j - (1+\gamma) p_i + \frac{\gamma}{2}(p_i + p_j) \right] - \frac{1}{2} \mu k_i^2 \right\} \quad (6-4)$$

该最优化问题的一阶条件为：

$$\begin{cases} \dfrac{1}{2} \lambda p_1 - \dfrac{1}{2} \beta \lambda p_2 - \mu k_1 = 0 \\ \dfrac{1}{2} \lambda p_2 - \dfrac{1}{2} \beta \lambda p_1 - \mu k_2 = 0 \end{cases} \quad (6-5)$$

而销售商在旅游纪念品上的最优营销创新力度所带来的市场需求的增加量则分别为：

$$k_1(p_1, p_2) = \frac{\lambda(p_1 - \beta p_2)}{2\mu} \quad (6-6)$$

$$k_2(p_1, p_2) = \frac{\lambda(p_2 - \beta p_1)}{2\mu} \quad (6-7)$$

接着讨论第一阶段,因为制造商预见到销售商会做出上述决策,所以它会采取利润最大化策略,其利润函数为:

$$\max_{p_i}\left\{(1-\lambda)p_i\frac{1}{2}\left[v+k_i-\beta k_j-(1+\gamma)p_i+\frac{\gamma}{2}(p_i+p_j)\right]\right\} \quad (6-8)$$

可以求解出 $k_1$ 和 $k_2$,即销售商在两种类型产品上的营销创新力度,再求解出 $p_1(p_2)$ 和 $p_2(p_1)$,即两个最优反应函数,分别为:

$$p_1(p_2)=\frac{v+\left(\frac{\gamma}{2}-\frac{\beta\lambda}{\mu}\right)p_2}{2+\lambda-\frac{(1+\beta^2)\lambda}{\mu}} \quad (6-9)$$

$$p_2(p_1)=\frac{v+\left(\frac{\gamma}{2}-\frac{\beta\lambda}{\mu}\right)p_1}{2+\lambda-\frac{(1+\beta^2)\lambda}{\mu}} \quad (6-10)$$

那么,均衡价格和均衡营销创新力度分别为:

$$p_1^{CR}=p_2^{CR}=p^{CR}=\frac{v}{2+\lambda-\frac{(1+\beta^2-\beta)\lambda}{\mu}} \quad (6-11)$$

$$k_1^{CR}=k_2^{CR}=k^{CR}=\frac{\lambda(1-\beta)p^{CR}}{2\mu}=\frac{\lambda(1-\beta)}{2\mu}\frac{v}{2+\lambda-\frac{(1+\beta^2-\beta)\lambda}{\mu}} \quad (6-12)$$

综上所述,营销创新成本系数、产品之间的替代性、市场容量、销售商谈判力和营销创新外部性决定了共同销售的旅游服务供应链下的均衡营销创新力度和均衡价格。而且,可以将市场容量标准化为 1,只作为单位;两种旅游纪念品之间的替代性也并非本章关注的主要变量。所以,只考虑营销创新外部性、销售商谈判力和营销创新成本系数这 3 个变量。对上述分析整理后可得到结论 6.1。

**结论 6.1** 在旅游服务供应链的共同销售中,均衡价格 $p^{CR}$ 和均衡创新力度 $k^{CR}$ 随着销售商谈判力 $\lambda$ 的上升而上升,且当 $\lambda=0$ 时,均衡创新力度 $k^{CR}=0$;均衡价格 $p^{CR}$ 和均衡创新力度 $k^{CR}$ 随着创新成本系数 $\mu$ 的上升而下降;当营销创新外部性系数 $\beta>0.5$ 时,均衡价格 $p^{CR}$ 随着 $\beta$ 的上升而上升,而当 $\beta\leq0.5$ 时,均衡价格 $p^{CR}$ 随着 $\beta$ 的上升而下降,当 $\beta\leq$

0.5 时，均衡创新力度 $k^{CR}$ 则随着 $\beta$ 的上升而下降。

结论 6.1 的第一部分是指，如果销售商进行营销创新是因为它从利润中得到了更高的份额，那么它就可以收取更高的价格。结论 6.1 的第二部分是指，均衡价格和均衡营销创新力度会随着营销创新成本的提高而降低。结论 6.1 的第三部分是指，共同销售商在营销创新外部性系数超过某定值（0.5）之后，可能会提高均衡创新力度，从而可以收取更高的价格，即 BW 的合谋效应。但是，共同销售商在营销创新外部性系数低于某定值（0.5）时，由于多任务冲突，会降低均衡创新力度，从而得到更低的价格，即本章所提到的外部性。

我们接下来求解出此均衡条件下的产量和总利润。可以得到均衡产量为：

$$q_1^{CR} = q_2^{CR} = q^{CR} = \frac{\dfrac{1}{2} + \dfrac{\gamma}{4} - \dfrac{(1+\beta^2)\lambda}{4\mu}}{2 + \dfrac{\gamma}{2} - \dfrac{(1+\beta^2-\beta)\lambda}{\mu}} \quad (6-13)$$

旅游服务供应链总利润为：

$$\pi^{CR} = \frac{1 + \dfrac{\gamma}{2} - \dfrac{(1+\beta^2)\lambda}{2\mu} - \dfrac{(1-\beta^2)\lambda^2}{4\mu}}{\left[2 + \dfrac{\gamma}{2} - \dfrac{(1+\beta^2-\beta)\lambda}{\mu}\right]^2} \quad (6-14)$$

（2）旅游服务供应链中的独占交易

接下来再讨论旅游服务供应链中的另一种情况，即制造商和销售商进行独占交易：两个制造商分别由两个销售商代理，它们只销售自己代理的那个制造商生产的旅游纪念品。独占交易记作 ED。这时，旅游服务供应链中的两个制造商和两个销售商同样会进行动态博弈。该博弈的时序是：首先，两个销售商被其代理的制造商指定产品的销售价格；其次，销售商在该旅游纪念品上决定其营销创新力度；最后，销售商和制造商分别对旅游纪念品的销售利润进行分割。

首先同样从第二阶段开始讨论，对于单个制造商和单个销售商而言，它们的博弈结果是销售商必定会最大化其代理旅游纪念品的销售利

润,即:

$$\max_{k_i}\left\{\lambda p_i \frac{1}{2}\left[v+k_i-\beta k_j-(1+\gamma)p_i+\frac{\gamma}{2}(p_i+p_j)\right]-\frac{1}{2}\mu k_i^2\right\} \quad (6-15)$$

这个问题的一阶条件为:

$$\begin{cases} \frac{1}{2}\lambda p_1 - \mu k_1 = 0 \\ \frac{1}{2}\lambda p_2 - \mu k_2 = 0 \end{cases} \quad (6-16)$$

那么,销售商进行最优创新而导致的其代理的该类型旅游纪念品在市场上需求的增加量分别为:

$$k_1(p_1) = \frac{\lambda p_1}{2\mu} \quad (6-17)$$

$$k_2(p_2) = \frac{\lambda p_2}{2\mu} \quad (6-18)$$

接着讨论第一阶段,由于制造商预见到销售商会做出上述决策,它会采取利润最大化策略,其利润函数为:

$$\max_{p_i}\left\{(1-\lambda)p_i\frac{1}{2}\left[v+k_i-\beta k_j-(1+\gamma)p_i+\frac{\gamma}{2}(p_i+p_j)\right]\right\} \quad (6-19)$$

求解出销售商在两种类型旅游纪念品上的营销创新力度 $k_1$ 和 $k_2$ 之后,我们就可以求解出两个最优反应函数 $p_1(p_2)$ 和 $p_2(p_1)$,分别为:

$$p_1(p_2) = \frac{\left(\frac{\beta\lambda}{2\mu}-\frac{\gamma}{2}\right)p_2 - v}{\frac{\lambda}{\mu}-(2+\lambda)} \quad (6-20)$$

$$p_2(p_1) = \frac{\left(\frac{\beta\lambda}{2\mu}-\frac{\gamma}{2}\right)p_1 - v}{\frac{\lambda}{\mu}-(2+\lambda)} \quad (6-21)$$

由此,可以解出制造商和销售商进行独占交易时的均衡价格和均衡创新力度,分别为:

$$p_1^{ED} = p_2^{ED} = p^{ED} = \frac{v}{2+\frac{\lambda}{2}-\frac{(2-\beta)\lambda}{2\mu}} \quad (6-22)$$

$$k_1^{ED} = k_2^{ED} = k^{ED} = \frac{\lambda p^{ED}}{2\mu} = \frac{\lambda}{2\mu} \frac{v}{2 + \frac{\lambda}{2} - \frac{(2-\beta)\lambda}{2\mu}} \qquad (6-23)$$

从上述分析看出，营销创新成本系数 $\mu$、产品替代性 $\gamma$、市场容量 $v$、营销创新外部性 $\beta$ 和销售商谈判力 $\lambda$ 这五个变量也影响独占交易时的均衡营销创新力度和均衡价格。但与上节中分析相比，影响效果有所不同。对上述分析整理后可得到结论 6.2。

**结论 6.2** 在旅游服务供应链的独占交易中，均衡价格 $p^{ED}$ 和均衡营销创新力度 $k^{ED}$ 随着销售商谈判力 $\lambda$ 的上升而上升；均衡价格 $p^{ED}$ 和均衡营销创新力度 $k^{ED}$ 随着创新成本系数 $\mu$ 的上升而下降；均衡价格 $p^{ED}$ 和均衡营销创新力度 $k^{ED}$ 随着营销创新外部性 $\beta$ 的上升而下降。

结论 6.2 的第一部分是说，如果销售商在与制造商谈判中的讨价还价能力的提升有利于其获得利润中更多的分成，那么销售商就会设法去进行营销创新，这导致均衡价格和市场容量的上升。结论 6.2 的第二部分是说，在均衡时企业营销创新力度随着创新成本系数的上升而下降，均衡价格和市场容量也随之下降。结论 6.2 的第三部分是说，在旅游服务供应链的独占交易中，不存在合谋效应与外部性，所以，销售商之间的竞争激烈程度会由于营销创新外部性增大而加剧，均衡价格和市场容量也随之下降。

我们接下来求解出此均衡条件下的产量和总利润。可以得到均衡产量为：

$$q_1^{ED} = q_2^{ED} = q^{ED} = \frac{\frac{1}{2} + \frac{\gamma}{4} - \frac{\lambda}{4\mu}}{2 + \frac{\gamma}{2} - \frac{(2-\beta)\lambda}{2\mu}}; \qquad (6-24)$$

旅游服务供应链总利润为：

$$\pi^{ED} = \frac{1 + \frac{\gamma}{2} - \frac{\lambda}{2\mu} - \frac{\lambda^2}{4\mu}}{\left[2 + \frac{\gamma}{2} - \frac{(2-\beta)\lambda}{2\mu}\right]^2} \qquad (6-25)$$

从上述分析看出，在旅游服务供应链的独占交易中，均衡产量 $q^{ED}$ 与

总利润 $\pi^{ED}$ 会随着营销创新外部性系数 $\beta$ 的上升而下降。

### (三) 比较分析

本小节将对前面的结论进行进一步分析,对旅游服务供应链中的共同销售和独占交易两种情况下的总利润 $\pi^{CR}$ 和 $\pi^{ED}$ 进行比较。

**结论 6.3** 若销售商谈判力 $\lambda=0$ 或营销创新外部性 $\beta=0$,则 ED 与 CR 完全等价。

结论 6.3 是说,一旦多任务冲突的问题和营销创新外部性均不存在,则两种旅游服务供应链的结构是等价的,即如果一个旅游纪念品的营销创新不会给其他旅游纪念品带来外部性,那么,无论是共同销售还是独占交易对旅游服务供应链总利润都无影响,换句话说,在无外部性和多任务冲突的前提下,共同销售和独占交易所产生的旅游服务供应链总利润是一致的,制造商可以在共同销售和独占交易两种方式间进行自由选择。结论 6.3 也可以这样理解,独占交易和共同销售两种旅游服务供应链的结构也是等价的,即销售商在利润分配中的比例为零(例如销售市场为完全竞争),或者说销售商谈判力为零。

这时,如果限定营销创新外部性 $\beta$ 和销售商谈判力 $\lambda$ 的取值范围,再来对这两种供应链下的旅游服务供应链总利润进行比较,可得到结论 6.4。

**结论 6.4** 当销售商谈判力 $\lambda \in \left[\frac{2}{3}, 1\right]$,且营销创新外部性 $\beta \in \left[\frac{1}{2}, \frac{2\lambda}{2+\lambda}\right]$ 时,$\pi^{CR} \geq \pi^{ED}$;当销售商谈判力 $\lambda \in \left[0, \frac{2}{3}\right)$,且营销创新外部性 $\beta \in \left(\frac{2\lambda}{2+\lambda}, \frac{1}{2}\right]$ 时,$\pi^{CR} \leq \pi^{ED}$。

结论 6.4 是说,在营销创新外部性影响较大,且销售商谈判力相对于制造商谈判力较强的情况下,CR 可能带来比 ED 更高的旅游服务供应链总利润;而在营销创新外部性影响可以忽略,且销售商谈判力相对于制造商谈判力较弱的情况下,ED 可能带来比 CR 更高的旅游服务供应链总利润。

结论 6.4 的成立具有限制性条件，它并不是一个充要条件。为了更全面地比较营销创新外部性 $\beta \in [0,1]$ 时共同销售和独占交易旅游服务供应链下的总利润，本章运用实例进行辅助分析。以 $\beta$ 为自变量，我们分别画出共同销售旅游服务供应链下的总利润函数 $\pi^{CR}(\beta)$ 和独占交易旅游服务供应链下的总利润函数 $\pi^{ED}(\beta)$，其中，前者使用虚线，后者使用实线。考虑到一般性，我们将市场容量 $v$ 标准化为 1。

当 $\gamma = \mu = v = 1$ 时，分别在 $\lambda = 0$、$\lambda = 0.2$、$\lambda = 0.4$、$\lambda = 0.6$、$\lambda = 0.8$ 和 $\lambda = 1.0$ 的情形下画出了 $\pi^{CR}(\beta)$ 和 $\pi^{ED}(\beta)$ 的函数图像（见图 6-1）。

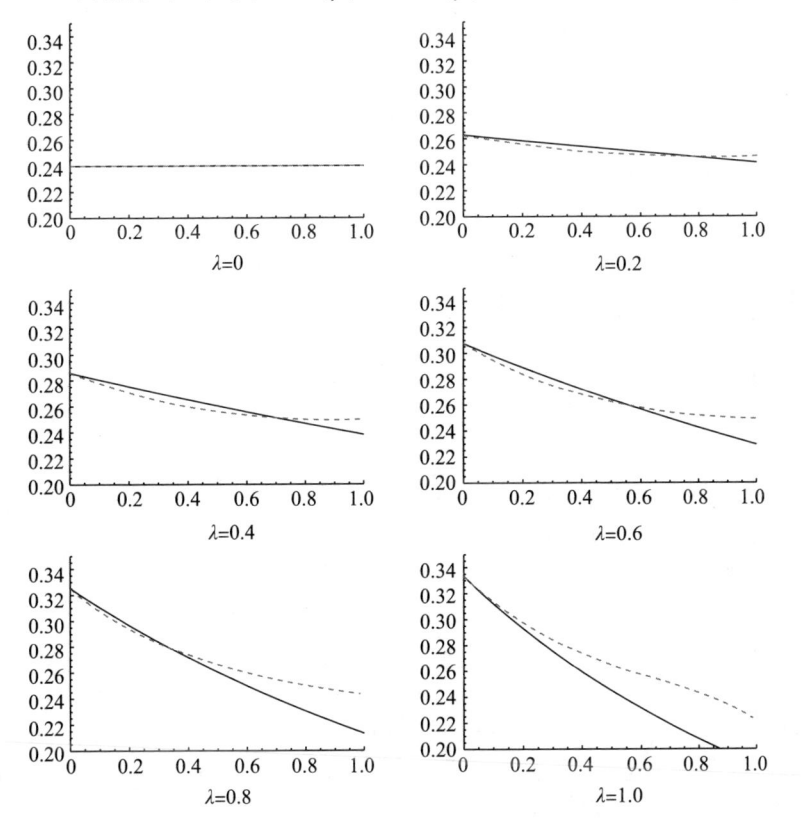

**图 6-1　当 $\gamma = \mu = v = 1$ 时，$\pi^{CR}(\beta)$ 与 $\pi^{ED}(\beta)$ 的函数图像**

当 $\gamma = v = 1$ 且 $\lambda = 0.5$ 时，分别在 $\mu = 0.1$、$\mu = 1$、$\mu = 10$ 和 $\mu = 100$ 的情形下画出了 $\pi^{CR}(\beta)$ 和 $\pi^{ED}(\beta)$ 的函数图像（见图 6-2）。

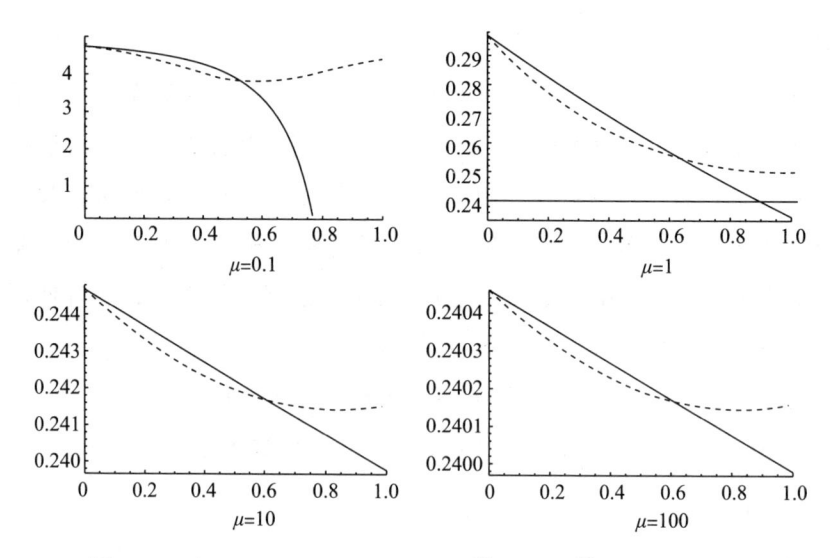

图 6-2　当 $\gamma = v = 1$ 且 $\lambda = 0.5$ 时，$\pi^{CR}(\beta)$ 与 $\pi^{ED}(\beta)$ 的函数图像

当 $\mu = v = 1$ 且 $\lambda = 0.5$ 时，分别在 $\gamma = 0.1$、$\gamma = 1$、$\gamma = 10$ 和 $\gamma = 100$ 的情形下画出了 $\pi^{CR}(\beta)$ 和 $\pi^{ED}(\beta)$ 的函数图像（见图 6-3）。

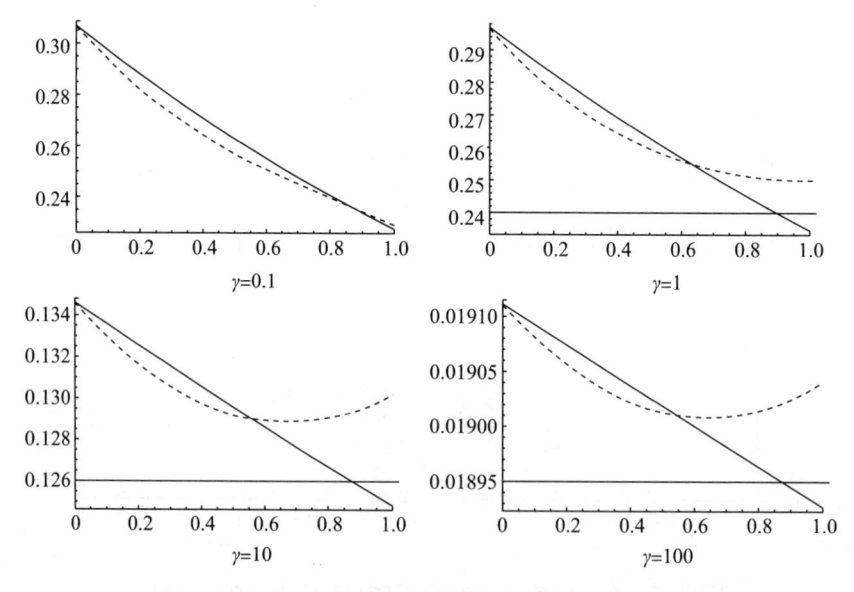

图 6-3　当 $\mu = v = 1$ 且 $\lambda = 0.5$ 时，$\pi^{CR}(\beta)$ 与 $\pi^{ED}(\beta)$ 的函数图像

通过对图 6-1、图 6-2 和图 6-3 进行分析可发现，除去极端情况，当营销创新外部性 $\beta$ 小于某个定值时，独占交易旅游服务供应链下的总

利润大于共同销售旅游服务供应链下的总利润；反之亦然。这说明结论 6.4 可以推广到更一般的情形。

在多任务冲突的假设情形下，我们比较分析了共同销售和独占交易时旅游服务供应链的总利润，通过理论推导和实例研究，可以得出一些结论。在一个旅游服务供应链的共同销售中，营销创新外部性的变化对旅游服务供应链的总利润有两种相反的效应，分别是合谋效应和外部效应。合谋效应在营销创新外部性相对较大时更大；外部效应在营销创新外部性相对较小时更大。所以，独占交易在营销创新外部性相对较小时相对于共同销售具有更大的优势，独占交易的旅游服务供应链能为旅游服务供应链带来相对于共同销售更高的旅游服务供应链总利润；共同销售在营销创新外部性相对较大时相对于独占交易具有更大的优势，共同销售的旅游服务供应链能带来比独占交易更高的旅游服务供应链总利润。另外，旅游服务供应链结构的选择还依赖于销售商谈判力，具体而言：当销售商在谈判中影响较大、制造商影响较小时，两种旅游产品的合谋更容易，旅游服务供应链中的独占交易会带来比共同销售低的旅游服务供应链总利润；当销售商在谈判中的影响较小，而制造商在谈判中影响较大时，两种旅游产品的合谋更困难，旅游服务供应链中的独占交易可能会带来比共同销售更高的旅游服务供应链总利润。

需要说明的是，旅游服务供应链上制造商与销售商之间的纵向约束多种多样，例如加盟定价、数量折扣、数量控制等。本书采用的是转售价控制，并运用纳什谈判分配利润，这主要是为了简化分析。如果使用其他的纵向约束，本书的分析结果是否仍然成立有待进一步的分析。

## 二 协调联盟外部性的激励机制

根据前文的分析，当营销创新外部性相对较小时，外部效应更大，独占交易的形式相对于共同销售的形式更具有优势；当营销创新外部性相对较大时，合谋效应更大，共同销售的形式相对于独占交易的形式具有更大的优势。本书针对旅游服务供应链上的合谋效应和外部效应来对旅游服务供应链联盟中旅游企业的激励机制进行设计。

前文已指出，在一个旅游服务供应链的共同销售中，营销创新外部性的变化对旅游服务供应链总利润有两种相反的效应，分别是合谋效应和外部效应。独占交易在营销创新外部性相对较小时相对于共同销售具有更大的优势，独占交易的结构形式能为旅游服务供应链带来相对于共同销售更高的旅游服务供应链总利润；共同销售在营销创新外部性相对较大时相对于独占交易具有更大的优势，共同销售的旅游服务供应链能带来比独占交易更高的旅游服务供应链总利润。因此，需要建立高效的委托－代理制度来对区域旅游服务供应链联盟中的企业进行激励。

欧美等发达国家旅行社的发展历程表明，规模经营是旅行社发展的重要特征。绝大部分的市场份额被少数大型旅行社占有，一些对市场情况把握全面而且具有较强企业实力的旅游经营商和旅行代理商，实施一体化运作，运用水平分工的理论，在各自负责的领域实现了规模化和专业化经营。一体化的大规模经营有助于旅游企业获得规模经济效益，有助于旅游企业转移或降低经营风险，有助于提高旅游企业的经营效率，有助于增强旅游企业的市场竞争能力。这能够节约竞争费用、打击竞争对手。而为数众多的中小旅行社，则从事专业化和特色化服务，强调低成本和集中度。

我国的旅游行业具有市场集中程度偏低、旅行社规模普遍相对较小的特点。行业内集团化与产业化的规模增长形式尚未形成，能够左右市场的具有国际竞争力的大企业也还没有出现，我国旅行社行业规模效应还不具备。另外，能够实行委托－代理制度的大型旅行社集团的实力还不够强，不经济性与不合理性普遍存在于我国旅行社选择的间接销售渠道中，而中小旅行社在不规范的市场环境下获得的佣金较多，缺乏重组或整合的动力。像前文论述的，中国旅行社实行委托－代理制度存在重大的障碍，例如强势垄断的民航、铁路部门与弱势的旅行社之间不平等的交易地位，旅游服务供应链上存在的特殊关系造成关键供应部门非市场化等。激励过多的恶果体现为旅游企业之间的不正当竞争、政府参与旅行社运作造成的混乱等。所以，我们认为，在这种情形下，可采取以下几个策略来应对。

### （一）实施对代理人的有效激励

委托人"激励合同"的合理与否直接决定委托－代理过程中的逆向选择发生与否。一份好的激励合同可以最大限度地避免旅游服务供应链委托－代理过程中逆向选择的发生；同样，激励不当也将导致合作伙伴选择过程中的逆向选择问题。

为此，我们可以采取以下措施。

第一，培育和完善经理人市场，让经理人在市场机制的作用下成为具有理性的委托人和代理人。

第二，建立科学的业绩评价体系，为激励提供依据并对委托人、代理人的行为形成一定程度的约束。

第三，设计有效的激励模式，满足个人理性约束和激励兼容约束，比如精神激励、薪酬激励、股权激励等。

此外，还可以将激励机制引入旅游服务供应商准入制度，实行激励性动态分级管理。只有提供优质的旅游服务，企业才能确保自身具有较高的市场占有率。所以，必须根据旅游者的需求对企业自身的制度以及所提供的产品和服务进行适度的改变。而且，在供应商准入制度中，采取激励性动态分级管理措施能保证市场向更好的方向发展。要做到激励性动态分级管理，首先要考虑的是如何确立多种审核制度，对供应商进行分级处理，每一级对应不同的合同金额，同时，审核制度应当随着行业和市场的发展不断改变，将资格预警机制运用到同类供应商中，严格实行适者生存的淘汰制度。

### （二）采用委托－代理的多种途径

信息技术的日益普及和旅游电子商务的快速发展，使旅游者可以通过网络自行预订相关服务，景区网站的展示功能和沟通功能能够显著地影响旅游者的理性感知和感性体验，这对传统的旅行代理业务产生了很大的冲击。但能够提供人情味更浓、面对面服务的传统旅行代理商具有在线代理商无法替代的优势，更能给旅游者带来满足感。所以，传统旅行代理商在充分利用信息技术的同时，也要保持传统优势，提升服务质量，同时拓宽代理渠道。

### （三）借助预防合谋的法律环境

由于景区具有公共物品（Public Goods）和公共资源（Common Resource）的经济学特征，无法使用价格对其进行评价，经济学中的市场失灵和外部性必然会在此产生，所以，景区应当作为公共利益受到法律的保护。而从长远来看，旅行社经营对景区的高依赖程度，必然激发其进行营销创新，促使其区分在整条旅游服务供应链中是采取独占交易还是共同销售。

### （四）使用旅游产品的产权保护

在旅游业，生产关系严重制约生产力发展的主要原因是产权不明晰。它造成了旅游产品的串货、雷同，严重削弱了旅游者的理性感知和感性体验，大大减少了旅游者的消费热情，降低了经营者的积极性。一方面，国际旅行社在旅行社市场中占有绝对的优势，另一方面，在我国国际旅行社中国有资本仍然占有较大的比重。这些旅行社内部存在许多业绩与分配脱钩的问题，原因就是政企责任权利界限模糊。这种情况导致旅行社的经营效益不高，严重打击了旅行社的工作热情和创造性。在景区，由于缺少设计知识产权的保护，旅游产品模仿成本相对较低、同质化现象严重，这导致经营难以开展，必然会在不同所有制企业之间形成不平等竞争。

保护旅游产品产权可以避免旅游产品雷同带来的问题。在确定由谁来对旅游者进行管理和服务之前，销售商收到货时，所有权可以不转移。供应商与销售商为了共享系统中的旅游整体接待量，双方要对条款进行洽谈，这会导致供应商管理成本由于责任的增大或减小而发生改变。长期合作是产权互换的有利结果。长期合作是一种有效保证旅游服务供应链成员企业进行信息和决策合作的激励机制，能够使它们的利益目标得以协调。长期合作还可以减少短缺博弈造成的牛鞭效应，因为它能够减少需求方的短期博弈行为。

### （五）发挥大型旅行社集团的作用

培育旅游行业先行者，推进基于市场机制的旅游企业规模化、集团化发展。加快实施一体化运作，加强国际旅行社的市场影响力、控制力和产业地位。充分发挥大型旅行社在增强合谋效应中的作用，灵活运用激励机制、股权参与、补偿机制，促进战略联盟、契约合作等组织的形成。高效整合旅游服务供应链上下游成员企业的资源，利用国际一体化与前、后向一体化运作方式，打造具有强烈竞争力、影响力的一条柔性旅游服务供应链。如此，我国的旅行社才能具备足够的实力和丰富的资源，实现与大型国际旅行社对等合作、互利共赢、共谋发展的长远目标。

## 三 本章小结

本章建立了旅游服务供应链联盟中的外部性演化模型，通过该模型分别讨论了共同销售和独占交易两种情况下的旅游服务供应链联盟，揭示了旅游服务供应链联盟中营销创新外部性的变化对旅游服务供应链总利润带来的两种相反效应：合谋效应和外部效应。然后有针对性地给出协调联盟外部性的建议。

# 第七章　联盟的实证分析

## ——以"大庐山"旅游为例

中国有句老话"打江山容易坐江山难"。2014年11月28日庐山旅游发展集团正式揭牌，2016年5月30日江西省庐山市正式挂牌成立，"大庐山"旅游格局正在形成。对新成立的集团公司和庐山市政府而言，如何处理联盟各方的利益冲突，使得联盟的形式能够持续是一个十分重要的问题，本书基于微分合作博弈提出了一些建议。

## 一　实际管理问题与模型选择

庐山位于我国江西省境内，濒临长江和鄱阳湖，融"山、江、湖"于一体。庐山素以"雄、奇、险、秀"闻名于世，其风景让人赞叹，为世人所称道。

庐山不光有自然风光美景，还孕育出了尤为丰富的历史文化，二者交相辉映，相得益彰，充分展示出了庐山作为天下名山的独特魅力，引人入胜。

1996年12月，联合国教科文组织世界遗产委员会就庐山的自然美景与丰富的历史文化，将其评为"世界文化景观"，列入世界遗产名录中。该组织对庐山的世界性价值给予了充分的认可："庐山的历史遗迹以其独特的方式，融汇在具有突出价值的自然美之中，形成了具有极高的美学价值、与中华民族精神与文化生活紧密相连的文化景观。"

庐山旅游的管理体制，自1984年设立庐山管理局至今，30年间几乎没有变化。整个庐山分别由庐山管理局、星子县、九江县、庐山区、庐山垦殖场和江西省庐山自然保护区等六个部门管理，被称为"一山六治"。

直到 2005 年，九江市将庐山垦殖场、茶科所等几个单位划归庐山管理局，这一行为旨在进一步扩大庐山管理局对庐山的管理范围，但是位于星子县、九江县和庐山区的庐山山体仍然游离在"庐山"之外，所以庐山还是"一山五治"的局面。

无论是"一山六治"还是"一山五治"，多方治理彰显的是庐山管理体制的混乱，也让旅游者难识"庐山真面目"。

近几年，江西省旅游发展态势正旺，"江西风景独好"品牌深入人心。庐山是江西名山、世界名山，是全省旅游产业发展的排头兵，同时也是媒体的焦点和社会的关注点。"园中园""票中票"问题，影响了庐山乃至江西的旅游形象。实施"一票制"是大势所趋、发展所需。九江市委、市政府高度重视对庐山周边景区门票的治理，于 2014 年 11 月 18 日召开专题会议，决定成立庐山旅游发展集团，整合庐山周边景区资源，构建"大庐山"旅游格局。2014 年 11 月 28 日，庐山旅游发展集团正式揭牌，在"行政区划不变、门票价格不变、债权债务不变"的前提下，统一庐山旅游管理，合力打好"庐山牌"。集团实行理事会管理机制，在庐山管理局、星子县、庐山区等地景点分别成立集团子公司，形成"集团理事会统一管理协调、子公司和成员单位共同参与"的管理架构。集团采取市场化运作的方式，强化营销组织、强化协调指导、强化管理监督，逐步以托管、并购、合作经营等模式整合庐山风景区范围内的景区、景点。2016 年 5 月 30 日上午，江西省庐山市成立大会召开，庐山市正式挂牌成立。基本把庐山山体的管理划归一个行政区划主体管辖，基本把涉及庐山山体的所有景区划归庐山市管理，能够有效地解决"一山五治"，有效整合"山上山下""山南山北"的旅游资源，从根本上解决庐山多方治理、资源分散、乱象丛生等问题，形成"大庐山"旅游的整体效应，进而促进人流、物流、资金流、信息流的汇集，刺激庐山周边地区旅游地产、交通运输业、农副业、轻工业、商业和文化艺术产业等快速发展，辐射带动县域经济发展。

综上所述，现在的"大庐山"背景与格局正好与本书的研究相吻合。

第一，由于历史原因，庐山旅游仍然涉及行政部门、旅游企业和当地居民等众多利益相关者。

第二，庐山旅游发展集团和庐山市虽然成立了，但由于信息平台建设的滞后和利益分配机制的不完善，仍然存在一定的牛鞭效应和逆向选择问题。

第三，为了形成"大庐山"联盟的格局，江西省旅游发展委员会（简称"旅发委"）和其他地方职能部门已经制定了《大庐山旅游发展规划纲要》并通过了国家评审，但通过访谈得知，如何形成长效的分配机制以保障联盟的稳定，仍是一个关键性问题。

而以上情况正好符合微分合作博弈理论应用的前提，故本书基于微分合作博弈理论选择动态 Shapley 值对庐山旅游发展集团的利益分配机制进行研究。

## 二 模型设计与算法

### （一）模型设计

为了便于实证分析，本书选取庐山旅游发展集团下属的庐山风景名胜区管理局、庐山旅游星子县子公司两方，设计一个二元的动态利益分配模型。根据旅游服务自身的特点和庐山景区中庐山、三叠泉的实际情况，本书对模型做出如下设计。

第一，景区的有效经营时间为 $[t_0, T]$，其中 $t_0 = 8:00$，$T = 18:00$。

第二，$t \in [t_0, T]$ 时刻九江地区的旅客总量为 $x(t)$，同时有 $ax(t)^{1/2}$ 的旅客离开九江，$a$ 为常数。

第三，庐山、三叠泉两景区的旅游者集合是互斥的，即满足 $U_1 \cap U_2 = \varnothing$，$t$ 时刻庐山和三叠泉两景点的旅客接待量分别为 $u_1(t)$ 和 $u_2(t)$，九江其他景点的旅客接待量为 $bx(s)$，$b$ 为其他景点分摊系数。

第四，$t$ 时刻景点瞬时净收益为 $u(t)^{1/2} - cu(t)/x(t)^{1/2}$，其中 $u(t)^{1/2}$ 为景区 $t$ 时收益，$cu(t)/x(t)^{1/2}$ 为景区 $t$ 时服务成本，$c$ 为单位成本系数。

第五，经营活动结束时，即在 $t = T$ 时，景区将得到 $qx(T)^{1/2}$ 的额外红利，$q$ 为常数。

综上可得，九江地区接待量变化率：

$$\dot{x}(t) = ax(t)^{1/2} - bx(s) - u_1(t) - u_2(t), x(t_0) = x_0 \tag{7-1}$$

庐山旅游服务净收益：

$$\pi_1(t) = u_1(t)^{1/2} - c_1 u_1(t)/x(t)^{1/2} \tag{7-2}$$

三叠泉旅游服务净收益：

$$\pi_2(t) = u_2(t)^{1/2} - c_2 u_2(t)/x(t)^{1/2} \tag{7-3}$$

在给定贴现率（市场利率）为 $r$ 的情况下，景区在时间点 $t_0$ 后的时间点 $t$ 所获净收益都需要根据贴现因子 $e^{-r(t-t_0)}$ 进行贴现。那么，独立经营时，在有效经营时间 $[t_0, T]$ 内，庐山和三叠泉的净收益分别为：

$$\int_{t_0}^{T} [u_1(s)^{1/2} - c_1 u_1(s)/x(s)^{1/2}] e^{-r(s-t_0)} ds + e^{-r(T-t_0)} q_1 x(T)^{1/2} \tag{7-4}$$

$$\int_{t_0}^{T} [u_2(s)^{1/2} - c_2 u_2(s)/x(s)^{1/2}] e^{-r(s-t_0)} ds + e^{-r(T-t_0)} q_2 x(T)^{1/2} \tag{7-5}$$

形成联盟共同经营时，联盟的收益为二者收益之和，服务的单位成本系数 $c$ 趋于一致，即：

$$\int_{0}^{T} \sum_{i=1}^{2} [u_i(s)^{1/2} - cu_i(s)/x(s)^{1/2}] e^{-r(s-t_0)} ds + \sum_{i=1}^{2} e^{-r(T-t_0)} q_i x(T)^{1/2} \tag{7-6}$$

企业独立经营时的目标是自身净收益最大化，合作经营时的目标为联盟净收益最大化，但这些最优化问题均受制于动态系统（7-1）。

（二）模型算法

本章的目的是探讨联盟后的利益协调问题，为了分析的全面性和增强说服力，本节将分别计算两企业联盟前和联盟后的价值函数 $W$ 以及最

佳接待量 $u^*$。根据第五章的理论基础，本节采用动态规划技术贝尔曼方程来解决式（7-4）至式（7-6）的最优化问题。

非合作时，式（7-4）的最优解 $u^*(t,x)$ 满足贝尔曼方程：

$$-W_t^{(t_0)1}(t,x) = \max_{u_1}\{[u_1(t)^{1/2} - c_1 u_1(t)/x(t)^{1/2}]e^{-r(t-t_0)} + W_x^{(t_0)1}[ax^{1/2} - bx - u_1(t) - u_2^*(t)]\}$$

$$W^{(t_0)1}(T,x) = e^{-r(T-t_0)}q_1 x(T)^{1/2} \qquad (7-7)$$

将式（7-7）最大化，得：

$$u_1^*(t,x) = \frac{x}{4[c_1 + W_x^{(t_0)1} e^{r(t-t_0)} x^{1/2}]^2},$$

$$u_2^*(t,x) = \frac{x}{4[c_2 + W_x^{(t_0)2} e^{r(t-t_0)} x^{1/2}]^2} \qquad (7-8)$$

将式（7-8）代入式（7-7）可得庐山的利润现值，即价值函数：

$$W^{(t_0)1}(t,x) = e^{-r(t-t_0)}[A_1(t)x^{1/2} + B_1(t)] \qquad (7-9)$$

其中，$A_1(t)$、$B_1(t)$ 满足：$\dot{A}_1(t) = (r+b/2)A_1(t) - \frac{1}{2[c_1 + A_1(t)/2]} + \frac{c_1}{4[c_1 + A_1(t)/2]^2} + \frac{A_1(t)}{8[c_1 + A_1(t)/2]^2} + \frac{A_1(t)}{8[c_2 + A_2(t)/2]^2}, A_1(T) = q; B_1(t) = rB_1(t) - \frac{a}{2}A_1(t), B_1(T) = 0$。

将式（7-9）代入式（7-8）可得到非合作情况下庐山的均衡策略：

$$u_1^*(t,x) = \frac{x}{4[c_1 + A_1(t)/2]} \qquad (7-10)$$

以及三叠泉的均衡策略：

$$u_2^*(t,x) = \frac{x}{4[c_2 + A_2(t)/2]} \qquad (7-11)$$

说明：由于本书是利用 Matlab 软件来编程求解的，而变量过多致使 Matlab 无法得出式（7-10）和式（7-11）的解析解，但在后面的计算中将参数代入可以得到其数值解。

把式（7-10）、式（7-11）的均衡策略代入式（7-1），解微分方程即可得到九江地区旅游接待的最优轨迹 $x^*(t)$，将 $x^*(t)$ 代入式（7-9）即得在最优状态 $x^*(t)$ 时的瞬时支付现值 $W^{(t_0)1}(t)$ 和最优接待轨迹 $u_1^*(t)$。同理，也可计算出非合作时三叠泉在最优状态下的瞬时支付现值 $W^{(t_0)2}(t)$ 和最优接待轨迹 $u_2^*(t)$。

合作时，式（7-6）最优控制集合 $[u_1^*(t,x), u_2^*(t,x)]$ 满足贝尔曼方程：

$$-W_t^{(t_0)}(t,x) = \max_{u_1,u_2} \Big\{ \sum_{i=1}^{2} [u_i(t)^{1/2} - cu_i(t)/x(t)^{1/2}] e^{-r(t-t_0)} + W_x^{(t_0)}[ax^{1/2} - bx - u_1(t) - u_2(t)] \Big\} \quad (7-12)$$

$$W^{(t_0)}(T,x) = e^{-r(T-t_0)}(q_1+q_2)x(T)^{1/2}$$

将式（7-12）最大化，得：

$$u_1^*(t,x) = \frac{x}{4[c+W_x^{(t_0)} e^{r(t-t_0)} x^{1/2}]^2}, \quad u_2^*(t,x) = \frac{x}{4[c+W_x^{(t_0)} e^{r(t-t_0)} x^{1/2}]^2} \quad (7-13)$$

将式（7-13）代入式（7-12）得到联盟的利润现值：

$$W^{(t_0)}(t,x) = e^{-r(t-t_0)}[A(t)x^{1/2} + B(t)] \quad (7-14)$$

其中 $A(t)$、$B(t)$ 满足：$\dot{A}(t) = (r+b/2)A(t) - \dfrac{1}{c+A(t)/2} + \dfrac{c}{2[c+A(t)/2]^2} + \dfrac{A(t)}{4[c+A(t)/2]^2}, A(T) = q_1 + q_2; \dot{B}(t) = rB(t) - \dfrac{a}{2}A(t), B(T) = 0$。

与非合作时的计算方法相同，联立式（7-1）、式（7-13）、式（7-14），即可得到在最优状态下联盟利润的现值，即价值函数 $W^{t_0}(t)$ 及在最优状态下的两地区的最优接待轨迹 $u_1^*(t)$、$u_2^*(t)$。

在这个合作博弈中，每个参与者 $i \in \{1,2\}$ 都希望获得利益的最大分配值。依据第五章动态 Shapley 值的利益分配公式（5-35），可计算联盟状态下参与者庐山和三叠泉的利益分配值：

$$V^{(t_0)1}(t) = \frac{W^{(t_0)1}(t)}{2} + \frac{W^{t_0}(t) - W^{(t_0)2}(t)}{2},$$

$$V^{(t_0)2}(t) = \frac{W^{(t_0)2}(t)}{2} + \frac{W^{t_0}(t) - W^{(t_0)1}(t)}{2}$$

(7-15)

## 三　数据收集与处理

为了全面调查庐山旅游发展中出现的管理乱象，笔者前后多次赴九江市庐山区、庐山风景名胜区管理局、庐山自然保护区、星子县和九江县进行实地调研和访谈，为本书的写作提供了真实的数据支持。同时走访了江西省旅游发展委员会、黄山市旅游委员会，对庐山及黄山旅游管理的历史沿革做了深入的分析和比照，为本书机制的选择提供了真实的样本。

为了计算第五章中的动态 Shapley 值，本书选取了 2014 年九江市"十一"假日主要景区接待情况，并进行相应处理。具体如表 7-1 所示。

表 7-1　2014 年九江市"十一"假日主要景区接待情况

单位：万人次

| 日期<br>景区 | 9月30日 | 10月1日 | 10月2日 | 10月3日 | 10月4日 | 10月5日 | 10月6日 | 10月7日 |
| --- | --- | --- | --- | --- | --- | --- | --- | --- |
| 庐山 | 1.95 | 2.30 | 3.63 | 5.22 | 5.78 | 4.85 | 3.52 | 2.80 |
| 庐山西海 | 1.18 | 2.01 | 3.21 | 4.40 | 4.81 | 4.47 | 4.02 | 2.92 |
| 星子庐山温泉 | 0.95 | 5.52 | 6.38 | 6.77 | 6.67 | 6.44 | 4.78 | 1.95 |
| 秀峰 | 0.32 | 0.85 | 0.95 | 1.11 | 0.95 | 0.82 | 0.77 | 0.26 |
| 石钟山 | 0.14 | 0.34 | 0.64 | 1.43 | 1.45 | 0.85 | 0.51 | 0.65 |
| 龙宫洞 | 0.07 | 0.10 | 0.39 | 0.48 | 0.58 | 0.57 | 0.31 | 0.15 |
| 三叠泉 | 0.08 | 0.26 | 0.72 | 1.30 | 1.00 | 1.20 | 0.80 | 0.20 |
| 共青富华山 | 0.09 | 0.24 | 0.28 | 0.35 | 0.48 | 0.25 | 0.17 | 0.12 |
| 浔阳楼 | 0.03 | 0.05 | 0.07 | 0.08 | 0.07 | 0.06 | 0.05 | 0.05 |
| 烟水亭 | 0.03 | 0.08 | 0.09 | 0.10 | 0.09 | 0.07 | 0.05 | 0.05 |

续表

| 日期景区 | 9月30日 | 10月1日 | 10月2日 | 10月3日 | 10月4日 | 10月5日 | 10月6日 | 10月7日 |
|---|---|---|---|---|---|---|---|---|
| 武宁西海湾 | 0.08 | 0.50 | 1.02 | 1.27 | 1.40 | 1.20 | 1.16 | 0.51 |
| 永修龙源峡 | 0.04 | 0.67 | 0.96 | 0.84 | 0.79 | 0.79 | 0.69 | 0.51 |
| 大千世界 | 0.02 | 0.63 | 0.75 | 0.88 | 1.38 | 1.49 | 1.39 | 1.24 |

资料来源：《九江市2014年"十一"假日旅游信息通报（1号~8号）》，http://www.jjta.gov.cn/lydt/lykb/index_7.html。

将表7-1中的数据绘制成折线图，如图7-1所示。

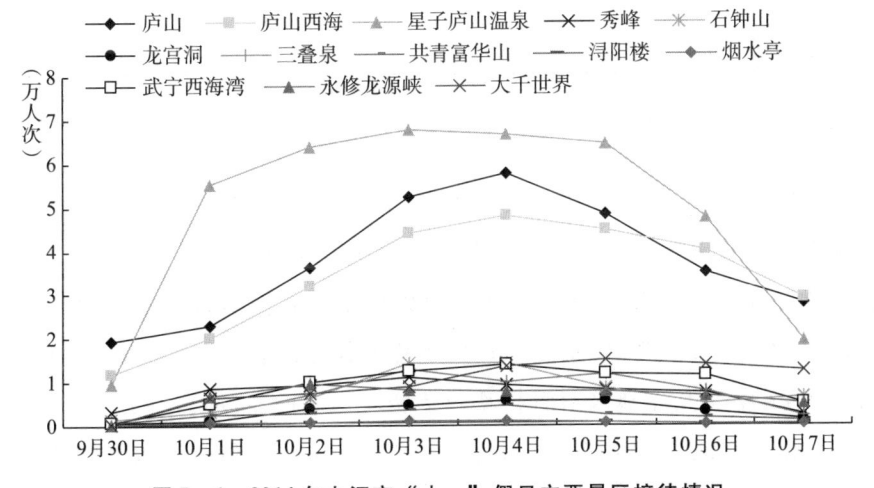

图7-1 2014年九江市"十一"假日主要景区接待情况

据统计，2014年10月1日至10月7日，全市共接待旅游者380.35万人次，同比增长23.71%；旅游总收入21.69亿元人民币，同比增长26.25%。其中，过夜旅游者143.84万人次，同比增长21.76%；"一日游"旅游者236.51万人次，同比增长24.92%。全市旅游市场秩序良好，未发生重特大旅游投诉和旅游安全事故。

从图7-1中可以看出，景区按接待人数分为两类：一类是以庐山、庐山西海、星子庐山温泉为代表的日均接待3万人次以上的大型景区，一类是日均接待人次不足1万的小型景区。而且星子庐山温泉的日均接待人次超过了庐山，说明旅游者的旅游需求已经由以游山玩水为主转变为以度假休闲为主。

为了方便后文进行实证分析，本书对收集到的 2014 年九江市"十一"假日旅游交通信息情况（见表 7-2）的数据进行了处理，得到了模型需要的指标数据，详见表 7-3。

**表 7-2　2014 年九江市"十一"假日旅游交通信息情况**

单位：万人次

| 方式＼日期 | 9月30日 | 10月1日 | 10月2日 | 10月3日 | 10月4日 | 10月5日 | 10月6日 | 10月7日 |
|---|---|---|---|---|---|---|---|---|
| 长途客运 | 5.10 | 5.40 | 4.28 | 4.15 | 3.79 | 3.46 | 3.34 | 3.45 |
| 列车 | 2.68 | 4.09 | 5.44 | 3.85 | 4.08 | 4.39 | 4.66 | 4.97 |
| 飞机 | 0.03 | 0.04 | 0.06 | 0.04 | 0.05 | 0.04 | 0.05 | 0.03 |

资料来源：《九江市 2014 年"十一"假日旅游信息通报（1 号 ~ 8 号）》，http://www.jjta.gov.cn/lydt/lykb/index_7.html。

其中，表 7-1 中九江市主要景区 10 月 1 日至 7 日接待总人数合计约为 135 万人次，而官方发布的九江地区所有景点 10 月 1 日至 7 日接待总人数合计为 380.35 万人次，由此可以得出总人次换算比为 0.35。然后用表 7-1 中九江市主要景点每日接待总人数除以总人次换算比，即可得出表 7-3 中的九江地区每日接待总人数 $x_i(i=1,\cdots,7)$。将表 7-2 中的每日数据求和，可得九江地区每日旅客离去总人次，然后除以九江地区每日接待总人数 $x_i(i=1,\cdots,7)$ 即可得到表 7-3 中的九江地区每日旅客离去率 $a_i(i=1,\cdots,7)$。其他景区分摊比率 $b_i(i=0,1,\cdots,7)$ 可以由表 7-1 中每日接待总人数剔除庐山和三叠泉两个景区后，再除以每日接待总人数求得。

**表 7-3　2014 年九江市"十一"假日模型指标数据**

单位：万人次

| 景区＼日期 | 9月30日 | 10月1日 | 10月2日 | 10月3日 | 10月4日 | 10月5日 | 10月6日 | 10月7日 |
|---|---|---|---|---|---|---|---|---|
| 庐山景区接待人次 | 1.95 | 2.30 | 3.63 | 5.22 | 5.78 | 4.85 | 3.52 | 2.80 |

续表

| 日期<br>景区 | 9月30日 | 10月1日 | 10月2日 | 10月3日 | 10月4日 | 10月5日 | 10月6日 | 10月7日 |
| --- | --- | --- | --- | --- | --- | --- | --- | --- |
| 三叠泉景区接待人次 | 0.08 | 0.26 | 0.72 | 1.30 | 1.00 | 1.20 | 0.80 | 0.20 |
| 九江地区每日接待总人数 $x_i$ | — | 38.71 | 53.77 | 68.23 | 72.71 | 65.89 | 52.06 | 32.60 |
| 九江地区每日旅客离去率 $a_i$ | — | 0.25 | 0.18 | 0.12 | 0.11 | 0.12 | 0.15 | 0.26 |
| 其他景区分摊比率 $b_i$ | 0.59 | 0.82 | 0.81 | 0.78 | 0.77 | 0.79 | 0.80 | 0.75 |

资料来源：作者整理。

需要说明的是，由于《九江市2014年"十一"假日旅游信息通报》没有公布9月30日的九江地区所有景点接待总人数，所以 $x_0$ 和 $a_0$ 都没有数据。

## 四 计算结果与分析

从前文模型的算法可知，无论是计算联盟前的利润现值还是联盟后的利润现值，都涉及诸多微分方程的计算，很难给出利润现值的解析解 $W^{(t_0)1}(t)$、$W^{(t_0)2}(t)$ 和 $V^{(t_0)1}(t)$、$V^{(t_0)2}(t)$，故本书以2014年"十一"假日九江市庐山、三叠泉景区的实际旅游数据为基础，利用数值处理能力较强的 Matlab 程序对微分方程求数值解，并画出庐山、三叠泉二者联盟前和联盟后两种情况的价值函数和最优接待量的轨迹图像，从而进行比较分析。

首先计算2014年10月1日的数据。经营时间为8点至18点，即 $t_0$ = 8：00，$T$ = 18：00，常数 $a_1$ = 0.25，其他景点分摊系数 $b_1$ = 0.82，$x(t_0)$ = 38.18，贴现率 $r$ = 0。根据联盟约定，在终点时刻，庐山景区红利分配系数 $q_1$ = 0.6，三叠泉景区红利分配系数 $q_2$ = 0.2。联盟前，庐山景区旅游服务成本系数 $c_1$ = 3，三叠泉景区旅游服务成本系数 $c_2$ = 5；联盟后，景区旅游服务成本系数 $c$ = 3。利用 Matlab 求出联盟前后参与者最优接待量的运行轨迹和利益分配的时间路径，详细程序及运行结果见附录。

(1) 联盟前后接待量的比较分析

联盟前两景区的最优接待量变化轨迹如图 7-2 所示，庐山地区瞬时最优接待量最高为 0.82 万人次，三叠泉景区瞬时最优接待量最高可达 0.35 万人次，二者瞬间最优接待量之和可达 1.17 万人次，随着时间的推移，二者的瞬时最优接待量均呈递减趋势，这与人们大多选择早上出发旅游的行为特点相符。联盟后的变动轨迹如图 7-3 所示，由于提高了景区服务质量和管理效率，管理成本降低，景区的最优接待量最高值增至 1.33 万人次，高出联盟前庐山景区 62%，高出联盟前庐山和三叠泉两景区接待量之和 14%，而且由图 7-3 可知，在任何有效营业时间内，联盟后的瞬时最优接待量均高于联盟前的瞬时最优接待量。由接待量的轨迹变化图可知，庐山景区和三叠泉景区的联盟可以提高整个景区的接待量。

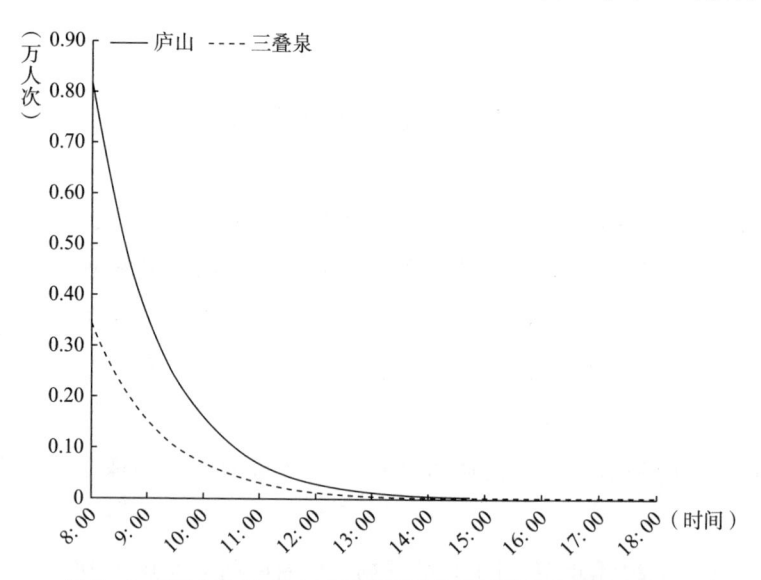

图 7-2　2014 年 10 月 1 日景区联盟前的最优接待量变化轨迹

(2) 联盟前后利润现值的比较分析

图 7-4 中，虚线为联盟后景区可达到的最佳利润现值，实线为联盟前庐山、三叠泉景区可达到的最优利润现值之和。从图 7-4 可以看出，在有效经营时间的任何时刻，联盟后集团的最佳利润现值均高于联盟前

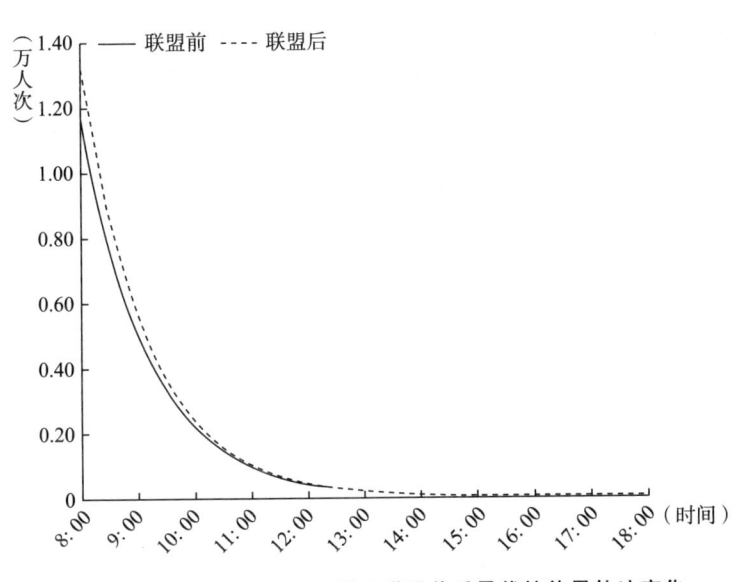

图 7-3　2014 年 10 月 1 日景区联盟前后最优接待量轨迹变化

两企业的最佳利润现值之和。根据数据，联盟后集团最高瞬时利润现值高出联盟前最高瞬时利润现值 21.8%，联盟后服务每人次边际收益要高于联盟前服务每人次边际收益 7.0%，由此可见，联盟不但提高了集团的利润水平，而且增强了整个联盟的盈利能力。

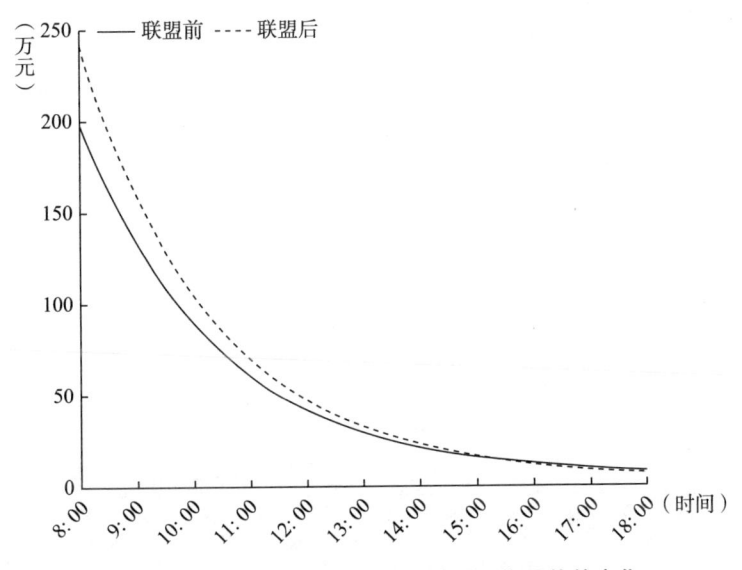

图 7-4　2014 年 10 月 1 日联盟前后利润现值的变化

下面来看采用动态 Shapley 值分配法对联盟利润进行分配的结果。图 7-5 和图 7-6 分别展示了联盟前后庐山景区和三叠泉景区的利润分配现值变化。

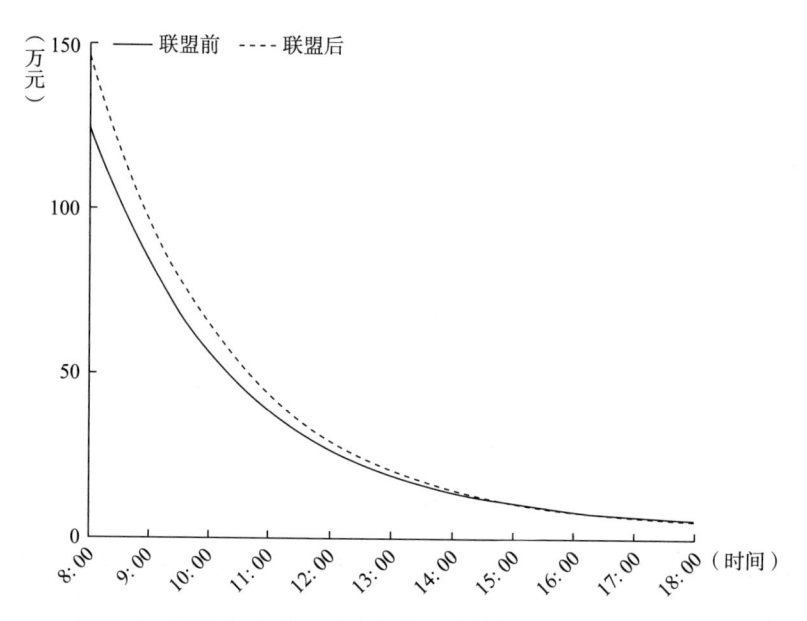

图 7-5　2014 年 10 月 1 日庐山景区联盟前后利润分配现值变化

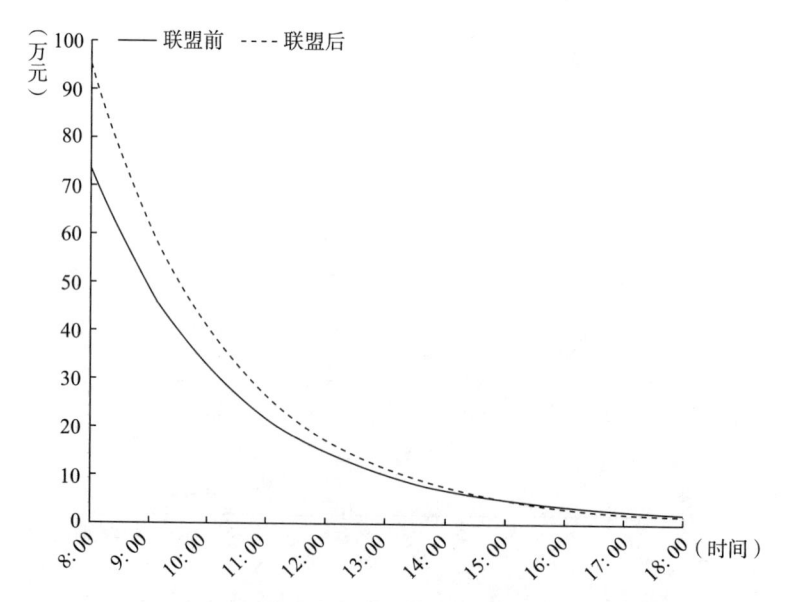

图 7-6　2014 年 10 月 1 日三叠泉景区联盟前后利润分配现值变化

由图 7-5 和图 7-6 可知，在有效盈利时间内，联盟后，各景区的利润分配现值均高于联盟前利润分配现值，特别是三叠泉景区。根据动态 Shapley 值分配法，三叠泉景区在联盟后各时刻利润分配现值比联盟前平均高出 29.0%，联盟对三叠泉景区大大有利。对于庐山景区来说，联盟后最佳盈利时刻的利润分配现值比联盟前高 17.2%，略低于三叠泉景区的利润增加幅度，究其原因有二：第一，在联盟前庐山景区已经形成一定规模，其利润基数较大；第二，根据规模效应递减规律，增加庐山景区盈利的难度要比规模小的三叠泉地区大。所以，庐山景区在联盟后利润提升幅度相对较小也是有理论支撑的，但是，其利润分配现值总归是在提升的，企业以盈利为目标，只要联盟后利润分配 $V_i$ 大于联盟前独自经营所得利润 $W_i$，企业还是会理性地选择联盟，这也是维持联盟稳定性的必要条件。

同理，本书依次给出 2014 年 10 月 2 日至 10 月 7 日的联盟前后利润现值对比图。

2014 年 10 月 2 日的计算结果如图 7-7、图 7-8、图 7-9 所示。

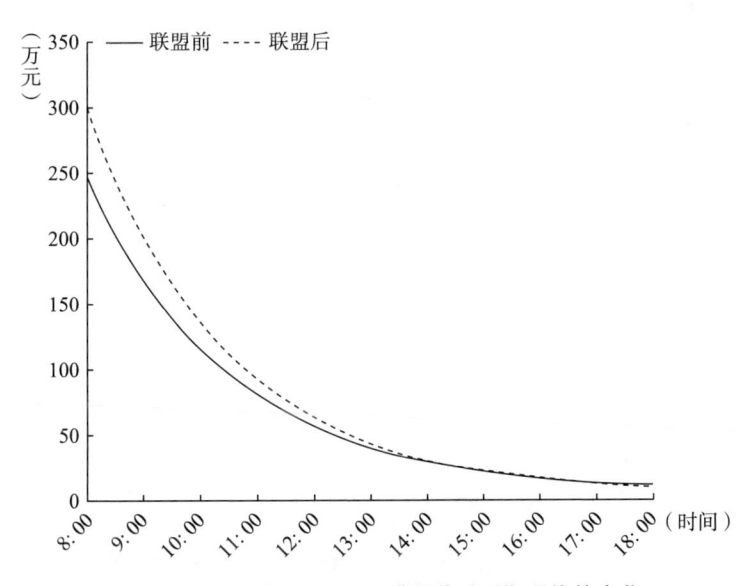

图 7-7　2014 年 10 月 2 日联盟前后利润现值的变化

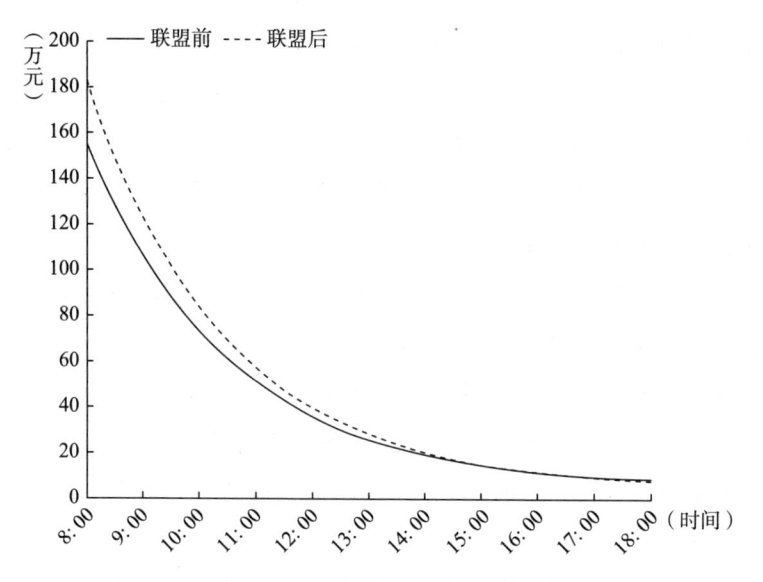

图 7-8　2014 年 10 月 2 日庐山景区联盟前后利润分配现值变化

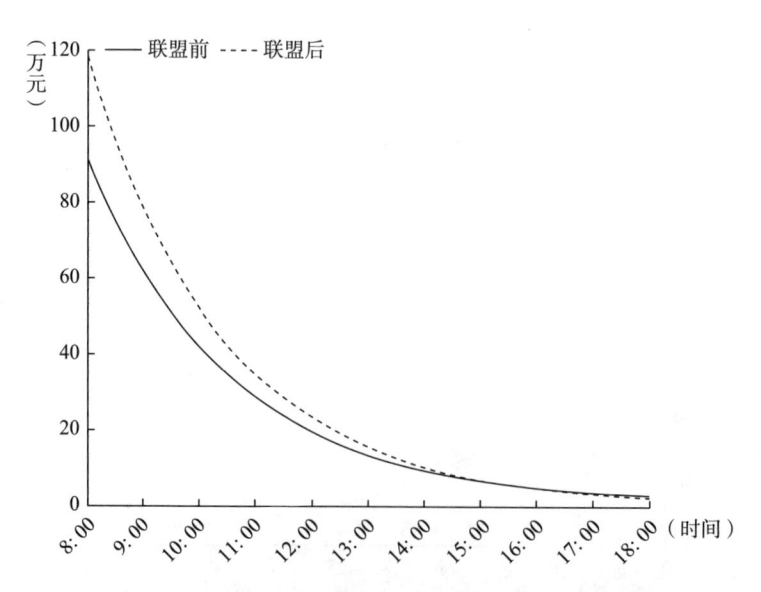

图 7-9　2014 年 10 月 2 日三叠泉景区联盟前后利润分配现值变化

2014年10月3日的计算结果如图7-10、图7-11和图7-12所示。

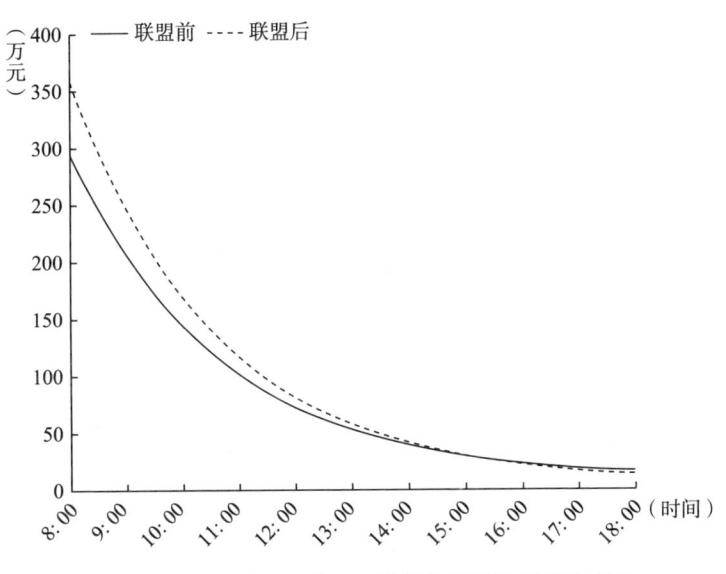

**图7-10　2014年10月3日联盟前后利润现值的变化**

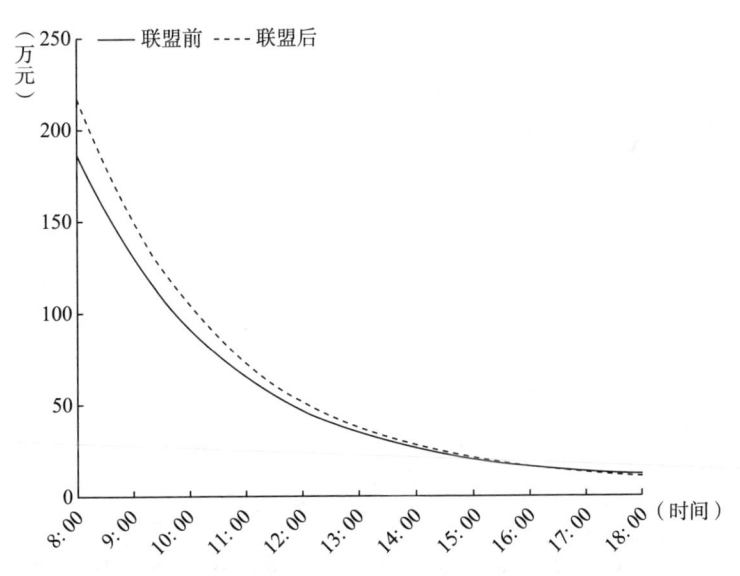

**图7-11　2014年10月3日庐山景区联盟前后利润分配现值变化**

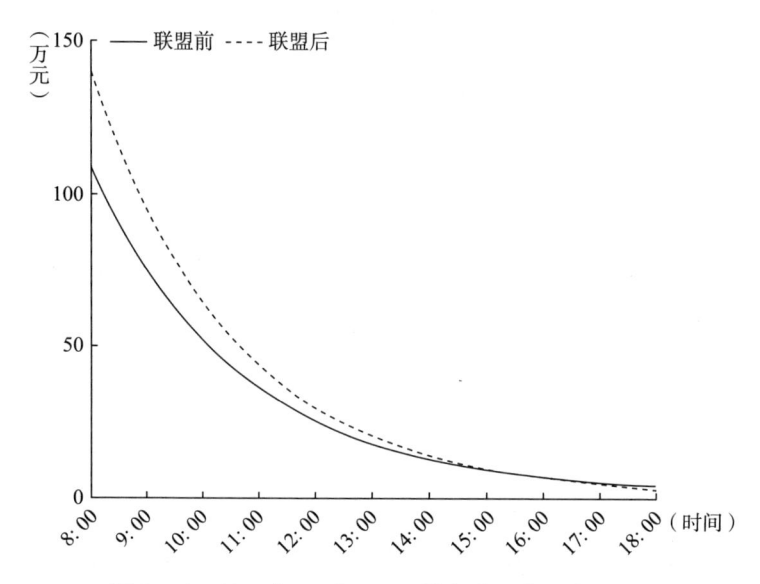

**图 7-12　2014 年 10 月 3 日三叠泉景区联盟前后利润分配现值变化**

2014 年 10 月 4 日的计算结果如图 7-13、图 7-14 和图 7-15 所示。

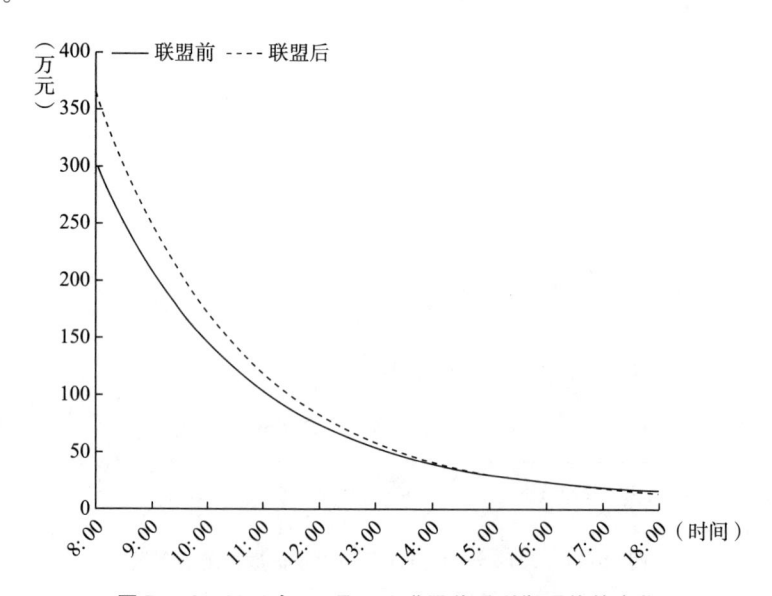

**图 7-13　2014 年 10 月 4 日联盟前后利润现值的变化**

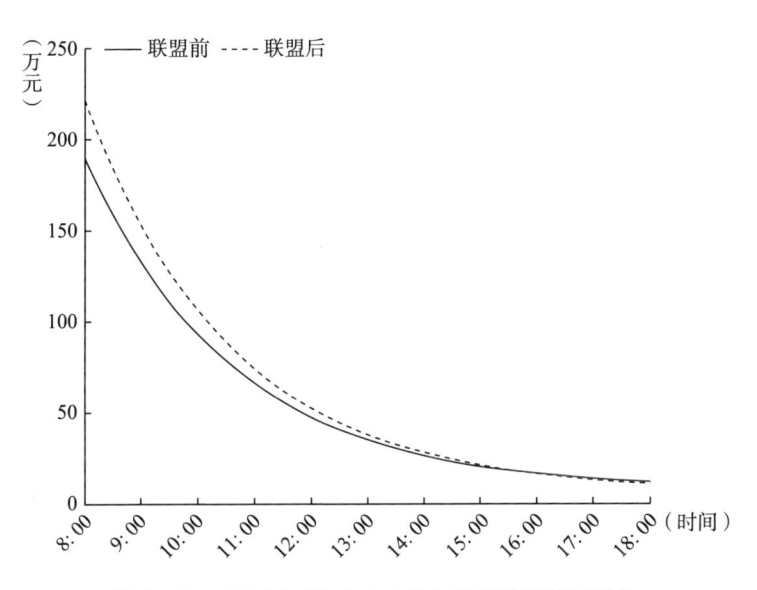

图 7-14　2014 年 10 月 4 日庐山景区联盟前后利润分配现值变化

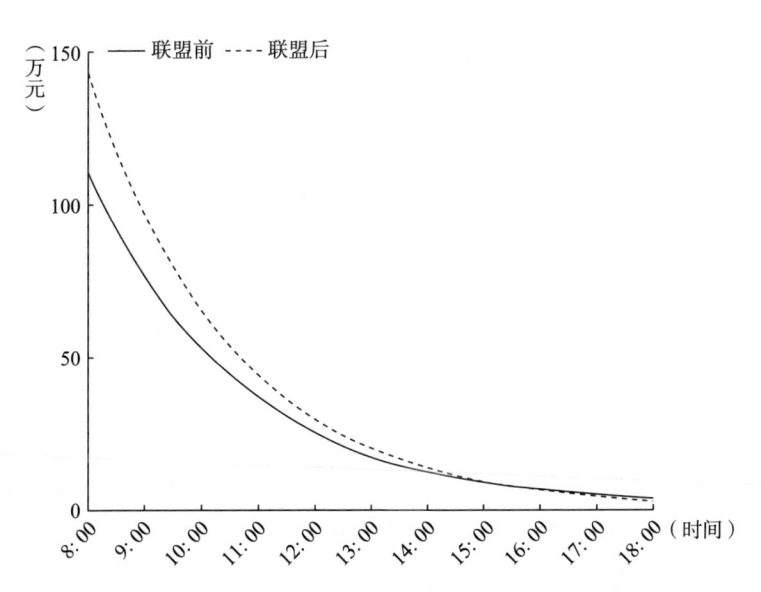

图 7-15　2014 年 10 月 4 日三叠泉景区联盟前后利润分配现值变化

2014 年 10 月 5 日的计算结果如图 7-16、图 7-17 和图 7-18 所示。

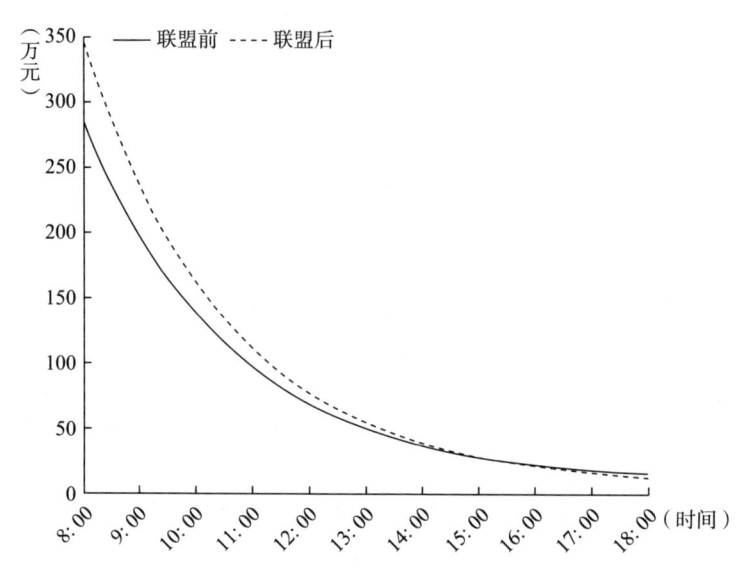

**图 7-16　2014 年 10 月 5 日联盟前后利润现值的变化**

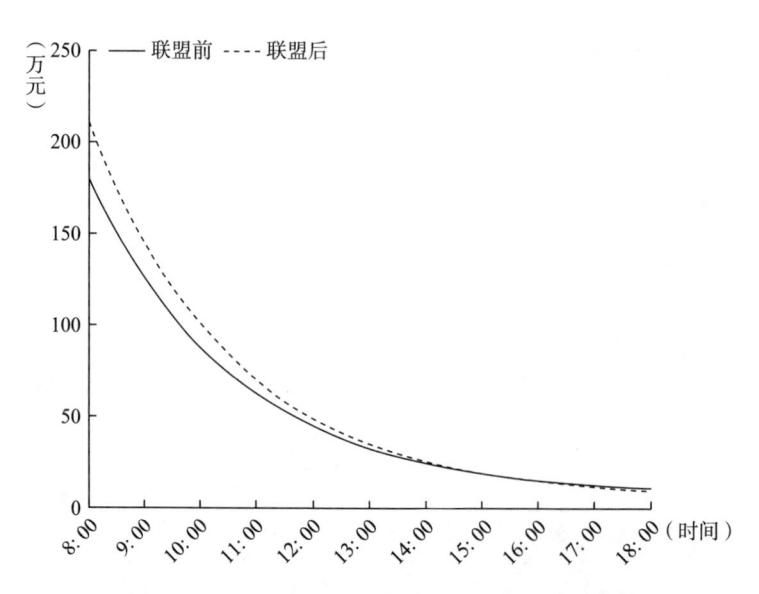

**图 7-17　2014 年 10 月 5 日庐山景区联盟前后利润分配现值变化**

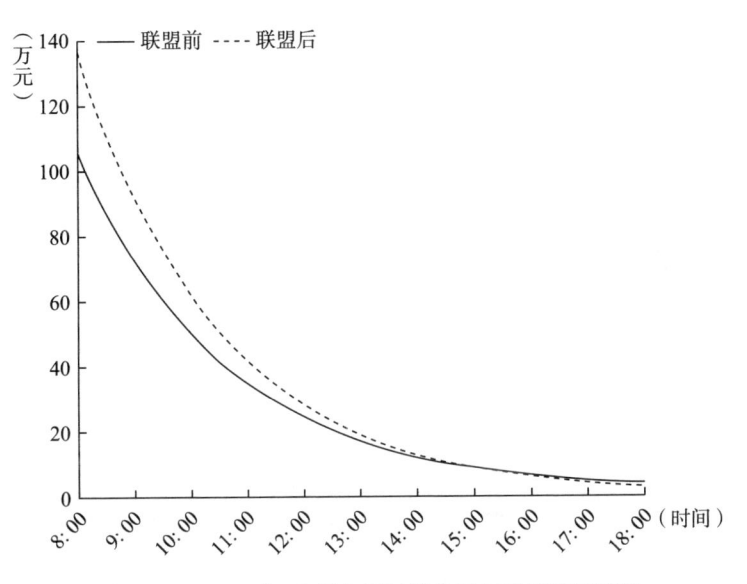

图 7-18  2014 年 10 月 5 日三叠泉景区联盟前后利润
分配现值变化

2014 年 10 月 6 日的计算结果如图 7-19、图 7-20 和图 7-21 所示。

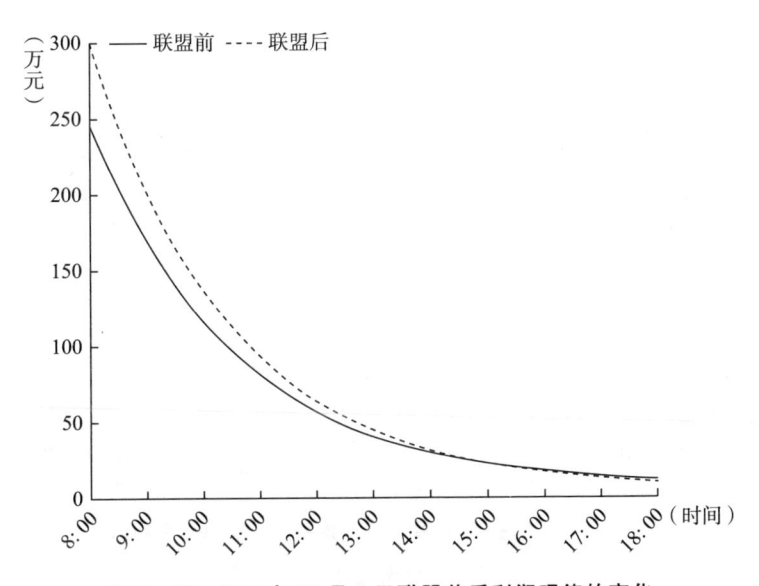

图 7-19  2014 年 10 月 6 日联盟前后利润现值的变化

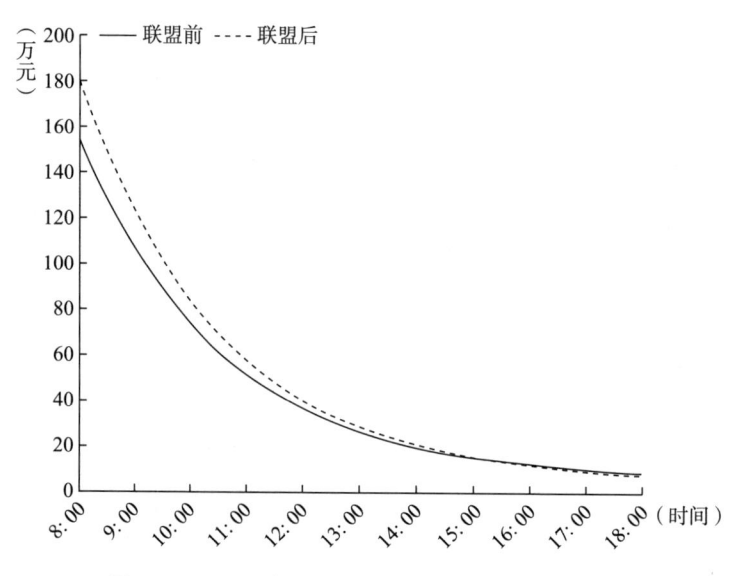

图 7-20　2014 年 10 月 6 日庐山景区联盟前后利润分配现值变化

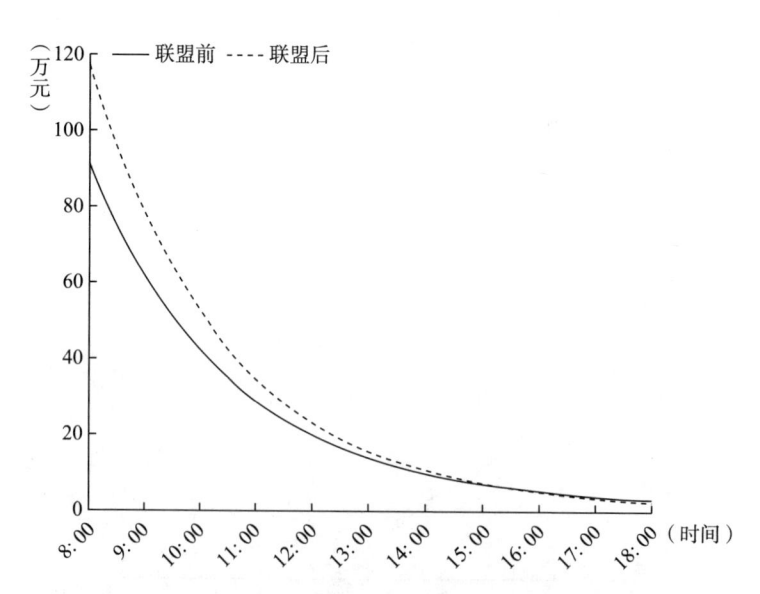

图 7-21　2014 年 10 月 6 日三叠泉景区联盟前后利润分配现值变化

2014 年 10 月 7 日的计算结果如图 7-22、图 7-23 和图 7-24 所示。

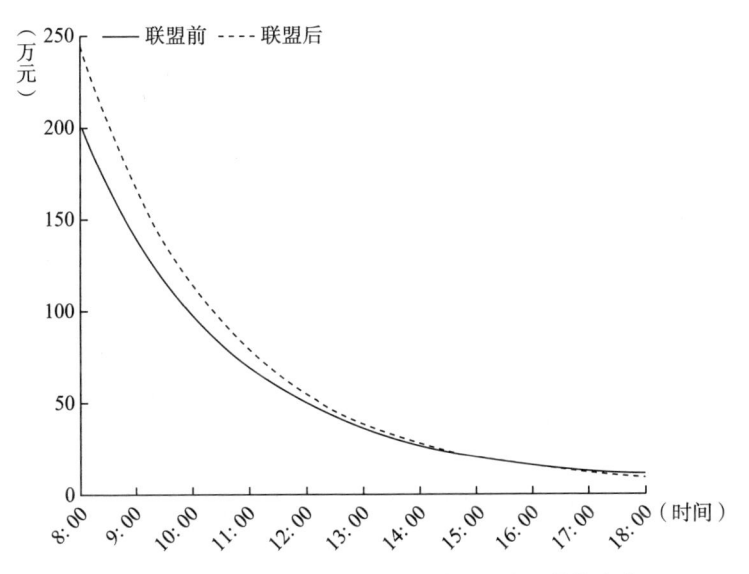

图 7-22　2014 年 10 月 7 日联盟前后利润现值的变化

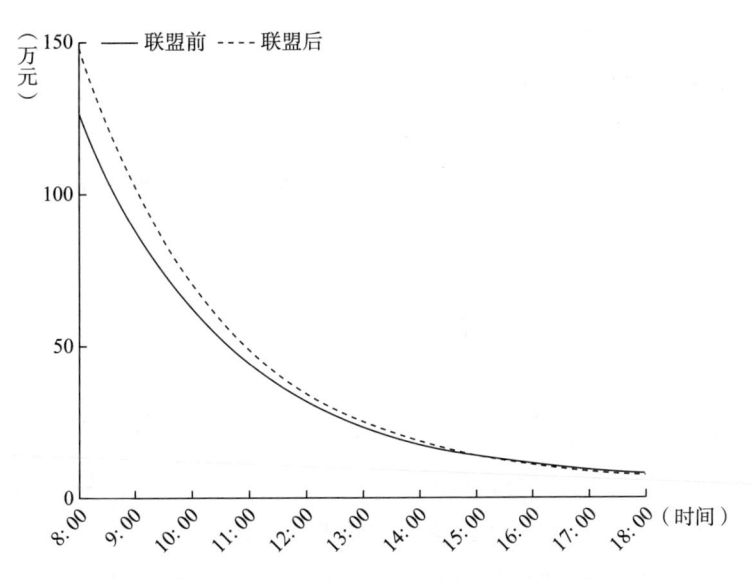

图 7-23　2014 年 10 月 7 日庐山景区联盟前后利润分配现值变化

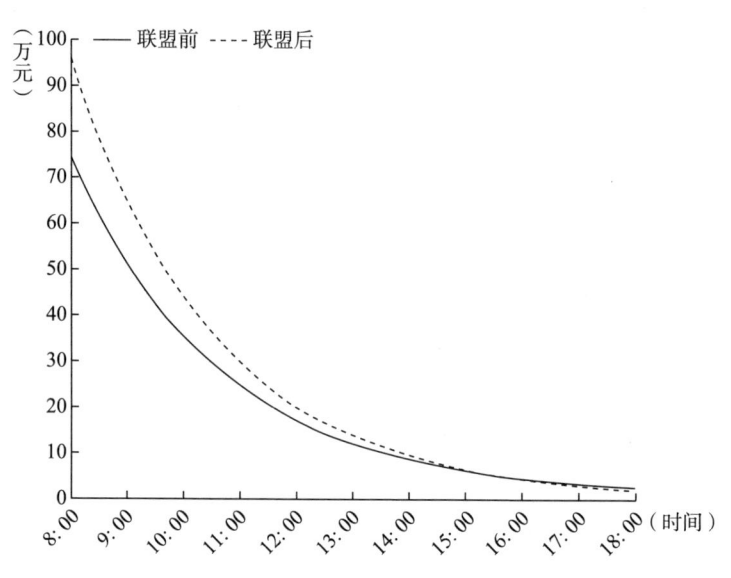

图 7-24　2014 年 10 月 7 日三叠泉景区联盟前后利润分配现值变化

通过模型的设计、实证计算与结果分析，可以得出该模型与实际情况是高度吻合的，模型结果也是让人满意的。这就为庐山旅游发展集团如何对下属分公司进行利益分割提供了一个可行的方法。而且基于动态模型的特性，在完善信息平台建设，实现"智慧旅游"之后，该方法可以实现瞬时支付和分配的计算，这无疑为联盟企业控制策略的选取和联盟稳定性的维护提供了科学的参考。

## 五　对策与建议

综观前文的分析，旅游联盟的内部管理缺失、旅游上下游间信息的不对称及其利益分配的不协调是导致区域旅游服务供应链联盟发展失衡的最主要原因，因此本书从供应链管理的角度出发，就旅游信息化建设、联盟管理两方面给出建设性意见，以促进区域旅游服务供应链联盟中冲突的协调和解决。

## （一）加快联盟信息化建设

本书前面提到过联盟双方在信息上存在极其严重的不对称问题，这是产生供需矛盾的主要原因。为了加快实现信息数据的实时共享，充分利用智慧旅游建设的契机，本书给出如下建议。

（1）搭建统一的、通用的信息平台

从前文的分析中可知，产生信息不对称的原因就在于信息传递过程中，渠道出现了问题从而导致信息共享的不完全性。

信息共享的实质就是要打破信息在供应链中逐级传递的模式。为了使供应链合作伙伴在商业模式和它所支持的系统结构中充分实现信息共享，必须在信息共享系统中构建一个管理平台。通过前文的研究也发现旅游服务供应链中存在着一些相对复杂的特定关系，这是由各种利益和社会矛盾的存在导致的。这些关系的存在，使得旅游者在旅游服务供应链上采集信息的方便性大大降低，新的信息不对称又随之产生。

为了更好地推动旅游服务供应链各种活动的展开，本书认为应营造顺畅的信息流，使各项活动之间互相协调，这也是实现客流高效运转的基础，供应链网络在顺畅的信息流下才能够像一个整体一样运转，提高决策能力，减少效率损失。不但供应链的结构、旅游需求模式、决策的结构会影响信息共享策略，旅游产品特征和旅游者本身的流动等因素也会影响信息共享策略，不同类型的信息共享方式使成员拥有不同层次的信息，实现不同的功能。

但是，目前江西省旅游信息的电子平台建设很不完善，更不要说像九江市、庐山市等地方平台，就连省级的官方网站的信息公布也不全面。就以重大节日的旅游信息每日通报来说，安徽省从节假日前一天开始到最后一天，都有明确的重点景区的旅游信息情况，而江西省就没有。2014年国庆节期间，江西省只有5天的信息通报，而且其中只有第4天的信息较为专业和完善，其他几天的信息通报像是游记。从某种意义上可以说是辜负了旅游者的期望。

基于以上的讨论，本书提出两个建议。

①旅游电子商务平台的搭建。旅游服务供应链联盟主导搭建旅游电子商务平台，并连入相关的旅游官方网站，既可以发布供需信息，又可以提升该联盟电子商务平台的信誉度。其中，供需信息的发布可以采取两种方式：一是通过中介机构，比如旅行社来发布，二是由供需双方自行在平台上发布，满足新型旅游方式的个性化需求。而且旅行社还可以利用旅游电子商务平台实时掌握供需双方的信息变化，对信息进行合理的运用。

②旅游网站建设的完善与旅游信息发布的规范化。不管是出于网络营销的目的，还是为了满足旅游者差异化的需求，旅游服务供应链联盟应当建设并完善自己的门户网站。另外，为了增强双方沟通的可信度和安全性，增加消费的透明度，旅游服务供应链联盟应当规范信息发布方式，使旅游投诉等纠纷发生的频率降到最低。

（2）实现信息交互的双向性与实时性

通过前面的分析可知，产生信息不对称的原因就在于信息传递过程中渠道出现了问题，从而导致信息共享的不完全性。而由此又会导致供应链上各节点企业间做不到信息的同步与共享，这样就容易产生供应链企业之间的逆向选择行为。本书认为在处理这种冲突时，首要任务就是让供需双方共享信息，这是解决旅游信息不对称的根源。随着现代科学技术的进步，它为旅游业搭建了一个便捷的平台。通过这个平台，需求企业可以将具体的需求信息和对供应企业的要求等发布于信息平台，这可以很好地突破传统模式和瓶颈，让优秀供应商融入供应链中。另外，需求企业可以打破地域的限制，通过使用信息平台对供应商的信息进行全面和高效的查找，从而促进和保证了供应商之间的公平竞争。这个平台还可以做到供需双方之间的信息动态的共享，利用发达的高科技不仅能全方位地了解供需双方的信息，还能对各种新动态进行实时跟踪，根据这些信息对产品标准适时调整，以便及时分享供需双方的创新技术成果以及最新的产品。

本书认为通过搭建好的旅游电子商务平台，旅游者、旅行社、旅游目的地等可以发布委托信息，而且旅行社、导游、旅游目的地也可以发布代理信息等。

(3) 提高信息沟通的充分性和准确性

在区域旅游联盟中,系统能够有效地正常运行,是联盟合力的作用结果。因此,旅游者、旅行社、景区和导游两两之间必须保持良好信息沟通。为此,在联盟中必须做到每个联盟企业都可以及时得到完整的、正确的信息。同时,要强化旅游者的知情权,确保信息死角的不存在,尽可能地万无一失。否则,受损失的可能不单单是联盟的效率,整个联盟有可能遭到毁灭性的打击。

(4) 加强第三方机构对代理人的监管

在旅游过程中,仅仅就旅游者而言,涉及的产品和服务就往往呈现多源性、多样性,其涉及多种服务供应商和行业的产品。而且旅游者不可能对所有的产品和服务都事事详知,这是由产品的多样化和个体的局限性共同决定的。因此为了实现信息共享的充分性,就必须加强与第三方机构的合作。需要注意的是,在旅游服务供应链上,许多节点企业既是供应商,又是需求方。

为此,对于供应商的监督与评价要由第三方认证机构比如质量监督委员会或行业协会负责。具体来讲有以下几个措施。

①完善委托－代理制度,规范委托－代理行为。本书认为要让委托－代理成为日常性工作,明确委托－代理的内容、步骤等细节,使得信息不对称发生的概率从制度上、形式上得以消除或降低。

②严把信息质量关。信息对称的关键是信息质量,它也是信息对称的核心。为了实现真正的纠纷零发生,必须杜绝一切虚假信息的发布,要从源头抓起。

③借力第三方。目前我国的旅游管理措施还不太完善,旅游事务没有一个真正的权力部门来管理。因此必须由有权威性的组织和机构来履行这一职能,承担真正的监督职责。在这种情况下,本书认为可以通过寻求法律,借助第三方的外来力量来实施监管,这种方法切实有效。

## （二）强化联盟及其核心利益圈的管理

通过前文分析可以得出，旅游服务供应链联盟的运作确实存在很多问题，诸如牛鞭效应、利益协调不均衡等。因此，本书从宏观和微观两个层面入手，就联盟整体的管理和核心利益圈的管理提出建设性意见。

**1. 联盟的管理**

（1）完善旅游服务供应商准入制度

联盟中的旅游企业通过探索与不断实践，设计了一套旅游服务供应商的明确准入制度。为了进一步降低合作中的交易风险和交易成本，必须加强对供应商的各个方面体系化、标准化的考察，从而确保参与联盟的旅游服务企业具有相对较高水平。这对于预防旅游服务供应链中的逆向选择行为大有裨益。

为此，本书认为设计的服务供应商准入审核标准要体现科学性和合理性。对于任何一个申请进入旅游服务供应链的供应商，事先就要研究出一套切实可行的严谨审核制度，从而判断其是否具备进入的资格。为达到该目的，本书认为必须做充分的审核。第一步是对提出加入申请的每一个供应商做详细周密的情况调查。这一步很关键，因为它是后续工作是否有意义的根本。第二步，依照国际或国家标准采用系统化的评估方法对供应商各方面情况进行评估。这一步也很重要，因为水平不高的供应商是通过不了高标准的系统评估的，而且这是供应链联盟质量高低的保障。

（2）优化旅游服务供应链联盟中企业的层次结构

由于旅游服务供应链联盟中的供应链级数、水平层次与垂直规模的参与者、信息的被加工次数和信息逐层传递等因素的影响，其复杂的网状结构对牛鞭效应的形成有很大影响。所以，本书认为应当尽量使核心企业的中心位置靠近下游，从而减少供应链级数与各级参与者的数量，实现旅游服务供应链简化。本书认为还要将供应商群体依据对核心企业业务流程的重要程度，分成支持型和重要型，支持型是指那些对旅游过程起到支持作用的参与者，重要型是指对旅游增值起重要作用的参与者。

简化后的旅游服务供应链有合适的长度和宽度,供应链的组织结构方面的牛鞭效应的强度被削弱。

在旅游服务供应链联盟中,客源地和旅游目的地之间的各类企业提供组合的有偿的商业服务并互相博弈,政府、旅游目的地提供组合的公共服务并互相博弈,应该在更大范围内对它们进行整合,才有可能在小旅行社、小景区、小饭店层面上对旅游服务供应链进行有效整合。

出于利益最大化的考虑,企业的核心能力引致的竞争优势是其在竞争性市场上取得经济租金的重要依据。一些旅游的核心企业往往会建立类似于联盟的伙伴关系,从而完善其供应链的内部信息和决策结构,促使信息一体化并没有从根本上解决旅游服务供应链上的依赖关系,其承诺会让人产生怀疑。经过长期的合作博弈的磨合,企业之间慢慢建立起了信任。而较高程度的信任又是企业间建立有效合作与伙伴关系的基础。在旅游服务供应链联盟中信任是一个非常重要的问题,缺乏一定信任度的合作或联盟都是不牢靠的。一方面,企业为了降低决策受信息不对称的影响,通常希望在决策前获得的信息尽可能多而全,必要时还会采取一切办法来获取信息。另一方面,联盟企业要保持自身在信息与核心竞争力上的优势,避免因联盟信息被合作伙伴滥用而蒙受损失。因此,联盟中的企业一般都很不情愿将自身信息分享给其他联盟成员。因为一旦企业自身的价格、产量、成本等机密信息被联盟中的同行或竞争对手知晓,企业的决策和经营就会非常被动。

需要注意的是,在建立和完善旅游服务供应链联盟的过程中,信任必须互相给予。联盟企业之间的交流和合作只有建立在相互信任的基础之上,才能将联盟中的复杂问题顺利解决,提高联盟的效率。作为旅游服务供应商,工作一定要做好做实。这样不仅能确保自身提供的产品和服务的质量,而且能协助旅游服务销售商做好旅游流向和流速的控制,从而建立起销售商对自身的信任。同时,作为旅游服务销售商,对旅游服务供应商对旅游者的诱导行为应予以理解,不要强加阻拦,要多与供应商沟通。

本书认为应该对旅游服务供应链联盟中那些失信的企业实行严格的

淘汰制度，供应链的各节点企业才能实现多赢，从而达到整个旅游服务供应链联盟整体利益最大化。所以，建立这样的战略伙伴关系、建立相互信任、实现信息对称、使旅游服务供应链联盟中的每个节点企业的供应与需求能很好地匹配，会有效地减小牛鞭效应。

（3）加快旅游服务供应链联盟中企业的一体化进程

为了强化联盟的管理，增强联盟企业之间的信任，采用交叉持股和一体化的管理形式，可以增加联盟企业的共同利益。

旅游服务供应链联盟企业为获得参与联盟活动的发言权与监督权，彼此之间相互拥有部分股份，借此来协调彼此之间的相互关系。一方面使得联盟中企业的违约成本提高了，另一方面使得联盟中企业相互信任的信心增强了。

旅游服务供应链联盟中企业可以通过横向一体化来降低牛鞭效应的出现率。旅游经营商或旅游代理商通过兼并或收购的方式来进行合并，合并使得它们购买上游产品的实力变得雄厚，从而实现横向一体化。

旅游服务供应链联盟中企业同样可以通过纵向一体化来削弱牛鞭效应的影响。前向一体化不一定必须拥有所有权，可以通过特许经营的方式来实现。后向一体化可以改善旅游者的信息不对称状况，旅游中间商可自行提供生产产品或服务所需的原材料，一个旅游批发商或经营商如果想获得一家连锁旅游零售企业，其可以通过兼并或买断的方式来实现目的，例如旅游中间商拥有自己的航空公司。

（4）实现旅游服务供应链联盟中契约的有效管理

为了便于当代经济活动中复杂交易的管理，一旦交易达成，往往需要制定一份契约，又称协议。将交易中协商好的各种情况都列入协议之中，这有利于旅游服务供应链联盟企业之间进行有效的合作。同时，一份具有约束力的合作协议，对联盟企业彼此之间的利益协调非常有效。

在旅游服务供应链联盟中，出于利益最大化的考虑，每个参与企业都会有自己相应的激励机制和特定的目标，这使得它们在某种程度上会采取一些分散策略。而这必然不利于联盟的集中控制和管理，会降低联盟的效率。解决这个问题的方法便是通过契约让这些分散策略的结果尽可能地向联盟的最优决策无限接近，促使联盟效率的提高。

根据前面的分析，本书认为在旅游服务供应链联盟中可以采用的契约有以下几种。

①数量折扣定价契约。即旅游服务供应链联盟中的旅行社与地接社之间的契约。契约中规定旅行社的最大接单量，即旅行社接受未成行旅游者的最大数量，以及旅行社开给未成行旅游者的团费的最低折扣。

②转售价格控制。这是旅游服务供应链联盟中的旅行社与地接社为限定最终的团费价格水平达成的契约形式。通常采用限定其固定价格的方式，这种方式通常包括最高限价和最低限价两种形式。如果地接社不遵照旅行社的建议价格为旅游者提供服务，旅行社便会以此为由拒绝向地接社提供游客资源。

③收益共享式契约。收益共享式契约可以促使旅游服务供应链联盟中企业达成协作。这种契约的前提是旅行社以不足自身边际成本的价格，将游客资源提供给地接社。地接社的收入，一部分留给自己用于抵消成本和增加收益，剩下一部分就返还给旅行社。这种契约的好处就是能够刺激各级地接社降低旅游产品和服务的价格，使得旅游者对旅游产品的需求大幅增加。而且这种契约使得旅游服务供应链联盟中的旅行社和地接社的收益都有所提高。

④最低采购量契约。这是指旅游服务供应链联盟中的地接社在订货初期必须保证采购其最初订货量的一定百分比，保证率越高，则获得的折扣会越多。通过约束地接社的采购下限，为旅行社抵消一定程度的订货量波动。

**2. 联盟核心利益圈的强化管理**

此处所说的联盟核心利益圈，即本书前面探讨的旅游服务供应链联盟的利益分配主体。前文在研究核心利益相关者的不协调表现时只考虑以旅行社为核心的利益圈，主要是因为本书的研究是围绕市场中的供需矛盾展开的。但是在区域旅游项目的开发中，核心利益圈远远不止这些，因此这里的核心利益圈是广义的。

本书提出的解决有关联盟核心利益圈管理问题的建议，具体有以下几点。

第一，构建核心利益圈的沟通渠道。主要涉及以下几点。

①信访制度的制定。通过信访制度，听取广大群众的意见，能够让信息上传到管理层和经营层，使圈内成员都能了解不同层面的意见，这些意见包括圈内意见，也包括圈外意见。这样会夯实群众基础，让联盟决策更符合实际需求，降低矛盾激化的风险。

②信息公开制度的制定。为了使圈内各成员都知晓群体的意图和决策，本书认为应该将利益圈内的各种管理、经营等事项通过制度途径定期公开，这样可以减少信息的不对称性，提升联盟的公信度。

③新媒体和技术的使用。建立唯一的官方网站，申请微信公众号，与联盟内外加强互动。通过新媒体和技术的使用，迅速地化解由圈内矛盾引起的各种突发事件。

第二，鼓励核心利益圈成员参与联盟中人事、财务和事务管理的决策，增强其参与决策的意识。主要涉及以下几点。

①基层成员结构的明确。摒弃总是政府和投资商说了算的旧观念，确立旅游区域内的社区居民、农民等的利益主体地位。

②基层成员参与联盟的激励机制的建立。培育基层成员的主人翁观念，让他们积极参与进来，并实施相应的激励。

③机制设计的全民参与。机制设计是否具有充分性、代表性决定了机制的执行力的强弱。缺乏群众基础的机制设计好比海市蜃楼，中看不中用。缺乏全面参与的机制设计，一定是不具有科学性和可行性的。而且，机制设计的全民参与，可以让联盟内矛盾在机制设计时就得以排除，保障了联盟的持续性。

第三，强调旅游服务供应链联盟管理层的主导、监督和调节作用，完善核心利益圈的利益分享机制。主要涉及以下几点。

①为保证群体决策的有序、高效，利益圈的管理层应当主导制定各种制度。

②建立联盟利益共享机制。只有建立联盟利益的共享机制，联盟企业才会舍小家顾大家，最大化整体利益，联盟成员才会在自觉遵守公平、

公正、透明的工作原则的前提下提升联盟整体效率。

③利益协调机制的不断完善。机制的完善可以减少矛盾的发生，让更多的利益圈主体公平受益。

第四，建立相应的惩罚机制。惩罚机制的建立能够让联盟企业提高对核心利益圈的依赖度，降低道德风险。而且严格的监管与法律的保障，能够规范利益圈各主体的行为，让他们的关系和利益冲突获得更好的协调。

## 六 本章小结

本章以"大庐山"旅游联盟为背景，通过数据收集和模型选择，对二元联盟的动态 Shapley 值利益分配进行了实证，并在此基础上给出相应的策略和建议。本章指出要稳定发展区域旅游，除了科学合理地进行收益分配外，还必须从加快联盟信息化建设、强化区域旅游服务供应链联盟及其核心利益圈的管理两个方面入手。

# 第八章　结论与展望

## 一　主要结论

本书从微分合作博弈视角探究区域旅游服务供应链联盟利益协调机制,并从理论和实证两个方面展开研究,系统阐述了区域旅游服务供应链联盟的利益相关者、联盟形成的动因和特点以及联盟后存在的问题,并引入了激励机制来确保联盟的稳定性,在一定程度上实现了研究视角和研究观点的创新,丰富和完善了区域经济中的产业集群理论和供应链联盟理论,对区域旅游服务供应链联盟理论在深度和广度上做出了一定的延伸。与此同时,本书还希望可以给江西省区域旅游联盟的协调发展提供一种思路,为促进江西旅游产业的转型和升级、实现建设旅游强省的目标做出贡献。

基于此,本书得出了以下这些结论。

第一,广义上根据旅游开发涉及的行业领域、影响程度和方式等,旅游开发利益相关者可以划分为核心层、支持层和边缘层三个层次。

第二,旅游服务供应链联盟中主要利益冲突主要是由旅游信息不对称和利益分配不均衡两方面引起的供需矛盾。

第三,区域旅游服务企业联盟主要有交易成本、资源利用、系统优化、市场需求四个动因。

第四,在各旅游利益相关者合作过程中通常会存在各式各样的矛盾,这些矛盾和摩擦又会加大旅游服务供应链系统管理协作的复杂化程度,促使其产生了五个旅游服务供应链联盟所特有的风险:信息保留风险、核心能力外溢、风险收益分配风险、违约风险和合作伙伴选择风险。

第五，区域旅游服务供应链联盟中的需求信号处理、短缺博弈、价格波动会造成牛鞭效应。

第六，区域旅游服务供应链联盟中的委托-代理关系处理不当引起的信息传递机制问题会导致逆向选择问题。

第七，旅游服务供应链联盟可以有效地降低旅游市场中各企业间的交易费用，提升其获取资源的能力，降低资源依赖度，提高满足旅游者需求的能力，促进旅游服务供应链的整体优化。

第八，引入多人合作瞬时平衡得偿的动态 Shapley 值联盟利益分配模型能保证联盟支付的整体理性、个体理性和时间一致性，从而保证了最优准则下的收益分配方案的持续有效性，还使得区域旅游服务供应链联盟可以维持下去，直至合作的旅游经营活动圆满成功。

第九，旅游服务供应链联盟中存在外部性。外部性强弱在一定程度上取决于某些参数，在多任务冲突的情形下，独占交易可能比共同销售给整个旅游服务供应链带来的总利润更高。

第十，要稳定发展区域旅游，除了科学合理地进行收益分配外，还必须从强化区域旅游服务供应链联盟及其核心利益圈的管理、加快联盟信息化建设两个方面入手。

## 二 不足与展望

旅游产业的综合性强、关联度大、产业链长，已经广泛涉及并渗透到工业、农业、信息产业、文化产业、金融业、建筑业、海洋业等许多领域，形成了一个泛旅游产业群。在现代信息与通信技术支持下，旅游服务供应链向精深方向发展，旅游服务供应链中的不确定因素增多。本书研究的重点在于联盟的形成过程、联盟形成后的稳定和持续性问题。在具体分析过程中，有关区域旅游服务供应链联盟中企业供需关系的研究较少，同时没有对多产业的联盟进行探讨，而且在实证中仅仅讨论了二元联盟利益协调的情况，对于多元的情况只给出了理论分析，这都是本书研究的不足之处。

未来关于该方面的研究,可以考虑从以下几个方面展开。

第一,在研究对象上,可以研究旅游产业与多产业的融合。

第二,在研究方法上,可以引入随机微分博弈,这样可以使研究更贴近现实。

第三,在实证分析上,可以将实证模型拓展到多元联盟的情况。

#  参考文献

《物流术语》,中国标准出版社,2007。

〔美〕迈克尔·波特:《竞争优势》,陈小悦译,华夏出版社,2005。

桂林市旅游局、中山大学旅游发展与规划研究中心:《桂林市旅游发展总体规划(2001~2020)》,中国旅游出版社,2002。

谌贻庆、陶春峰:《旅游服务供应链》,江西科学技术出版社,2014。

董保民、王运通、郭桂霞:《合作博弈论:解与成本的分摊》,中国市场出版社,2008。

李刚、汪寿阳、于刚、阎洪:《供应链中牛鞭效应与信息共享的研究》,湖南大学出版社,2006。

马士华、林勇:《供应链管理》,高等教育出版社,2011。

《毛泽东选集》(第一卷),人民出版社,1979。

盛涛:《新编物流企业管理工具箱》,企业管理出版社,2008。

张维迎:《博弈论与信息经济学》,上海人民出版社,2004。

郑耀星:《旅游资源学》,中国林业出版社、北京大学出版社,2009。

傅新春:《考虑监控信号的组织成员知识分享行为激励机制研究》,硕士学位论文,重庆大学,2013。

官志华:《关于供应链中核心企业的定位及其演变趋势的研究》,硕士学位论文,汕头大学,2004。

黄丽珍:《供应链建模及其动力学机制研究》,博士学位论文,同济大学,2005。

李佳:《基于散客旅游信息需求的旅游供应链管理研究——以"携程旅行网"为例》,硕士学位论文,四川大学,2007。

李万立:《转型时期我国旅游供应链优化机制研究》,硕士学位论文,山东师范大学,2006。

石慧娟:《S企业采购模式的优化研究》,硕士学位论文,上海交通大学,2011。

田志伟:《面向顾客价值的供应链精敏能力评价研究》,硕士学位论文,兰州理工大学,2011。

王飞亚:《我国城际旅游合作利益冲突与协调策略研究——以厦漳泉城市旅游联盟为例》,硕士学位论文,厦门大学,2006。

王兰兰:《旅游服务供应链的协调问题研究》,硕士学位论文,暨南大学,2009。

王潇炜:《CPI、PPI的变动与实际GDP增长之间的关系:基于中国的实证》,硕士学位论文,南昌大学,2012。

夏爽:《旅游服务供应链的委托代理机制研究》,硕士学位论文,南昌大学,2008。

杨晶:《基于多元结构的旅游供应链协调机制研究》,硕士学位论文,厦门大学,2009。

杨树:《旅游供应链竞争与协调》,博士学位论文,中国科学技术大学,2008。

白世贞、张琳:《不对称信息下的物流服务供应链质量监督》,《商业研究》2010年第10期。

蔡小青:《延迟策略在精敏供应链管理中的应用》,《中国市场》2013年第6期。

曹永辉:《供应链合作关系对供应链绩效的影响——基于长三角企业的实证研究》,《经济与管理》2013年第2期。

陈虎:《物流服务供应链绩效动态评价研究》,《计算机应用研究》2012年第4期。

陈利华、王业军:《基于委托代理机制的供应链协调模型研究》,《物流工程与管理》2011年第7期。

陈扬乐、杨葵、黄克己:《旅游服务供应链构建及运营机制探究》,

《商场现代化》2010年第6期。

陈志广：《高级管理人员报酬的实证研究》，《当代经济科学》2002年第5期。

陈志明、陈志祥：《多供应商的OEM供应链在供应与需求随机条件下的协调决策》，《管理学报》2013年第12期。

陈志祥、马士华：《供应链中的企业合作关系》，《南开管理评论》2001年第2期。

杜书翰、马万铭、赵新颖：《旅游系统思想在旅游规划中的应用》，《内蒙古科技与经济》2006年第9期。

官大庆、刘世峰、王跃平：《物流资源整合环境下供应链激励机制委托代理研究》，《软科学》2013年第5期。

贡文伟、段雯雯、李虎、汪国映：《考虑双方信息不完全的逆向供应链协调机制探讨》，《统计与决策》2013年第23期。

郭华：《国外旅游利益相关者研究综述与启示》，《人文地理》2008年第2期。

郭梅、朱金福：《基于模糊粗糙集的物流服务供应链绩效评价》，《系统工程》2007年第7期。

韩强、夏键明：《供应链运作参考模型（SCOR）与管理应用软件的整合及应用》，《物流技术》2003年第4期。

郝晓兰：《基于利益相关者理论的草原旅游发展研究——以锡林郭勒盟为例》，《内蒙古大学学报》（哲学社会科学版）2010年第2期。

何芳、温修春：《我国农村土地间接流转供应链的利益协调机制研究——基于委托代理模型》，《运筹与管理》2013年第4期。

胡朝阳、甘德强、韩祯祥、Deb Chattopadhyay：《市场机制下机组启动费用的分摊研究》，《电力系统自动化》2004年第28期。

胡华：《农村公共产品供求错位问题研究——基于委托代理理论》，《求索》2009年第2期。

胡凯、马士华：《具有众多小型供应商的品牌供应链中的食品安全问题研究》，《系统科学与数学》2013年第8期。

黄昆：《利益相关者共同参与的景区环境管理模式研究》，《湖北社会科学》2003 年第 9 期。

黄小军、甘筱青：《旅游服务供应链管理初探》，《商业时代》2006 年第 25 期。

黄祖庆、蔡文婷、张宝友：《利益相关者理论视角下物流服务供应链绩效评价——以传化物流为主导的物流服务供应链的实证》，《西安电子科技大学学报》（社会科学版）2013 年第 5 期。

黎森：《生态博物馆利益相关者利益冲突分析——以三江侗族生态博物馆为例》，《中国农学通报》2012 年第 2 期。

李慧新：《黑色旅游利益相关者探析》，《现代经济信息》2011 年第 12 期。

李建丽、刘永昌、冯嘉礼：《属性论在供应链牛鞭效应防范中的应用》，《物流技术》2005 年第 10 期。

李伟珍：《南京医药雅安项目之药事服务供应链各方的利益协同》，《健康管理》2013 年第 10 期。

李新明、廖貅武、陈刚：《基于 ASP 模式的应用服务供应链协调分析》，《系统工程理论与实践》2011 年第 8 期。

李秀起、赵艳萍：《供应链合作伙伴关系中信任行为分析》，《中国物流与采购》2010 年第 14 期。

李忆、张俊岳、刘小平：《供应链合作关系调节效应研究——基于成熟企业与新创企业的对比》，《科技进步与对策》2013 年第 8 期。

梁学成、李树民、万迪昉：《对旅游企业间动态合作的协调机制研究》，《旅游学刊》2007 年第 9 期。

林红梅：《旅游服务供应链运作风险分析及其量化》，《企业经济》2012 年第 7 期。

刘昌贵、但斌：《供应链战略合作伙伴关系的建立与稳定问题》，《软科学》2006 年第 3 期。

刘颉：《基于延迟技术的大规模定制物流管理初探》，《杭州电子工业学院学报》2004 年第 6 期。

刘伟华、季建华、顾巧论:《物流服务供应链两级合作的质量监控与协调》,《工业工程与管理》2007 年第 3 期。

刘卫华、文明刚:《供应链中 Bullwhip 效应控制的博弈论分析》,《经济研究导刊》2008 年第 2 期。

刘轶:《旅行社产品核心利益相关者利益协调策略探析》,《旅游纵览》(行业版) 2011 年第 7 期。

路科:《旅游业供应链新模式初探》,《旅游学刊》2006 年第 3 期。

麻新华、舒小林:《旅游淡旺季形成及协调机制研究》,《云南地理环境研究》2007 年第 4 期。

马晓京:《民族旅游内在矛盾与民族旅游规划管理研究——以湖北省长阳土家族自治县旅游业为例》,《中南民族大学学报》(人文社会科学版) 2011 年第 2 期。

毛遂、王明宪:《基于现代物流理念的旅游业供应链》,《市场论坛》2006 年第 2 期。

倪明、查玉莹:《供应链与供需网理念在 JIT 采购应用中的比较研究》,《北京交通大学学报》(社会科学版) 2013 年第 2 期。

倪明、莫露骅:《两种回收模式下废旧电子产品再制造闭环供应链模型比较研究》,《中国软科学》2013 年第 8 期。

牛文举、罗定提、鲁芳:《双重非对称信息下旅游服务供应链中的激励机制设计》,《运筹与管理》2013 年第 3 期。

潘淑清:《高新技术企业经营者股权激励机制设计》,《江西财经大学学报》2007 年第 1 期。

潘晓东、鄢章华、滕春贤:《旅游服务供应链信任均衡研究》,《科技与管理》2011 年第 4 期。

蒲勇健、赵国强:《内在动机与外在激励》,《中国管理科学》2003 年第 5 期。

任慧娟、刘利华、肖霄、陈永当、刘广梅:《信息技术在供应链管理中的应用》,《信息技术》2012 年第 9 期。

尚扬:《影响供应链快速响应的因素分析》,《科技信息》2011 年第

5 期。

舒亚琴：《物流服务供应链构建中的供应商选择研究》，《现代营销》（学苑版）2012 年第 7 期。

宋华、于亢亢、陈金亮：《不同情境下的服务供应链运作模式——资源和环境共同驱动的 B2B 多案例研究》，《管理世界》2013 年第 2 期。

孙洪杰：《供应链信息失真防范的目标激励机制博弈分析》，《重庆大学学报》（自然科学版）2003 年第 12 期。

孙琪霞、朱青、史成东：《信息共享对企业供应链牛鞭效应影响的研究》，《中国商贸》2010 年第 25 期。

陶春峰、谌贻庆、徐志：《旅游产业的牛鞭效应及解决方案》，《江西社会科学》2012 年第 12 期。

童国强、史丽娜：《浅析自然保护区旅游开发利益冲突与协调》，《旅游纵览》（行业版）2011 年第 2 期。

王邦兆、梁卡丽：《基于熵的供应链合作伙伴风险评估与选择方法》，《技术经济与管理研究》2013 年第 7 期。

王昌林：《企业授权激励与物质激励》，《重庆工商大学学报》（社会科学版）2006 年第 2 期。

王丹力、王宏安、戴国忠：《供应链管理的复杂性研究》，《系统仿真学报》2002 年第 11 期。

王法涛、苑春荟：《网上零售服务供应链模型构建及协同机制》，《中国流通经济》2013 年第 7 期。

王丽杰、王雪平、刘宇清：《循环经济视角下的供应链运作绩效评价研究》，《东北师大学报》（哲学社会科学版）2013 年第 4 期。

王晓华、白凯、马耀峰、李天顺：《灾害旅游发展中的伦理冲突与均衡：利益相关者视角》，《资源开发与市场》2011 年第 2 期。

王兆峰、腾飞：《西部民族地区旅游利益相关者冲突及协调机制研究》，《江西社会科学》2012 年第 1 期。

魏刚：《高级管理层激励与上市公司经营绩效》，《经济研究》2000 年第 3 期。

吴春尚、邓文博、刘艳：《旅游服务供应链企业协作问题研究》，《市场论坛》2009 年第 5 期。

吴毅洲、李旭东：《基于内外协同模式的供应链牛鞭效应对策分析》，《现代商业》2009 年第 11 期。

武勇杰、赵公民：《服务供应链核心竞争力耦合模型的构建》，《科技管理研究》2013 年第 21 期。

夏爽、甘筱青、谌贻庆：《旅游服务供应链的委托代理机制研究》，《科技广场》2008 年第 1 期。

夏赞才：《旅游伦理概念及理论架构引论》，《旅游学刊》2003 年第 2 期。

肖琼：《基于利益相关者的民族旅游城镇可持续发展研究》，《城市发展研究》2009 年第 10 期。

徐岗、封云：《N 级供应链非线性系统牛鞭效应的 Lyapunov 指数计算》，《物流技术》2009 年第 11 期。

徐海艳：《快速响应型服装供应链的实现机制研究》，《中国商贸》2013 年第 7 期。

徐向阳、安景文、王银和：《多人合作费用分摊的有效解法及其应用》，《系统工程理论与实践》2000 年第 3 期。

闫景园、黄安仲：《代理人市场－声誉模型在内部经理人市场中的拓展应用》，《华东经济管理》2008 年第 1 期。

严栋：《旅游资源开发中利益相关者的利益冲突及成因分析》，《教育教学论坛》2011 年第 33 期。

杨丽、李帮义、兰卫国：《基于旅游产品定价的旅游供应链利润分配协调研究》，《生态经济》2009 年第 2 期。

俞海宏、刘南：《数量柔性契约下引入激励的服务供应链协调性研究》，《浙江大学学报》（理学版）2012 年第 3 期。

张爱、袁治平、张清辉：《供应链企业委托代理问题的研究》，《工业工程与管理》2003 年第 3 期。

张德海、刘德文：《物流服务供应链的信息共享激励机制研究》，

《科技管理研究》2008年第6期。

张启文、徐琪：《基于SOA和ESB的供应链快速响应系统集成研究》，《计算机应用》2009年第9期。

张强、赵乐静：《自然保护区与当地居民的权益问题探讨——以云南大山包黑颈鹤自然保护区为例》，《林业经济问题》2011年第3期。

张婷、赵宁：《服务供应链绩效的可拓评价研究》，《科技管理研究》2013年第6期。

张巍巍：《旅游服务供应链运作中成员环节关系的协调研究》，《物流技术》2013年第7期。

张维迎：《所有制、治理结构及委托-代理关系——兼评崔之元和周其仁的一些观点》，《经济研究》1996年第9期。

张伟、吴必虎：《利益主体（Stakeholder）理论在区域旅游规划中的应用——以四川省乐山市为例》，《旅游学刊》2002年第4期。

张文喜：《旅游企业合作营销的风险及规避》，《华东经济管理》2006年第3期。

张晓明、张辉、毛接炳：《旅游服务供应链中若干环节的协调》，《城市发展研究》2008年第5期。

张宇、程梦来：《基于委托代理理论的弱化牛鞭效应的对策研究》，《物流科技》2009年第12期。

张智勇、赵俊、石园：《需求规模下养老服务供应链质量决策分析》，《预测》2013年第4期。

章晴：《乡村旅游开发的利益冲突与和谐社区建设——基于社区居民视角》，《湖北经济学院学报》（人文社会科学版）2009年第3期。

赵峰、俞亦舟、杨光：《基于SPSS因子分析法的数据挖掘的供应链绩效评价》，《科技信息》2012年第33期。

郑皓文：《基于供应链管理的第三方物流战略研究》，《中小企业管理与科技》2013年第10期。

郑智、万义平：《基于旅游产业链的景区利益冲突及协调机制研究》，《商业时代》2009年第31期。

周康博:《基于联合决策的物流服务供应链协调》,《商业文化》(学术版) 2010 年第 1 期。

庄品、王宁生:《供应链协调机制研究现状及发展趋势》,《机械科学与技术》2003 年第 11 期。

左小明:《旅游服务供应链协作关系治理研究》,《现代管理科学》2011 年第 4 期。

《〈旅游法〉十一实施 导游再也不能只当导购》,http://henan.sina.com.cn/finance/y/2013-10-02/139-40823.html。

《2015 国庆黄金周江西热点舆情分析报告》,http://jx.sina.com.cn/news/s/2015-10-10/detail-ifxirwnr6832968.shtml?from=wap.html。

《2015 年国庆黄金周安徽省重点旅游景区接待信息通报(三)》,http://www.cnta.gov.cn/xxfb/xxfb_dfxw/ah/201510/t20151004_748466.shtml。

《2015 年全国旅游工作会议在南昌召开》,http://www.cnta.gov.cn/html/2015-1/2015-1-15-%7B@hur%7D-31-07389.html。

《2016 年全国旅游工作会议召开》,http://www.gov.cn/xinwen/2016-01/30/content_5037517.html。

《贵池:政府主导力促旅游发展》,http://www.jiuhuashan.cc/article/4248.html。

《国庆全国约 1400 家景区降价 盘点最该降价景区》,http://travel.163.com/13/0927/14/99PMGB2B00063KE8.html。

《国庆游故宫平稳度过"尖峰"时刻 售票处 11 点仍爆棚》,http://www.takefoto.cn/viewnews-183890.html。

《九寨沟游客昨滞留 5 小时》,http://news.163.com/13/1003/04/9A81ICQB00014AED.html。

《青岛旅游热线投诉:旅行社降七成,酒店增三成》,http://www.sd.xinhuanet.com/news/2013-10-04/c_117592833.html。

《五大难题挑战西递宏村保护》,http://news.qq.com/a/20071026/002183.html。

Andersen, K. V, Henriksen, H. Z. , *Impact Analysis of E Tourism in*

*Bhutan*（Working Paper, 2006）.

Bork, R., *The Antitrust Paradox*（New York: Basic Books, 1978）.

Coyle, R. G., *Management System Dynamics*（John Wiley & Sons Australia, Limited, 1977）.

Elmaghraby, S. E., *The Design of Production Systems*（New York: Reinhold Publishing Corporation, 1969）.

Forrester, J. W., *Industrial Dynamics*（Massachusetts Institute of Technology Press, 1961）.

Gililes, D. B., *Some Theorems on N-Person Games*（Ph. D. diss, Princeton University, 1953）.

Holweg, O. M., Disney, S. M., The Evolving Frontiers of the Bullwhip Problem（Proceedings of the EuroOMA 2005 Conference, London, UK: EuroOMA, 2005）.

Lee, H. L., Feitzinger, E., Product Configuration and Postponement for Supply Chain Efficiency（Institute of Industrial Engineers, Fourth Industrial Engineering Research Conference Proceedings, IPTS, April 1995）.

Min, H., Melachrinoudis, E., *Restructuring a Warehouse Network: Strategies and Models*（Handbook of Industrial Engineering, 2001）.

Motta, M., *Competition Policy*（The Cambridge University Press, 2004）.

Qing, Z., Renchu, G., Modeling of Distribution System in a Supply Chain Based on Multi-Agents（2001 International Conferences on Info-Tech and Info-Net Proceedings, IEEE, June 2001）.

Tapoer, R., Font, X., *Tourism Supply Chains: Report of a Desk Research Project for the Travel Foundation*（UK: Environment Business & Development Group, 2004）.

Wilson, R. B., *The Structure of Incentives for Decentralization under Uncertainty*（Graduate School of Business, Stanford University, 1967）.

Aghion, P., Bolton, P., "Contracts as a Barrier to Entry", *American*

*Economic Review*, 77 (3), 1987.

Aghion, P., Stein, J. C., "Growth Versus Margins: Destabilizing Consequences of Giving the Stock Market What It Wants", *The Journal of Finance*, 63 (3), 2008.

Agrell, P. J., Wikner, J., "An MCDM Framework for Dynamic Systems", *International Journal of Production Economics*, 45 (1–3), 1996.

Alain Yee-Loong Chong, Keng-Boon Ooi, Amrik Sohal, "The Relationship Between Supply Chain Factors and Adoption of E-Collaboration Tools: An Empirical Examination", *International Journal of Production Economics*, 122 (1), 2009.

Amtzen, B. C., Brown, G. G., Harrison, T. P., Trafton, L. L., "Global Supply Chain Management at Digital Equipment Corporation", *Interfaces*, 25 (1), 1995.

Anderson, E. G., Morrice, D. J., "A Simulation Game for Teaching Service-Oriented Supply Chain Management: Does Information Sharing Help Managers with Service Capacity Decisions?", *Production and Operations Management*, 9 (1), 2000.

Annelid Douglas, Bernadine Anna Bubble, "Identifying Value Conflicts between Stakeholders in Corporate Travel Management by Applying the Soft Value Management Model: A Survey in South Africa", *Tourism Management*, 27 (6), 2006.

Bastakis, C., Buhalis, D., Butler, R., "The Perception of Small and Medium Sized Tourism Accommodation Providers on the Impacts of the Tour Operators' Power in the Eastern Mediterranean", *Tourism Management*, 25 (2), 2004.

Beamon, B. M., "Measuring Supply Chain Performance", *International Journal of Operation & Production Management*, 19 (3), 1999.

Bernheim, B. D., Whinston, M. D., "Common Marketing Agency as a Device for Facilitating Collusion", *Rand Journal of Economics*, 16

(2), 1985.

Besanko, D., Perry, M. K., "Equilibrium Incentives for Exclusive Dealing in a Differentiated Products Oligopoly", *Rand Journal of Economics*, 24 (4), 1993.

Bienstock, C. C., Mentzer, J. T., Bird, M. M., "Measuring Physical Distribution Service Quality", *Journal of the Academy of Marketing Science*, 25 (1), 2006.

Bondareva, O. N., "Some Applications of Linear Programming Methods to the Theory of Cooperative Games", *Problemy Kibernetiki*, 10, 1962.

Bramwell, B., Sharman, A., "Collaboration in Local Tourism Policy Making", *Annals of Tourism research*, 26 (2), 1999.

Burbidge, J. L., "Five Golden Rules to Avoid Bankruptcy", *Production Engineer*, 62 (10), 1983.

Burns, G. L., Howard, P., "When Wildlife Tourism Goes Wrong: A Case Study of Stakeholder and Management Issues Regarding Dingoes on Fraser Island, Australia", *Tourism Management*, 24 (6), 2003.

Candela, G., Cellini, R., "Investment in Tourism Market: A Dynamic Model of Differentiated Oligopoly", *Environmental & Resource Economics*, 35 (1), 2006.

Christy, D. P., Gorut, J. R., "Safeguarding Supply Chain Relationships", *International Journal of Production Economics*, 36 (3), 1994.

De Araujo, L. M., Bramwell, B., "Partnership and Regional Tourism in Brazil", *Annals of Tourism research*, 29 (4), 2002.

De Waart, D., Kemper, S., "Five Steps to Service Supply Chain Excellence", *Supply Chain Management Review*, 8 (1), 2004.

Dewatripont, M., Tirole, J., "Advocates", *Journal of Political Economy*, 107 (1), 1999.

Dhahri, I., Chabchoub, H., "Nonlinear Goal Programming Models Quantifying the Bullwhip Effect in Supply Chain Based on ARIMA Parameters", *European Journal of Operational Research*, 177 (3), 2007.

Disney, S. M., Towill, D. R., "A Discrete Transfer Function Model to Determine the Dynamic Stability of a Vendor Managed Inventory Supply Chain", *International Journal of Production Research*, 40 (1), 2002.

Disney, S. M., Towill, D. R., "On the Bullwhip and Inventory Variance Produced by an Ordering Policy", *Omega*, 31 (3), 2003.

Fama, E., "Agency Problems and the Theory of the Firm", *Journal of Political Economy*, 88 (2), 1980.

Fawcett, S. E., Magnan, G. M., "The Rhetoric and Reality of Supply Chain Integration", *International Journal of Physical Distribution & Logistics Management*, 32 (5), 2002.

Fawcett, S. E., Stanley, L. L., Smith, S. R., "Developing a Logistics Capability to Improve the Performance of International Operations", *Journal of Business Logistics*, 18 (2), 1997.

Font, X., Tapper, R., Schwartz, K., Kornilaki, M., "Sustainable Supply Chain Management in Tourism", *Business Strategy and the Environment*, 17 (4), 2008.

Forrester, J. W., "Industrial Dynamics", *Journal of the Operational Research Society*, 48 (10), 1997.

Fudenberg, D., Holmström, B., Milgrom, P., "Short-Term Contracts and Long-Term Agency Relationships", *Journal of Economic Theory*, 51 (1), 1990.

Fumagalli, C., Motta, M., "Exclusive Dealing and Entry, When Buyers Compete", *American Economic Review*, 96 (3), 2006.

Gal-Or, E., "A common Agency with Incomplete Information", *Rand Journal of Economics*, 22 (2), 1991.

Gamm, J. D., Chorman, T. E., Dull, F. A., Evans, J. R., Sweeney, D. J., Wegryn, G. W., "Blending OR/MS, Judgement, and GIS: Restructuring P&G's Supply Chain", *Interfaces*, 27 (1), 1997.

Garcia, D., Tugores, M., "Optimal Choice of Quality in Hotel Services", *Annuals of Tourism Research*, 33 (2), 2006.

Glover, F., Jones, G., Karney, D., et al., "An Integrated Production, Distribution, and Inventory Planning System", *Interfaces*, 9 (5), 1979.

Goldman, E., "The Impact of Stock Market Information Production on Internal Resource Allocation", *Journal of Financial Economics*, 71 (1), 2004.

Hahn, C. K., Pinto, P. A., Bragg, D. J., "Just-In-Time Production and Purchasing", *Journal of Purchasing and Materials Management*, 19 (3), 1983.

Harris, J. K., Swatman, P. M. C., Kurnia, S., "Efficient Consumer Response (ECR): A Survey of the Australian Grocery Industry", *Supply Chain Management: An International Journal*, 4 (1), 1999.

Holden, A., "In Need of New Environmental Ethics for Tourism?", *Annals of Tourism Research*, 30 (1), 2003.

Hole, D., Marsh J., Hudson, M., "Re-Designing a Complex, Multi-Customer Supply Chain", *Logistics Information Management*, 9 (2), 1996.

Holmström, B., "Managerial Incentive Problems: A Dynamic Perspective", *The Review of Economic Studies*, 66 (1), 1999.

Hölmstrom, B., "Moral Hazard and Observability", *The Bell Journal of Economics*, 10 (1), 1979.

Holmström, B., Milgrom, P., "Multitask Principal-Agent Analyses: Incentive Contracts, Asset Ownership, and Job Design", *Journal of Law Economics & Organization*, 7 (7), 2015.

Hudson, S., Miller, G. A., "The Responsible Marketing of Tourism: The Case of Canadian Mountain Holidays", *Tourism Management*, 26 (2), 2005.

Jamal, T. B, Getz, D., "Collaboration Theory and Community Tourism Planning", *Annals of Tourism Research*, 22 (1), 1995.

Jane Robson, Ian Robason., "From Shareholders to Stakeholders: Critical Issues for Tourism Marketers", *Tourism Management*, 17 (7), 1996.

Jensen, M. C., Mechling, W. H., "Theory of the Firm: Managerial Behavior Agency Cost and Ownership Structure", *Journal of Financial Economics*, 3 (4), 1976.

Kaynak, H., "Implementing JIT Purchasing: Does the Level of Technical Complexity in the Production Process Make a Difference?", *Journal of Managerial Issues*, 17 (1), 2005.

Kreng, V. B., Wang, I. C., "Economical Delivery Strategies of Products in a JIT System under a Global Supply Chain", *The International Journal Advanced Manufacturing Technology*, 26 (11 – 12), 2005.

Kreps, D. M., Wilson, R., "Reputation and Imperfect Information", *Journal of Economic Theory*, 27 (2), 1982.

Kwon, I. W. G., Suh, T., "Factors Affecting the Level of Trust and Commitment in Supply Chain Relationships", *Journal of Supply Chain Management*, 40 (1), 2004.

La Londe, B. J., Master, J. M., "Emerging Logistics Strategies: Blueprints for the Next Century", *International Journal of Physical Distribution and Logistics Management*, 24 (7), 1994.

Larsen, E. R., Morecroft, J. D. W., Thomsen, J. S., "Complex Behaviour in a Production-Distribution Model", *European Journal of Operational Research*, 119 (1), 1999.

Lee, H. L., Billington, C., "Managing Supply Chain Inventory: Pitfalls and Opportunities", *Sloan Management Review*, 33 (3), 1992.

Lee, H. L., Padmanabhan, V., Whang, S., "Information Distortion in a Supply Chain: The Bullwhip Effect", *Management Science*, 43 (4), 2009.

Lee, H. L., Padmanabhan, V., Whang, S., "The Bullwhip Effect in Supply Chains", *Sloan Management Review*, 38 (3), 1997.

Levary, R., "Computer Integrated Supply Chain", *International Jour-*

nal of Materials and Product Technology, 16 (67), 2001.

Li, G., Wang, S., Yan, H., et al., "Information Transformation In a Supply Chain: A Simulation Study", *Computers & Operations Research*, 32 (3), 2005.

Lin, P., Wong, D. S, Jang, S., "Controller Design and Reduction of Bullwhip for a Model Supply Chain System Using Z-Transform Analysis", *Journal of Process Control*, 14 (5), 2004.

Lisa, M. E., Wendy, L. T., Corey, B., "Understanding and Managing the Service Supply Chain", *Journal of Supply Chain Management*, 40 (3), 2004.

Littlechild, S. C., Owen, G., "A Simple Expression for the Shapley Value in a Special Case", *Management Science*, 3, 1973.

Lummus, R. R., Vokurka, R. J., Alber, K. L., "Strategic Supply Chain Planning", *Production and Inventory Management Journal*, 39 (3), 1998.

Martimort, D., "Exclusive Dealing, Common Agency, and Multiprincipals Incentive Theory", *Rand Journal of Economics*, 27 (1), 1996.

Marwick, M. C., "Golf Tourism Development, Stakeholders, Differing Discourse and Alternative Agendas: The Case of Malta", *Tourism Management*, 21 (5), 2000.

Mentzer, J. T., Flint D. J., "Logistics Service Quality as a Segment-Customized Process", *Journal of Marketing*, 65 (4), 2001.

Mezzetti, C., "Common Agency with Horizontally Differentiated Principals", *Rand Journal of Economics*, 28 (2), 1997.

Midler, J. L., "A Stochastic Multiperiod Multimode Transportation Model", *Transportation Science*, 3 (1), 1969.

Mirrlees, J., "Notes on Welfare Economics, Information and Uncertainty", *Essays on Economic Behavior under Uncertainty*, 1974.

Mirrlees, J. A., "The Optimal Structure of Authority and Incentives within an Organization", *The Bell Journal of Economics*, 7 (1), 1976.

Morris, M., Carter, C. R., "Relationship Marketing and Supplier Logistics Performance: An Extension of the Key Mediating Variables Model", *The Journal of Supply Chain Management*, 41 (4), 2005.

Nozick, L. K., Turnquist, M., "A Inventory, Transportation, Service Quality and the Location of Distribution Centers", *European Journal of Operational Research*, 129 (2), 2001.

Özelkan, E. C., Çakanyıldırım, M., "Reverse Bullwhip Effect in Pricing", *European Journal of Operational Research*, 192 (1), 2009.

Perealópez, E., Grossmann, I. E., Ydstie, B. E., Tahmassebi, T., "Dynamic Modeling and Decentralized Control of Supply Chains", *Industrial & Engineering Chemistry Research*, 40 (15), 2001.

Perrault, W. D., Russ, F. A., "Physical Distribution Service: a Neglected Aspect of Marketing Management", *MSU Business Topics*, 22 (3), 1974.

Petrovic, D., "Simulation of Supply Chain Behavior and Performance in an Uncertain Environment", *International Journal of Production Economics*, 71, 2001.

Petrovic, D., Roy, R., Petrovic, R., "Modelling and Simulation of a Supply Chain in an Uncertain Environment", *European Journal of Operational Research*, 109 (2), 1998.

Pintassilgo, P., Silva, J. A., "Tragedy of the Commons' in the Tourism Accommodation Industry", *Tourism Economics*, 13 (2), 2007.

Pyke, D. F., Cohen, M. A., "Performance Characteristics of Stochastic Integrated Production-Distribution Systems", *European Journal of Operational Research*, 68 (1), 1993.

Radner, R., "Monitoring Cooperative Agreements in a Repeated Principal-Agent Relationship", *Econometrica: Journal of the Econometric Society*, 49 (5), 1981.

Rasmusen, E. B. , Wiley, J. S. , "Naked Exclusion", *American Economic Review*, 81 (5), 1991.

Ross, S. A. , "The Economic Theory of Agency: The Principal's Problem", *American Economic Review*, 63 (2), 1973.

Rubinstein, A. , "Equilibrium in Supergames with the Overtaking Criterion", *Journal of Economic Theory*, 21 (1), 1979.

Ryan, C. , "Equity, Management, Power Sharing and Sustain Ability of 'New Tourism'", *Tourism Management*, 23 (1), 2002.

S. Pant, R. Sethi, M. Bhandari, "Making Sense of the E-Supply Chain Landscape: An Implementation Framework", *International Journal of Information Management*, 23 (5), 2003.

Sahin, F. , Robinson, J. E. P. , "Information Sharing and Coordination in Make-to-Order Supply Chains", *Journal of Operations Management*, 23 (6), 2005.

Sautter, E. T. , Leisen, B. , "Managing Stakeholders: A Tourism Planning Model", *Annals of Tourism Research*, 26 (2), 1999.

Segal, I. R. , Whinston, M. D. , "Naked Exclusive: Comment", *American Economic Review*, 90 (1), 2000.

Shapley, L. S. , "A Value for N-Person Games", *Annals of Mathematics Studies*, 28, 1953.

Sheehan, L. R. , Ritchie, J. R. , "Destination Stakeholders: Exploring Identity and Salience", *Annals of Tourism Research*, 32 (3), 2005.

Shin, N. , "Does Information Technology Improve Coordination? An Empirical Analysis", *Logistics Information Management*, 12 (1/2), 1999.

Simon, H. A. , "On the Application of Servomechanism Theory in the Study of Production Control", *Econometrica*, 20 (2), 1952.

Smith, S. L. J. , Xiao, H. , "Culinary Tourism Supply Chains: A Preliminary Examination", *Journal of Travel Search*, 46 (3), 2008.

Spence, M. , Zeckhauser, R. , "Insurance, Information, and Individual Action", *American Economic Review*: *Papers and Proceedings*, 61 (2), 1971.

Sterman, J. D., "Modeling Managerial Behavior: Misperceptions of Feedback in a Dynamic Decision Making Experiment", *Management Science*, 35 (3), 1989.

Stevens, G. C., "Integrating the Supply Chain", *International Journal of Physical Distribution & Logistics Management*, 19 (8), 1989.

Stonich, S. C., "Political Ecology of Tourism", *Annals of Tourism Research*, 25 (1), 1998.

Svoronos, A., Zipkin, P., "Evaluation of One-for-One Replenishment Policies for Multiechelon Inventory Systems", *Management Science*, 37 (1), 1991.

Tapiero, C. S., Soliman, M. A., "Multi-Commodities Transportation Schedules Over Time", *Networks*, 2 (4), 1972.

Towill, D. R., "Dynamic Analysis of an Inventory and Order Based Production Control System", *International Journal of Production Research*, 20 (6), 1982.

Tzafestas, S., Kapsiotis, G., "Coordinated Control of Manufacturing/Supply Chains Using Multi-Level Techniques", *Computer Integrated Manufacturing Systems*, 7 (3), 1994.

Veronneau, S., Roy, J., "Global Service Supply Chains: An Empirical Study of Current Practices and Challenges of a Cruise Line Corporation", *Tourism Management*, 30 (1), 2009.

Verter, V., "An Integrated Model for Facility Location and Technology Acquisition", *Computers & Operations Research*, 29 (6), 2002.

Wachsman, Y., "Strategic Interactions among Firms in Tourist Destinations", *Tourism Economics*, 12 (4), 2006.

Williams, J. F., "Heuristic Techniques for Simultaneous Scheduling of Production and Distribution in Multi-Echelon Structures: Theory and Empirical

Comparisons", *Management Science*, 27 (3), 1981.

Williams, J. F., "A Hybrid Algorithm for Simultaneous Scheduling of Production and Distribution in Multi-Echelon Structures", *Management Science*, 29 (1), 1983.

Xu, L., Beamon, B. M., "Supply Chain Coordination and Cooperation Mechanisms: An Attribute-Based Approach", *Journal of Supply Chain Management*, 42 (1), 2006.

Zhou, L., Naim, M. M., Tang, O., Towill, D. R., "Dynamic Performance of a Hybrid Inventory System with a Kanban Policy in Remanufacturing Process", *Omega*, 34 (6), 2006.

# 附录 求解模型的 Matlab 程序

ivode 文件:

```
function dydx = ivode(x,y)
%UNTITLED Summary of this function goes here
%   Detailed explanation goes here
%a=1;b=1;
%dydx=[a/(y(2)^2);b];
%A1=y(1);A2=y(2);B1=y(3);B2=y(4);X=y(5);
a=0.249654;b=0.811111;c1=3;c2=5;r=0;
dydx=[r+b/2×y(1)-1/(2×(c1+y(1)/2))+c1/(4×(c1+y(1)/2)^2)+y(1)/(8×(c1+y(1)/2)^2)+y(1)/(8×(c2+y(2)/2)^2);r+b/2×y(2)-1/(2×(c2+y(2)/2))+c2/(4×(c2+y(2)/2)^2)+y(2)/(8×(c2+y(2)/2)^2)+y(2)/(8×(c1+y(1)/2)^2);r×y(3)-a/2×y(1);r×y(4)-a/2×y(2);a×y(5)^(1/2)-b×y(5)-y(5)/(4×(c1+y(1)/2)^2)-(5)/(4×(c2+y(2)/2)^2)];
end
```

ivbc 文件:

```
function res = ivbc(ya,yb)
%UNTITLED2 Summary of this function goes here
%   Detailed explanation goes here
%c=1;d=50;
%res=[ya(1)+c;yb(2)-d];
```

q1＝0.6;q2＝0.2;x0＝381795.7;

res＝[ya(5)－x0;yb(1)－q1;yb(2)－q2;yb(3)－0;yb(4)－0];

end

ivode1 文件：

function dydx＝ivode1(x,y)

%UNTITLED5 Summary of this function goes here

%   Detailed explanation goes here

%a＝1;b＝1;

%dydx＝[a/(y(2)^2);b];

a＝0.249654;b＝0.811111;c1＝3;c2＝3;r＝0;

%A＝y(1);B＝y(2);X＝y(3)

dydx＝[(r＋b/2)×y(1)－1/(2×(c1＋y(1)/2))－1/(2×(c2＋y(1)/2))＋c1/(4×(c1＋y(1)/2)^2)＋c2/(4×(c2＋y(1)/2)^2)＋y(1)/(8×(c1＋y(1)/2)^2)＋y(1)/(8×(c2＋y(1)/2)^2);r×y(2)－a/2×y(1);a×y(3)^(1/2)－b×y(3)－y(3)/(4×(c1＋y(1)/2)^2)－y(3)/(4×(c2＋y(1)/2)^2)];

end

ivbc1 文件：

function res＝ivbc1(ya,yb)

%c＝1;d＝50;

%res＝[ya(1)＋c;yb(2)－d];

q1＝0.6;q2＝0.2;x0＝381795.7;

res＝[ya(3)－x0;yb(1)－(q1＋q2);yb(2)－0];

end

执行程序：

＞＞clear

＞＞solinint＝bvpinit(linspace(8,18,24),[0 0 0 0 381795.7]);

```
sol = bvp4c(@ivode,@ivbc,solinint);
t = sol.x;
>> t0 = 8;r = 0;c1 = 3;c2 = 5;
W1 = exp(-r×(t-t0)).×(sol.y(1,:).×sqrt(sol.y(5,:))+sol.y(3,:));
>> W2 = exp(-r×(t-t0)).×(sol.y(2,:).×sqrt(sol.y(5,:))+sol.y(4,:));
>> u1 = sol.y(5,:)./(4×(c1+sol.y(1,:)×2).^2);
>> u2 = sol.y(5,:)./(4×(c2+sol.y(2,:)×2).^2);
>> plot(t,u1,'r-')
>> hold on;
>> plot(t,u2,'b-')
>> title('联盟前最优接待量')
>> legend('庐山','三叠泉')
>> xlabel('时间')
ylabel('接待量')
>> solinint1 = bvpinit(linspace(8,18,24),[0 0 381795.7]);
sol1 = bvp4c(@ivode1,@ivbc1,solinint1);
t = sol1.x;
>> t0 = 8;r = 0;c1 = 3;c2 = 3;a = 0.249654;b = 0.811111;%注意更改a/b
W = exp(-r×(t-t0)).×(sol1.y(1,:).×sqrt(sol1.y(3,:))+sol1.y(2,:));
>> figure
u11 = sol1.y(3,:)./(4×(c1+sol1.y(1,:)×2).^2);
>> plot(t,2×u11,'r')
hold on;
plot(t,u1+u2,'b-')
legend('联盟后','联盟前')
```

```
title('最优接待量')
xlabel('时间')
ylabel('接待量')
>>v1 = W1 +1/2×(W-(W1 +W2));
>>v2 = W2 +1/2×(W-(W1 +W2));
>>plot(t,W1 +W2,'g-')
hold on
plot(t,W,'r-')
legend('联盟前','联盟后')
xlabel('时间')
ylabel('价值函数')
>>plot(t,W1 +W2,'g-')
hold on
plot(t,W,'r-')
legend('联盟前','联盟后')
xlabel('时间')
ylabel('价值函数')
title('价值函数对比分析')
>>plot(t,W1,'g-')
hold on
plot(t,v1,'r-')
legend('联盟前','联盟后')
xlabel('时间')
ylabel('价值函数')
title('庐山价值函数对比分析')
figure
plot(t,W2,'g-')
hold on
plot(t,v2,'r-')
```

```
legend('联盟前','联盟后')
xlabel('时间')
ylabel('价值函数')
title('三叠泉价值函数对比分析')
>>plot(t,W1,'g-')
hold on
plot(t,v1,'r-')
legend('联盟前','联盟后')
xlabel('时间')
ylabel('价值函数')
title('庐山价值函数对比分析')
>>plot(t,W1,'g-')
hold on
plot(t,v1,'r-')
legend('联盟前','联盟后')
xlabel('时间')
ylabel('价值函数')
title('庐山价值函数对比分析')
>>figure
plot(t,W2,'g-')
hold on
plot(t,2*u11,'r-')
legend('联盟前','联盟后')
xlabel('时间')
ylabel('接待量')
title('最优接待量对比分析')
>>plot(t,u1+u2,'g-')
hold on
```

```
plot(t,2*u11,'r-')
legend('联盟前','联盟后')
xlabel('时间')
ylabel('接待量')
title('最优接待量对比分析')
>>plot(t,u1+u2,'g-')
hold on
plot(t,2*u11,'r-')
legend('联盟前','联盟后')
xlabel('时间')
ylabel('接待量')
title('最优接待量对比分析')
```

# 后　记

岁月如歌，在平凡而又充实的工作和生活中，我完成了人生中第三篇学位论文——博士论文的写作。本书就是基于我的博士论文修改而成的。回顾多年来的求学之路，想到老师和同学、同事及家人的关心，我心中百感交集。

首先要感谢的是我的博士生导师甘筱青教授。工作十四年后再回到学生状态已是一件十分值得庆幸的事，更为庆幸的是，我遇到了一位好导师，是导师给予我不断求学深造的机会和平台。我对旅游服务供应链领域的兴趣始于十二年前参与导师的课题研究，我的硕士和博士学位论文也都是源于导师的研究方向。在追随导师进行学术研究的岁月里，导师科学严谨的治学态度、渊博的知识、开阔的视野和系统的思维，让我受益匪浅。龙腾湖旁的孔子石像、浔阳江的湍湍流水和书院中的白鹿，都见证着导师对我的谆谆教诲。从论文的选题、构思到修改、定稿，无不倾注着导师的思想和辛劳，再次向老师表示衷心的感谢！

本书作为国家社会科学基金青年项目"现代产业集群下的区域旅游产业模块化发展的利益协调机制研究"（12CJY093）的阶段成果得以出版，要感谢江西省高校人文社会科学重点研究基地——南昌大学旅游规划与研究中心的资助及中心主任黄细嘉教授的关心。同时感谢谌贻庆教授对全书实证分析提供的思路和方法，感谢南昌大学时奇博士、王华瑞硕士在模型与编程中给予的帮助。

最后感谢我的家人。感谢我的父母和岳父、岳母不辞辛劳地帮我照料一对淘气的儿子，解除了我的后顾之忧。感谢我的爱人徐水芳，她的爱使我更加坚定地一路前行,追求并最终实现我的学术梦想!

"看时光飞逝,我祈祷明天,每个小小梦想能够慢慢地实现,我是如此平凡,却又如此幸运,我要说声谢谢你,在我生命中的每一天!……"

陶春峰

2016 年 8 月

图书在版编目(CIP)数据

区域旅游服务供应链联盟研究/陶春峰著. -- 北京:
社会科学文献出版社,2016.12
 ISBN 978 - 7 - 5097 - 9875 - 1

Ⅰ.①区… Ⅱ.①陶… Ⅲ.①旅游服务 - 供应链 - 研究 Ⅳ.①F590.63

中国版本图书馆 CIP 数据核字 (2016) 第 254829 号

## 区域旅游服务供应链联盟研究

著　　者 / 陶春峰

出 版 人 / 谢寿光
项目统筹 / 高　雁
责任编辑 / 高　雁　吴　鑫

出　　版 / 社会科学文献出版社·经济与管理出版分社 (010) 59367226
　　　　　地址:北京市北三环中路甲29号院华龙大厦　邮编:100029
　　　　　网址:www.ssap.com.cn

发　　行 / 市场营销中心 (010) 59367081　59367018
印　　装 / 三河市尚艺印装有限公司

规　　格 / 开　本:787mm×1092mm　1/16
　　　　　印　张:14.75　字　数:220千字

版　　次 / 2016年12月第1版　2016年12月第1次印刷

书　　号 / ISBN 978 - 7 - 5097 - 9875 - 1
定　　价 / 79.00元

本书如有印装质量问题,请与读者服务中心 (010 - 59367028) 联系

版权所有 翻印必究